Horst Löchel

Praxiswissen Volkswirtschaft in Banking & Finance

Frankfurt School Verlag

Bibliografische Information Der Deutschen Nationalbibliothek
Die Deutsche Nationalbibliothek verzeichnet diese Publikation in der Deutschen Nationalbibliografie; detaillierte bibliografische Daten sind im Internet über http://dnb.d-nb.de abrufbar.

Legende:

Einstiegsfall

Definition

Beispiel

Verweis

Besuchen Sie uns im Internet: http://www.frankfurt-school-verlag.de

Printed in Germany

ISBN 3-933165-47-4

3., vollständig überarbeitete Auflage 2009

Inhaltsverzeichnis

Abbildungsverzeichnis

Verzeichnis der Infoboxen

Vorwort

Angesichts der Dramatik der Ereignisse mag es zynisch erscheinen, aber für dieses Buch war die Hypothekenkrise, die im Jahr 2007 in den USA ihren Ausgang genommen hat und die sich im Jahr 2008 zu einer allgemeinen, globalen Banken- und Finanzkrise mit fatalen Folgen für die Weltwirtschaft ausweitete, ein Glücksfall. Denn diese Krise dokumentiert in geradezu verblüffender Klarheit und Schärfe die Zusammenhänge von Finanzmärkten und Volkswirtschaft und damit den Gegenstand des vorliegenden Buches, das nun in 3. Auflage erscheint.

Die Finanzmärkte beeinflussen positiv wie negativ die Volkswirtschaften und damit Wachstum, Beschäftigung, Einkommen und Inflation, wie umgekehrt die Preise der Vermögenswerte wie Aktien, Anleihen und Zinsen vom volkswirtschaftlichen Konjunkturzyklus beeinflusst werden. Finanzmärkte und Volkswirtschaft sind siamesische Zwillinge – wie genau die Beziehung funktioniert, soll in diesem Buch im Detail erläutert werden.

Der neuen Auflage wurde ein Kapitel über die Hypothekenkrise vorangestellt mit dem Ziel, die grundsätzlichen Wirkungszusammenhänge zwischen Finanzmärkten und Volkswirtschaft exemplarisch herauszuarbeiten. Das daran anschließende Kapitel zum gesamtwirtschaftlichen Kapitalmarkt wurde ebenso wie das spätere Kapitel zur Wirtschaftspolitik aktualisiert.

Der Kernbereich des Buches wurde vollständig neu konzipiert. Das bisherige lange Kapitel zur monetären Ökonomie wurde in zwei Teile zerlegt. Zum einen in ein Kapitel zu ‚Geldpolitik und Zinsen', zum anderen in ein Kapitel über ‚Konjunkturzyklus und Vermögenspreise'. Dies ermöglicht es, tiefer in die zentralen Zusammenhänge einzusteigen. Das gilt insbesondere für die Geldpolitik, der entscheidende Bedeutung für die Finanzmärkte und die Volkswirtschaft im Ganzen zukommt.

Last but not least habe ich ein neues Kapitel zum Thema ‚Globalisierung und Wechselkurse' verfasst, welches das Buch abschließt. Es hat in der heutigen Welt einfach keinen Sinn mehr, den Zusammenhang von Finanzmärkten und Volkswirtschaft hauptsächlich oder gar ausschließlich aus der inländischen Brille zu betrachten. Seit der großen weltpolitischen Wende im Jahr 1989 und dem Aufstieg der asiatischen Volkswirtschaften, allen voran Chinas und Indiens, haben sich die Verhältnisse grundlegend gewandelt. Volkswirtschaften und Finanzmärkte sind global geworden und inländische Entwicklungen sind mehr denn je dominiert durch Entwicklungen im Ausland. Für eine Exportnation wie Deutschland gilt dies umso mehr.

Diesen Gang der Dinge mag man bedauern oder begrüßen, empirisch ist es eine unumstößliche Tatsache, auf die man sich aus der Unternehmensperspektive wie aus der volkswirtschaftlichen, makroökonomischen Sicht einzustellen hat. Die Komplexität der Zusammenhänge von Volkswirtschaft und Finanzmärkten hat durch die Globalisierung zugenommen. Dies näher zu beleuchten, ist der Sinn des neuen Kapitels.

Abschließend möchte ich betonen, dass das vorliegende Buch, wie die beiden voran gegangenen Auflagen auch, vor allem auf Anwendungsbezug Wert legen. Das bedeutet nicht, dass theoretische Konzepte ausgeblendet bleiben, aber sie werden nur dann näher erläutert, wenn sie wichtig sind für das Verständnis der Realität.

Zu danken habe ich Herrn Fabian Winopal, Absolvent der Frankfurt School of Finance & Management, der mich bei der Aktualisierung der Daten unterstützt hat.

Ich wünsche mir, dass das vorliegende Buch weitere, zufriedene Leser findet.

Horst Löchel
Frankfurt am Main und Shanghai, im Dezember 2008

1 Volkswirtschaft und Finanzmärkte: Der Fall der Hypothekenkrise

„In den Vereinigten Staaten wächst angesichts der schweren Finanzkrise und nach der Veröffentlichung einer Reihe schlechter Konjunkturdaten wieder die Furcht vor einer Rezession. Insbesondere hat sich die Lage auf den Kreditmärkten in den vergangenen Tagen weiter zugespitzt. Banken vergeben immer weniger kurzfristige Kredite an Unternehmen, weil faule Darlehen ihre Bilanzen belasten und die gegenseitige Kreditgewährung der Banken untereinander ins Stocken geraten ist. Die Währungshüter der Federal Reserve (Fed) erwägen deshalb offenbar eine Senkung des Leitzinses auf ihrer nächsten Ratssitzung Ende des Monats.

Nach Angaben der Fed haben Kreditinstitute ihre kurzfristigen Darlehen an Unternehmen in der vergangenen Woche um den Rekordbetrag von knapp 95 Milliarden Dollar verringert. Viele Unternehmen bedienen sich solcher Kredite zur Finanzierung ihres Tagesgeschäfts und bezahlen damit Rechnungen, Löhne und Gehälter. Darüber hinaus hat sich die Stimmung im verarbeitenden Gewerbe im September deutlich verschlechtert; der Einkaufsmanagerindex, der als wichtiger Konjunkturindikator gilt, sackte von 49,9 Punkten auf 43,5 Punkte, den niedrigsten Wert seit Oktober 2001, kurz nach den Terroranschlägen. Werte von weniger als 50 Punkten deuten auf ein Schrumpfen der Aktivität in dem bedeutenden Wirtschaftszweig hin. Wie das Amt für Arbeitsmarktstatistik am Freitag mitteilte, sind im September im verarbeitenden Gewerbe 51.000 Arbeitsplätze gestrichen worden. Das ist rund ein Drittel des gesamten Stellenabbaus, der mit 159.000 so hoch ausfiel wie seit mehr als fünf Jahren nicht mehr. Seit Jahresbeginn sind in Amerika nun im Saldo 760.000 Jobs verloren gegangen, unter anderem im Baugewerbe. Die Arbeitslosenquote im September lag unverändert bei 6,1 Prozent, weil zusammen mit dem Jobabbau auch die Zahl der Erwerbsfähigen sank.

Die Angst vor einer Rezession in Amerika wurde zusätzlich geschürt durch einen neuen Bericht des Internationalen Währungsfonds (IWF). Weil das Finanzsystem in so großen Schwierigkeiten stecke, sei die Gefahr eines ‚substantiellen Abschwungs' erheblich, warnt der IWF darin. Eine aktuelle Wachstumsprognose, auch für Deutsch-

land und den Euro-Raum, wird der Fonds kommende Woche veröffentlichen. ‚Unter diesen Umständen erscheint es besonders wichtig, dass die Politik handelt und Maßnahmen gegen den Stress im Finanzsystem und zu seiner Rekapitalisierung ergreift', rät der Fonds.

Unterdessen ringen Regierung und Kongress in Washington weiter um das milliardenschwere Hilfspaket für das Finanzsystem. Eine Abstimmung im Repräsentantenhaus, das am vergangenen Montag den Plan überraschend zu Fall gebracht hatte, war für Freitagnachmittag oder Freitagabend (Ortszeit) geplant. Der Vorsitzende des Finanzausschusses im Repräsentantenhaus, Barney Frank, sagte, er sei zuversichtlich, dass sich nun eine Mehrheit für das Paket unter den 435 Kongressmitgliedern finden lasse. Der Führer der demokratischen Mehrheit, Steny Hoyer, äußerte sich ebenfalls optimistisch und fügte hinzu, dass eine Verabschiedung des Rettungsplans zur ‚Stabilisierung unserer Wirtschaft für alle arbeitenden Amerikaner wichtig' sei. Einige derjenigen, die am Montag gegen das Paket gestimmt hatten, haben sich bestürzt geäußert über den folgenden Kurssturz an der Wall Street, durch den Vermögenswerte von mehr als 1 Billion Dollar vernichtet worden waren."

Frankfurter Allgemeine Zeitung, 04.10.2008, S. 11

Lernziele:

- Ausmaß und Hintergründe der Finanzkrise kennen lernen.
- Die Bedeutung der Geldpolitik als „lender of last resort" verstehen.
- Am Beispiel der Krise die grundsätzlichen Zusammenhänge zwischen Realwirtschaft und Finanzmärkte erkennen lernen.
- Verstehen, warum die Krise zu einer Rezession der Weltwirtschaft geführt hat und was die Politik und die Zentralbanken dagegen tun können.

1.1 Die Krise: Das Ende der alten Finanzwelt

Am 15.06.2007 stufte die Ratingagentur Moody's 131 Ratings von so genannten Asset-Backed Securities (ABS) – also mit Vermögenswerten besicherte Anleihen – mit Hypothekenkrediten aus dem US-amerikanischen Sub-prime Markt, d.h. Krediten mit minderer Qualität, herunter und kündigte die Überprüfung weiterer an. Fünf Tage später zeichnet sich ab, dass zwei Hedgefonds, die in diesem Marktsegment investiert waren, kurz vor der Insolvenz standen.

Die größte Finanzkrise seit der Weltwirtschaftskrise 1929 hatte begonnen und ein Ende war auch im Spätherbst 2008 noch nicht abzusehen. Ganz im Gegenteil, die Krise hatte sich zu diesem Zeitpunkt nach dem Konkurs der amerikanischen Investmentbank Lehmann Brothers zu einem dramatischen Höhepunkt verschärft, der insbesondere die US-amerikanische Finanzmarkt- und Bankenkultur in den Untergang trieb und eine weltweite Rezession auslöste, deren Dauer und Wucht nicht abzusehen ist.

Die nachfolgende Tabelle zeigt die Verluste wichtiger, international tätiger Banken in der Krise bis Ende September 2008. Danach waren rund 510 Mrd. USD in der Krise vernichtet worden. Der Internationale Währungsfonds rechnete mit einer weiteren Verdoppelung dieser Summe.

Als Resultat der Krise kam es zu beispielslosen, weltweiten Eingriffen des Staates in Banken und Versicherungen, dem Verschwinden der Investmentbanken, dramatischen Abstürzen an den Aktienmärkten, gigantischen Liquiditätsspritzen der Zentralbanken, der Renaissance der Fiskalpolitik sowie dem Aufbau einer neuen, globalen Finanzordnung.

Abschreibungen und Kreditausfälle von Finanzinstituten in Mrd. USD (Juni 2007 bis September 2008)

Citigroup	54.6	Credit Suisse	9,7
Merrill Lynch	51,8	Credit Agricole	8,4
UBS	43,3	Deutsche Bank	7,7
AIG	35,8	Bayern LB	6,7
Wachovia	22,0	Barclays	6,0
Bank of America	21,2	Soc. General	5,8
HSBC	19,5	Mizuho	5,6
IKB	16,1	Fortis	4,8
Morgan Stanley	15,6	Goldman Sachs	4,2
Royal Bank of Sc.	15,5	Fannie Mae	4,2
Lehman Brothers	14,2	Swiss Re	1,1
J. P. Morgan	15,8	Dresdner Bank	0,9
Wells Fargo	10,0	BNP Paribas	0,8
		Summe:	510,0

Im Folgenden werden die wichtigsten Ereignisse geordnet nach Regionen erläutert.

USA

In einem einzigartigen Rettungsplan beschließen Senat und Abgeordnetenhaus der USA, der Regierung das Recht einzuräumen, mit bis zu 700 Mrd. USD faule Kredite von den Banken zu kaufen, um deren Bilanzen zu bereinigen. Dies entspricht in etwa 7% des amerikanischen Bruttoinlandsproduktes und ist damit der größte staatliche Rettungsplan von Banken aller Zeiten. Gleichzeitig wurde die staatliche Garantiesumme für Bankguthaben von bisher 100.000 USD auf 250.000 USD pro Kunde erhöht. Schon in den 80er und 90er

Jahren mussten in den USA die Spar- und Darlehenskassen vom Staat herausgekauft werden mit immerhin einer Summe, die 3,7% des damaligen Bruttoinlandsproduktes entsprach.

Als zwischenzeitlich Zweifel an der Umsetzung des ‚bail-outs' aufkommen, da das Abgeordnetenhaus Widerspruch eingelegt hatte, bricht Panik an den Märkten aus. Der amerikanische Aktienindex Dow Jones verbuchte mit einem Minus von fast 7% die höchsten Verluste an einem Tag in seiner Geschichte – mehr als am 11. September 2001. Die Börsenkapitalisierung wurde damit an einem einzigen Tag um sage und schreibe 1.200 Mrd. USD verringert, was in etwa 13% des amerikanischen Bruttoinlandsproduktes entspricht. Weltweit befinden sich die Kurse mehr oder weniger im freien Fall.

Aktienindizes (2007–2008)

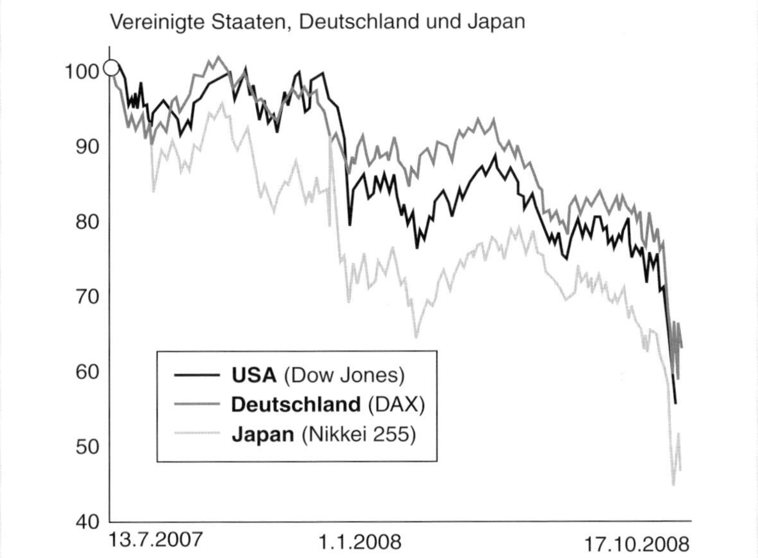

(Quelle: F.A.Z.)

Das Notprogramm der US-Regierung wird im Laufe des Jahres noch einmal um weitere 800 Mrd. USD der US-Notenbank, Federal Reserve (Fed), ausgeweitet, nach dem klar wird, dass die Finanzkrise eine Rezession in den USA ausgelöst hat. Das Wachstum des Bruttoinlandsproduktes war zwei Quartale hintereinander gefallen, was der Definition einer Rezession entspricht.

600 Mrd. USD entfallen dabei auf den Ankauf von Anleihen amerikanischer Hypothekenbanken sowie anderer Banken, die auf dem Häusermarkt aktiv sind. Die Maßnahmen sollen die Kosten der Kreditvergabe reduzieren und insbesondere die Verfügbarkeit von Hausbaudarlehen sicherstellen. Mit den verbleibenden 200 Mrd. USD kauft die Notenbank Wertpapiere auf, die mit Verbraucher- und Unternehmenskrediten besichert sind. Damit soll insbesondere die Verfügbarkeit von Krediten für den privaten Sektor geschützt werden.

Zu vor hatte die US-Regierung bereits den schwer angeschlagenen Versicherungsriesen AIG mit 85 Mrd. USD und der Übernahme von 80% des Eigenkapitals quasi verstaatlicht. Der Konzern ist mit rund 100.000 Mitarbeitern der größte Versicherungskonzern weltweit. Er deckt die gesamt Palette von Schadenspolicen bis hin zu Lebensversicherungen ab. Die Verluste von fast 20 Mrd. USD, die den Konzern an den Rand des Zusammenbruchs brachten, sind insbesondere in der Vermögensverwaltung und dem Investmentbanking entstanden. Aufgrund des weltweit ausgerichteten Portfolios hätte der Zusammenbruch von AIG einen unvorhersehbaren negativen Dominoeffekt ausgelöst – der Konzern gilt damit als ‚too big to fail'. Ebenfalls verstaatlicht wurden die angeschlagenen Hypothekenversicherer Freddie Mac und Fannie Mae, die größten ihrer Art in den USA.

Die größte US-Sparkasse, Washington Mutual, wird in einer dramatischen Rettungsaktion an Morgan Chase für 1,9 Mrd. USD verkauft, nach dem sie zuvor von den Aufsichtsbehörden geschlossen wurde auf Grund nicht ausreichender Liquidität. Die Mittelabschlüsse hatten zu diesem Zeitpunkt rund 16,7 Mrd. USD betragen. Es ist der größte Bankenzusammenbruch in der Geschichte der USA. Die Bank verlor seit dem Beginn der Kreditkrise rund 90% ihres Börsenwerts. Sie war stark in Hypothenkrediten investiert. Auch die US-Großbank Wachavia musste aufgeben. Angebote zur Übernahme lagen von der Citigroup sowie Wells Fargo vor. Die Citigroup selbst muss aber später mit 20 Mrd. USD aus der Staatskasse gestützt werden.

Das Verschwinden der Investmentbanken

Die Krise reißt alle berühmten, den Weltmarkt jahrzehntelang dominierenden amerikanischen Investmentbanken in die Tiefe und zwingt sie auf verschiedenen Wegen zur Aufgabe:

- Das 158 Jahre alte Investmenthaus Lehmann Brothers muss Konkurs anmelden. Teile der Bank werden von Barclays später übernommen.
- Die Bank of America kauft Merrill Lynch, die ebenfalls in großen, finanziellen Schwierigkeiten ist.
- Im Frühjahr 2008 war bereits Bear Steans von JP Morgan übernommen worden.
- Die beiden verbliebenen Investmentbanken Goldman Sachs und Morgan Stanley verlieren ihren rechtlichen Sonderstatus als Investmentbanken und werden zu gewöhnlichen Geschäftsbanken. Goldman Sachs benötigte darüber hinaus ein 5-Mrd.-USD-Investment des legendären Finanzinvestors Warren Buffet, um zu überleben.

Der Untergang der Investmentbanken

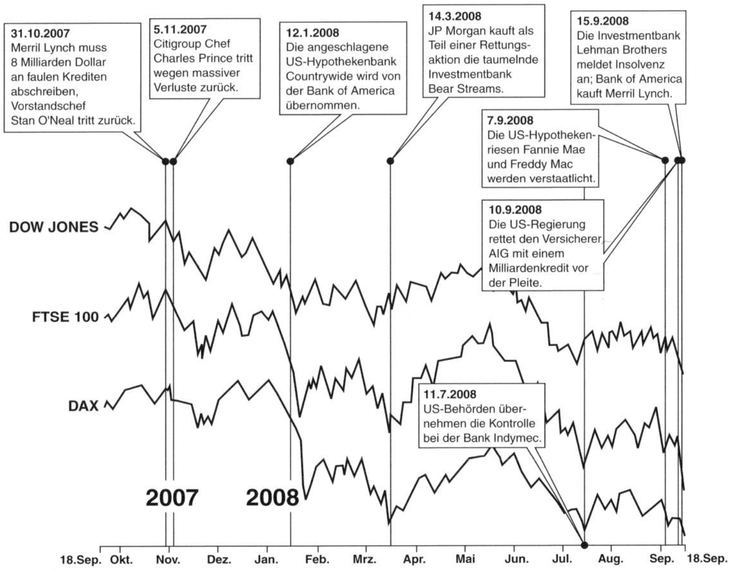

(Quelle: FAZ Net)

Europa/Deutschland

Vor allem Großbritannien wird von der Krise stark getroffen. Die britische Regierung muss die Hypothekenbank Bradford & Bingley verstaatlichen, nachdem sie zuvor schon Northern Rock übernehmen musste. Bei Northern Rock war es zu einem ‚bank run' gekommen, d.h. Kunden der Bank standen Schlange, um ihre Guthaben abzuheben. Es war der erste ‚bank run' in England nach dem Viktorianischen Zeitalter vor mehr als hundert Jahren. Außerdem kaufte der Finanzkonzern Lloyds die schwer unter Druck geratene Hypothekenbank HBOS.

Die Regierungen Belgiens, Luxemburgs und der Niederlande kaufen große Teile des Finanzkonglomerates Fortis, das kurz zuvor noch ABN AMRO übernommen hatte. Island verstaatlicht die zweitgrößte Bank des Landes, um sie vor dem Konkurs zu bewahren und die Finanzbranche des Landes zu stabilisieren. Auch die Schweizer Bank UBS muss mit erheblichen staatlichen Mitteln geschützt werden. Sie lagert rund 60 Mrd. USD problembehaftete Papiere zur Abwicklung an die Schweizer Nationalbank aus.

In Deutschland schnürt die Regierung in Windeseile einen 500 Mrd. EUR schweren Rettungsplan für die angeschlagenen Bankenbranche (siehe nachfolgende Infobox). Das Paket wird von einer Reihe von Landesbanken sowie der Commerzbank in Anspruch genommen. Alleine die BayernLB benötigt 31 Mrd. EUR um zu überleben.

Zuvor schon hatte die Regierung eine Garantie für die Einlagen bei den Banken abgegeben und für ein riesiges Kreditpaket, mit dem ein Bankenkonsortium das Aus für die Münchener Hypo Real Estate verhindert hatte, gebürgt. Im Sommer 2008 war bereits die Deutsche Industriebank (IKB), eine Tochter der KfW-Bankengruppe, an einen ausländischen Investor mit großen Verlusten verkauft werden. Die Verluste der Bank hatten zur kompletten Ausschöpfung des allgemeinen Bankenrisikofonds der KfW von 5,3 Mrd. EUR geführt.

Die Krise führte ebenfalls zu einer Konsolidierung der Landesbanken. Die Sachsen LB wurde von der Landesbank Baden-Württemberg übernommen. Als weitere Fusionen war das Zusammengehen von Bayern LB und LBBW sowie Nord LB und HSH Nordbank im Gespräch. Die WestLB soll zerschlagen und die Geschäftsfelder auf die verbleibenden Landesbanken verteilt werden.

Auch die Konzentration des privaten Bankensektors schreitet voran. So übernimmt die Commerzbank die Dresdner Bank und die Deutsche Bank kauft sich bei der Postbank ein, ebenfalls mit dem Ziel einer Übernahme.

Sonderfonds Finanzmarktstabilisierung

Im Oktober stimmte der Bundestag einem vom der Regierung initiierten Sonderfonds Finanzmarktstabilisierung zu, der in Not geratene Banken helfen soll. Insgesamt handelt es sich um einen Betrag von 500 Mrd. EUR. Im Einzelnen sieht der Fonds vor:

- Staatliche Garantien zur Absicherung des Interbankenhandels und anderer Refinanzierungsgeschäfte von bis zu 400 Mrd. EUR, allerdings nur gegen eine von der beanspruchenden Bank zu zahlenden Gebühr. Für eventuelle Ausfälle stehen 20 Mrd. EUR bereit. Nimmt eine Bank die Garantie oder einen Ausfall in Anspruch, muss sie dem Fonds das Recht zur Überprüfung ihrer Geschäftspolitik einräumen.
- Der Fonds kann gegen Verzinsung gefährdete Wertpapiere und Forderungen übernehmen und gegen Bundestitel tauschen. Die Obergrenze pro Bank liegt bei 5 Mrd. EUR. Wiederum muss die Bank dem Fonds das Recht auf Überprüfung der Geschäftspolitik einräumen, außerdem dürfen keine Dividenden ausgeschüttet werden und Manager dürfen nur maximal 500.000 EUR pro Jahr verdienen.
- Um die Eigenkapitalbasis zu erhöhen, kann der Fonds auch neue Aktien oder eine stille Beteiligung erwerben. Die Obergrenze liegt bei einem Investment von 10 Mrd. EUR pro Bank. Zusätzlich zu den Auflagen bei staatlichen Garantien und der Übernahme von Wertpapieren, muss sich in diesem Fall die Bank auch verpflichten, weiterhin marktübliche Kredite an kleinere und mittlere Unternehmen zu vergeben.

Für Risikoübernahme und Rekapitalisierung stehen zusammen 80 Mrd. EUR zur Verfügung.

Weltweit

Nach dem die Dramatik der Ereignisse klar wird, greifen die nationalen wie internationalen Regulierungsbehörden durch. In einem ersten Schritt werden so genannte Leerverkäufe (‚short selling' im Englischen) zumindest zeitweilig verboten. Das sind Börsengeschäfte, bei denen auf fallende Kurse einer Aktie gewettet wird. Dabei wird der gedeckte und ungedeckte Leerverkauf unterschieden. Beim gedeckten Leerverkauf leiht man sich die Aktie beispielsweise von einem Fonds für eine bestimmte Zeit und gegen eine Leihgebühr aus. Die geliehene Aktie wird dann an der Börse verkauft, in der Erwartung sie später, wenn der Leihvertrag ausläuft, billiger zurück kaufen zu können. Wurde richtig spekuliert, d.h. der Kurs der Aktie ist in der Zwischenzeit gefallen, kommt es zu einem Gewinn, der der Differenz zwischen Kauf- und Verkaufskurs minus der Leihgebühr entspricht.

Der Unterschied zum ungedeckten Leerverkauf ist, dass man nicht die Aktien selbst verkauft, sondern nur die Verpflichtung sie zu einem bestimmten Zeitpunkt zu liefern. D.h. es werden Aktien verkauft, die man gar nicht besitzt und erst später kauft, wenn die Lieferverpflichtung eintritt. Ungedeckte Leerverkäufe waren in Deutschland schon zuvor verboten.

Darüber hinaus verabreden auf einem eilig einberufenen Weltfinanzgipfel im Spätherbst 2008 in Washington 20 Staaten – so genannte G20, die die G7 bzw. G8 ablöst und Schwellenländer wie China, Indien und Brasilien einschließt – eine globale Finanzreform, die im Laufe des Jahres 2009 realisiert werden soll (siehe nachfolgende Infobox).

Prinzipien der G20 zur globalen Finanzreform

Die Staats- und Regierungschefs von 20 Industrie- und Schwellenländer kamen Mitte November 2008 überein, bis zum 31.03.2009 einen Aufgabenkatalog zur besseren Regulierung der Rahmenbedingungen an den internationalen Finanzmärkten zu erarbeiten, der den folgenden Prinzipien folgt:

- **Mehr Transparenz und Rechenschaftspflicht**: Erhöht werden soll die Markttransparenz durch Offenlegung komplexer Finanzprodukte und der Finanzlage von Finanzinstituten.
- **Stärkere Regulierung**: Die Aufsichts-, Regulierungs- und Risikosysteme sollen verbessert werden, und es soll sichergestellt sein, dass alle Finanzteilnehmer und Finanzmärkte beaufsichtigt werden, einschließlich der Ratingagenturen.
- **Integration der internationalen Finanzmärkte**: Verbraucher- und Investorenschutz sollen verbessert und Marktmanipulationen sowie Interessenkonflikte verhindert werden.
- **Erhöhte Internationale Kooperation**: Nationale und regionale Vorschriften und Aufsichtsbehörden sollen in einen stärkeren Gleichklang gebracht werden. Der grenzüberschreitende Kapitalfluss soll besser überwacht werden.
- **Reform der Internationalen Finanzinstitutionen**: Der Einfluss der Schwellen- und Entwicklungsländer im Internationalen Währungsfonds (IWF) soll gestärkt werden.

Entsprechend der Vorschläge der EU-Staaten auf dem Weltfinanzgipfel könnte in Zukunft die internationale und nationale Finanzaufsicht wie folgt aussehen:

Globale Finanzaufsicht

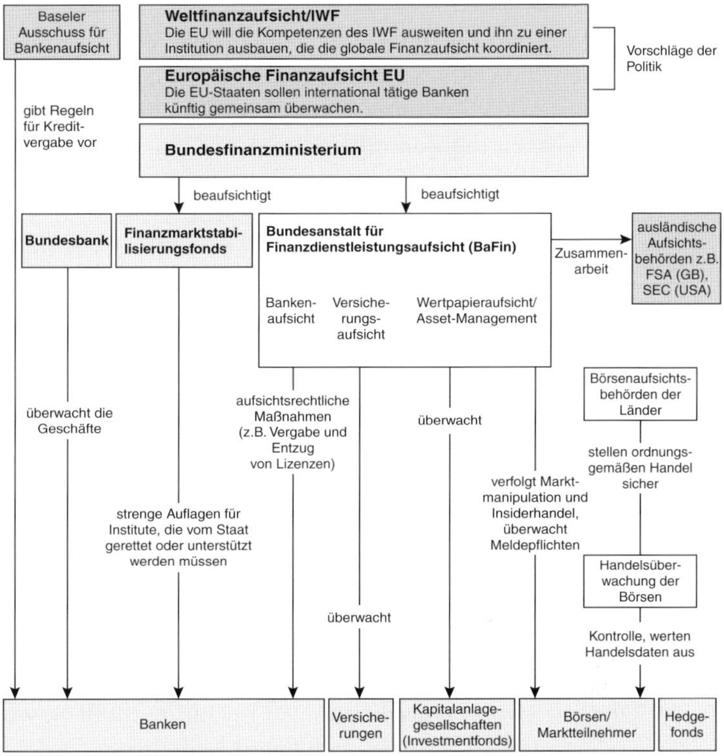

(Quelle: Wirtschaftswoche)

Parallel zu einer Neuordnung der internationalen Finanzmärkte legen die Regierungen Konjunkturprogramme auf, die mittels staatlicher Ausgaben die gesamtwirtschaftliche Nachfrage erhöhen sollen, um ein Abgleiten der Weltwirtschaft in eine lang anhaltende und tiefe Rezession zu vermeiden, die ihrerseits wiederum die Finanzkrise verschärfen würde. Das Gespenst der Weltwirtschaftskrise Ende der 20er Jahre des 20. Jahrhunderts geht um. Die Summen sind beachtlich: China prescht mit fast 600 Mrd. USD vor, gefolgt von den USA und der EU mit jeweils rund 200 Mrd. EUR sowie Japan mit 50 Mrd. USD. Angesichts solcher Zahlen nehmen sich die rund 16 Mrd. EUR der deutschen Regierung eher bescheiden aus.

Last but not least pumpen die Zentralbanken weltweit enorme Summen in den Geldmarkt, um eine komplette Austrocknung der Liquidität im Bankensystem zu verhindern. Die Unsicherheit unter den Marktteilnehmern gegenüber den anderen Teilnehmern war so groß, dass die Banken untereinander nicht mehr bereit waren, sich Geld zu leihen.

Auch die Zinspolitik der Zentralbanken reagiert und senkt in raschen Schritten den Geldmarktzins. In einer historisch einmaligen konzertierten Aktion unter Einschluss der chinesischen Zentralbank senken weltweit die Zentralbanken gemeinsam den Zins, um Bankkredite zu verbilligen. Anfang Dezember 2008 senkt die EZB den Leitzins um 0,75 Prozentpunkte auf 2,5%, die größte Zinssenkung seit Einführung des Euro. Ende des Jahres schließlich folgt in den USA eine Nullzinspolitik.

Vermögensvernichtung im 12-stelligen Bereich, verstaatlichte Banken, untergehende Investmentbanken, Panik und Ausverkauf an den Börsen, hilflose Zentralbanker, besorgte Anleger, Rettungspakete im Billionenausmaß – wie konnte es zu diesem von niemand für möglich gehaltenen Szenario kommen?

1.2 Billiges Geld und schlechte Schuldner

Die globale Banken- und Finanzkrise hatte ihren Ausgangspunkt in den historisch niedrigen Zinsen seit dem Ende des ‚dot.com'-Booms (Stichwort: New Economy) im Jahre 2000. Sowohl Geldmarkt- wie Kapitalmarktzinsen bewegten sich bis weit in das Jahr 2004 auf historisch niedrigem Niveau, insbesondere in den USA. Alan Greenspan, der legendäre, vormalige Chef der amerikanischen Zentralbank Fed, sprach von einem „Rätsel“, dass insbesondere die langfristigen Zinsen am Kapitalmarkt so niedrig blieben, trotz sich verstärkendem Wachstum und anziehender Inflationsraten.

Allerdings hat er zu diesem Rätsel selbst beigetragen. Ein Grund für die niedrigen Zinsen war nämlich die Geldpolitik der Fed selbst, die den Leitzins, d.h. den Zins zu dem die Zentralbanken den Geschäftsbanken kurzfristig Geld leiht, von Ende 2000 bis Mitte 2003 stetig senkte und für ein Jahr – bis Mitte 2004 – sogar nur bei historisch niedrigen 1% hielt. Seitdem ist der Zins in kleinen Schritten auf über 5% im Jahr 2007 gestiegen.

Angesichts der subprime-Krise senkte die Fed in der zweiten Jahreshälfte 2007 den Leitzins wieder auf 4,5% ab, um ihn angesichts der anhaltenden Turbulenzen an den internationalen Aktienmärkten im Laufe des Jahres 2008 auf nahe 0% abzusenken – eine historische einmalige rasche Reduzierung des Leitzinses.

Entwicklung der Leitzinsen (2000–2008)

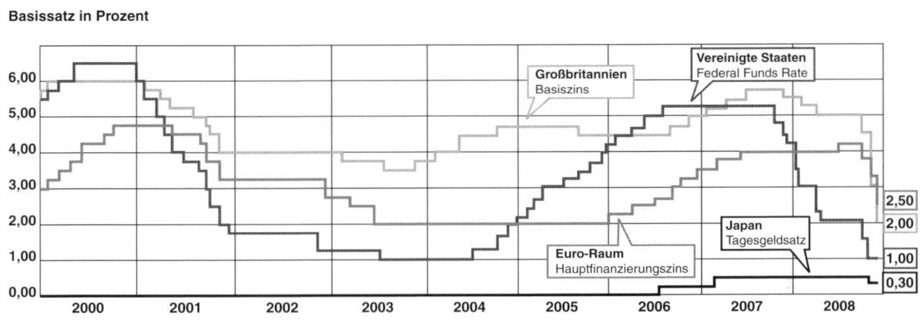

(Quelle: FAZ Net)

Hinzu kamen globale Entwicklungen, die der Kontrolle der Zentralbank entzogen sind und vor allem die langfristigen Kapitalmarktzinsen niedrig hielten, trotz anziehender Konjunktur und steigender kurzfristiger Geldmarktzinsen. Zwei Entwicklungen stechen in unserem Zusammenhang besonders hervor.

Zum einen investierte China seine riesigen Devisenreserven von mittlerweile rund 2 Bio. USD fast ausschließlich in US-amerikanische Staatsanleihen (Treasuries), was die Kurse der Staatsanleihen nach oben trieb und ihre Zinsen wegen der hohen Nachfrage niedrig hielt.

Außerdem spielten so genannte Carry Trades eine Rolle, die die Finanzierungsbedingungen in den USA immer noch günstig hielten, trotz steigender inländischer Zinsen. Als Carry Trade bezeichnet man Verschuldungen in einer Währung mit niedrigen Zinsen, um in eine Währung mit höheren Zinsen zu investieren. Solange der Wechselkurs der beteiligten Währungen nicht sehr volatil ist, ist das mehr oder minder ein Arbitragegeschäft, d.h. risikofreie Gewinne können realisiert werden. Typischerweise handelte es sich in den letzten Jahren beim Carry Trade um Verschuldungen in den japanischen Yen und Investitionen in den US-Dollarraum, und damit auch in den Immobilienmarkt.

Niedrige Zinsen bedeuten billiges Geld und billiges Geld bedeutet mehr Kredite an Unternehmen und Haushalte. Dies ist an sich nichts Schlechtes, denn die Unternehmen und Haushalte verwenden die Kredite für Produktion und Konsum, was wiederum das Wachstum einer Volkswirtschaft erhöht.

Der Leverage-Effekt

Der so genannte Leverage-Effekt beschreibt, wie das eingesetzte Kapital durch stärkere Verschuldung erhöht bzw. gehebelt werden kann, was der wörtlichen Übersetzung von ‚leverage' entspricht. Dieser Mechanismus ist beispielsweise ein beliebtes Instrument von Hedgefonds und Private Equity-Unternehmen, um ihr eingesetztes Eigenkapital um ein Vielfaches zu erhöhen. Aber auch traditionelle Finanzinstitute wie Banken und auch Industrieunternehmen benutzen dieses Instrument. Es ist vor allem dann wirksam – wie in der Hypothekenkrise –, wenn die Zinsen niedrig sind, wie die folgende Überlegung zeigt.

Bezeichnen wir das Eigenkapital eines Unternehmens mit (EK), ihre Schulden, d.h. das Fremdkapital mit (FK), dann muss für die Rendite des Eigenkapitals (r_{EK}) gelten, dass sie der Summe aus der Rendite des Gesamtkapitals (r_{GK}), d.h. dem Gewinn des Unternehmens, und der Differenz aus Gesamtkapitalrendite abzüglich Kreditzins bzw. der Fremdkapitalrendite (r_{FK}) entsprich, wobei diese Differenz mit dem Verschuldungsgrad der Unternehmen, d.h. dem Verhältnis aus Eigen- zu Fremdkapital (FK/EK) gewichtet werden muss, der auch als ‚Leverage-Faktor' bezeichnet wird. Formal erhalten wir somit als einfache Gleichung für die Berechung der Eigenkapitalrendite einer Unternehmung:

$$r_{EK} = r_{GK} + FK/EK\,(r_{GK} - r_{FK}).$$

Es ist nun offensichtlich, dass niedrige Zinsen einen Anreiz bilden, die Verschuldung zu erhöhen, wie in der Hypothekenkrise geschehen. Je niedriger nämlich der Fremdkapitalzins, desto höher die Gesamtkapitalrendite wenn der Leverage-Faktor, d.h. der Verschuldungsgrad steigt, vorausgesetzt der Fremdkapitalzins liegt unterhalb der Gesamtkapitalrendite. Mathematisch formuliert: (r_{EK}) ist desto höher, je größer (FK) im Verhältnis zu (EK) für eine gegebene, positive Differenz von (r_{GK}) minus (r_{FK}) ist.

Niedrige Zinsen sind also ein Anreiz für höhere Verschuldung, wie umgekehrt höhere den Verschuldungsgrad senken. Dieser Anreiz gilt für Unternehmen und Banken wie für Privatpersonen.

Andererseits: Wenn Geld zu billig ist, kommen auch Gläubiger zum Zuge, die sich die Kredite bei Lichte gesehen eigentlich nicht leisten können. Exakt dies ist in der US-amerikanischen Hypothekenkrise passiert. Es wurden massiv Immobilien an Menschen verkauft, deren

Einkommen nicht ausreichend ist, um Zins und Tilgung dauerhaft abzutragen. ‚Subprime' heißt nichts anderes, als dass es sich um Gläubiger handelt, die bereits zuvor mindestens einen Kreditausfall hatten.

Zudem muss man die Besonderheiten US-amerikanischer Hypotheken kennen. So sind die Zinsen variabel mit sehr niedrigen Werten zu Beginn der Laufzeit und die Finanzierung kann zu 100% erfolgen, d.h. der Gläubiger braucht keinen Cent Eigenkapital. Angesichts historisch niedriger Zinsen und beständig steigender Häuserpreise war dies natürlich ein enormer Anreiz für Millionen von Menschen, ein Eigenheim zu erwerben. Hinzu kommt das Eigeninteresse der professionellen Immobilienverkäufer, die wiederum eng mit den Banken zusammen arbeiten.

Der Traum platzte genau dann, als die Zinsen zu steigen begannen und die Häuserpreise fielen. Viele Menschen waren nun nicht mehr in der Lage, ihre Schulden zurückzuzahlen. Die Banken ihrerseits mussten Kredite abschreiben. Die Krise hatte begonnen.

Wie das in einer Art Schnellballeffekt zu einer Krise des weltweiten Finanzsystems führen konnte, wird im Folgenden erläutert.

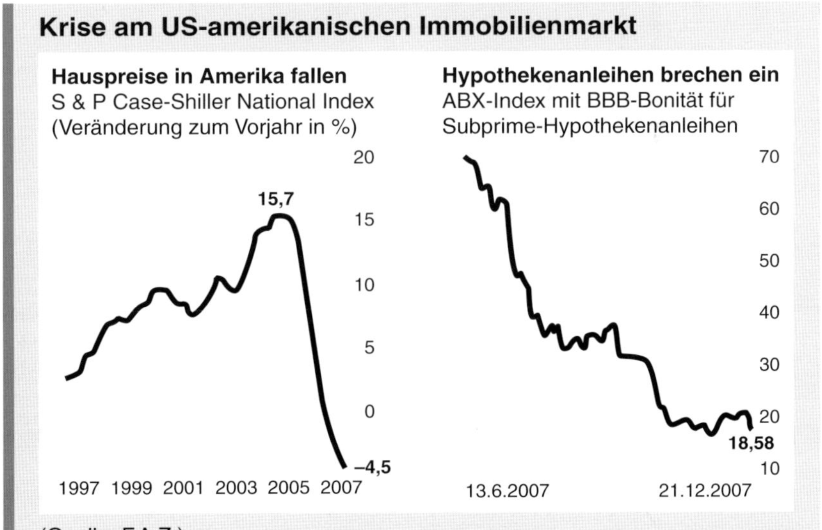

(Quelle: F.A.Z.)

Leben die USA über ihre Verhältnisse?

Die Finanz- und Bankenkrise hat auch die grundsätzliche Frage aufgeworfen, ob insgesamt die amerikanische Volkswirtschaft über ihre Verhältnisse lebt. Man kann nämlich die Krise auch als eine gigantische Blase (bubble) der US-Ökonomie deuten.

Die These ist, dass der Konsum, der immerhin rund 70% des amerikanischen Bruttoinlandsproduktes ausmacht, künstlich mit niedrigen Zinsen hochgehalten wurde, bei gleichzeitig hohen Staatsausgaben verbunden mit einer ausufernden Staatsverschuldung. Auch die Investitionen der Unternehmen wurden mit sinkenden Steuersätzen angekurbelt.

Für diese These spricht der ernorme Verschuldungsgrad der USA, der mittlerweile 350% des amerikanischen Bruttoinlandsproduktes (BIP) erreicht hat, wenn man die Schulden der Haushalten, Unternehmer und des Staates zusammen zählt. Wie das nachfolgende Schaubild zeigt, ist dies mehr als in der Weltwirtschaftskrise 1929.

Verschuldungsgrad der USA 1920–2008 (% des BIP)

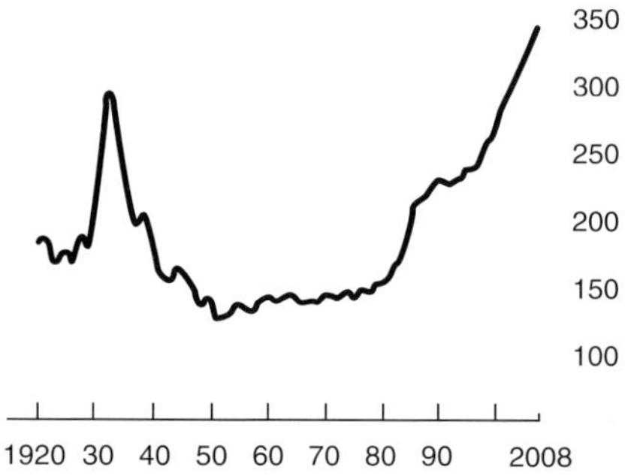

(Quelle: Economist)

Noch beunruhigender ist allerdings das so genannte doppelte Defizit der USA (twin deficit), das auf das Außenhandelsdefizit bei gleichzeitig steigender Staatsverschuldung abstellt. Beide Defizite haben insbesondere geradezu dramatisch unter der Regierung Bush zugenommen. Dies bedeutet ganz eindeutig, dass die USA über ihre Verhältnisse leben. Es wird zuviel konsumiert und zu wenig gespart. Dies konnte auf Dauer nicht gut gehen.

Doppeltes Defizit der USA (1990–2007)

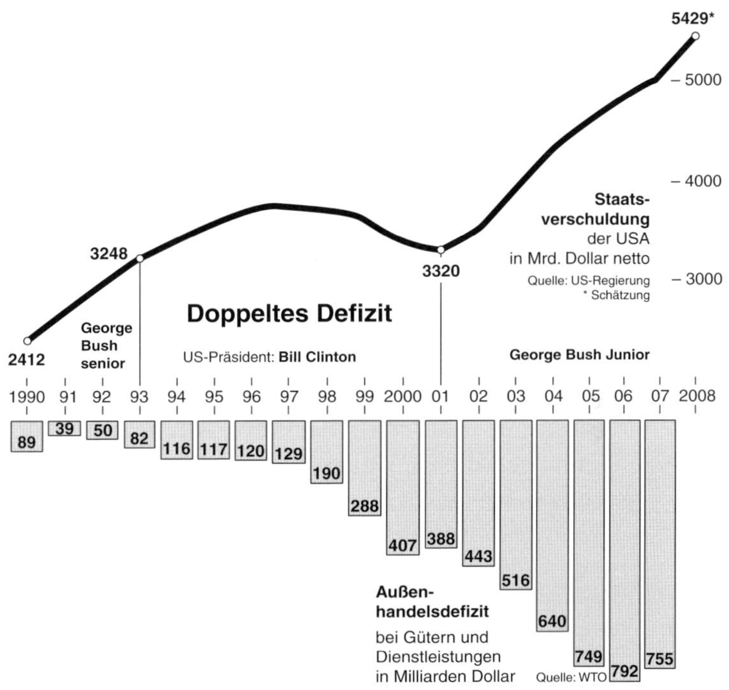

(Quelle: Spiegel)

Der hohe Verschuldungsgrad der USA bedeutet nichts anders, als dass die Wirtschaft dramatisch unterkapitalisiert ist. Die Therapie kann nur lauten, dass mehr gespart und weniger konsumiert wird. Allerdings ist dies ein schmerzhafter Prozess, denn er bedeutet einen niedrigeren Lebensstandard. Zudem muss der amerikanische Staat seine übermäßige Verschuldung insbesondere im Ausland zurückfahren. Auch dies ist kein leichter Prozess, denn er bedeutet entweder weniger Staatsausgaben oder aber höhere Steuern.

1.3 Alchemie der Verbriefung

Der Begriff Verbriefung (englisch: Securitization) bedeutet die Umwandlung von traditionellen Bankkrediten in handelbare Titel bzw. Vermögensgegenstände oder Aktiva (assets). Die Verbriefung hat den Vorteil einer höheren Diversifikation der Risiken, denn wenn beispielsweise eine Bank ihre verbrieften Kredite an einen Dritten verkauft, hat sie die Risiken nicht mehr in ihren Bücher stehen, obwohl sie ursprünglich den Kredit vergeben hat. Im Englischen nennt man diesen Vorgang einprägend ‚originate and distribute'. Das nachfolgende Schaubild zeigt die Grundstruktur dieses Systems.

Auf der Entstehungsseite vergeben Banken Hypotheken an Privatpersonen, die zumeist – zumindest in den USA – über Immobilienmakler und andere Verkaufsagenturen akquiriert werden. Die intermediären Institute, also die Banken, bündeln diese Kredite zu handelbare Anleihen aus Kreditportfolios, die mit Hypothekenkredite besichert sind und an in- und ausländische institutionelle Anleger wie Banken, Versicherungen, Fonds usw. verkauft wurden. Behilflich sind dabei die Ratingagenturen, die den potenziellen Investoren das Gefühl geben, in der Regel auf der sicheren Seite zu sein – je nach Risikopräferenz.

Last but not least kaufen risikofreudige Investoren einzelne Tranchen dieser Wertpapiere, während risikoaverse eher auf Fonds setzen, bei denen das Risiko breiter gestreut ist. Da der Verkauf weltweit erfolgt, wird somit die gesamte internationale Finanzbranche zum Gläubiger privater Investoren am US-Immobilienmarkt, was erklärt, dass die Krise mit voller Wucht praktisch alle Regionen der Welt getroffen hat.

Entstehung und Verbreitung verbriefter Kreditportfolios weltweit

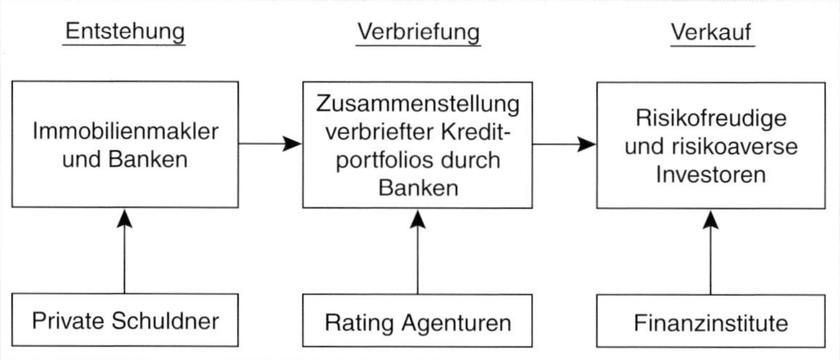

Der Nachteil einer sich ausdehnenden Verbriefung ist die steigende Intransparenz im Markt. Beispielsweise wird durch den beständigen Kauf und Verkauf von risikobehafteten Kreditportfolios immer undurchsichtiger, wer nun letztlich welche Risiken trägt. Dies gilt umso mehr, wenn so genannte Quasi-Banken ins Spiel kommen – in

Deutschland Zweckgesellschaften genannt (englisch: conduits) –, die diese Risiken handeln, aber nicht mit der entsprechenden Eigenkapitalhinterlegung ausgestattet sind wie Banken, sondern vielmehr wiederum deren Gläubiger sind.

Aber nicht nur die Intransparenz steigt durch die Verbriefung. Was eventuell entscheidender ist, ist der Umstand, dass die Verbriefung und der Verkauf von Kreditrisiken einen systemimmanenten Anreiz schaffen, mehr Kredite, auch stark risikobehaftete, zu vergeben. Dies hängt damit zusammen, dass durch die Möglichkeit des Weiterverkaufs der Risiken für die einzelne Bank die Illusion entsteht, die Risiken aus ihren Bilanzen ausbuchen können. Aus der Perspektive der Bank ist dies so lange richtig, so lange Käufer gefunden werden, die die Risiken übernehmen. Ist dies nicht mehr gegeben, wie in der Finanzkrise, bleiben die Risiken in den Büchern stehen.

Darüber hinaus führt diese Praxis zu einer unangemessenen Kreditvergabe im gesamten Bankensektor, die relevant wird, wenn der Weiterverkauf stockt oder ganz zum Erliegen kommt. Viele Risiken müssen in diesem Fall abgeschrieben werden, was das Eigenkapital und die Liquiditätsposition gefährdet. Dies ist vor allem der Fall, wenn die Sicherheiten, mit denen die Kredite unterlegt wurden, selbst dramatisch an Wert verlieren, wie beispielsweise die Immobilien. Grundsätzlich verleiten die Kreditverkäufe zu einer verantwortungslosen Auflösung der Bank-Kunden-Beziehung.

Nun kann man einwenden, dass aus zweitklassigen Krediten, wie den ‚subprime-Hypotheken', durch Verbriefung noch keine erstklassigen werden, so dass der Käufer solcher Titel zumindest weiß, welche Risiken er sich in die eigenen Bücher holt. Dies ist leider in zweierlei Hinsicht nicht zutreffend.

Zum einen gelingt es durch bestimmte Techniken – wie so genannte Strukturierung und Tranchieren – aus verbrieften Kreditportfolios mit zweitklassiger Qualität erstklassig bewerte Finanztitel zu destillieren bzw. hohe Ausfallrisiken auf bestimmte Tranchen eines Portfolios zu konzentrieren, das entsprechend ungünstig bewertet wird. So wurde es möglich, dass hohe subprime-Kreditbestände in die Bücher institutioneller Anleger gelangen konnten, die durch Gesetze gehalten sind, nur AAA bewertete, d.h. Aktiva mit der höchsten Bonität, zu halten.

Wie aus BBB AAA wird

Ein subprime-Kreditportfolio hat üblicherweise ein so genanntes BBB-Rating, das von Banken und anderen Finanzinstituten nicht gekauft werden kann, da das Toprating AAA verlangt ist. Durch Tranchierung lässt sich aber für beispielsweise 90% des Portfolios eine AAA-Bewertung, d.h. eine geringere Ausfallwahrscheinlichkeit, erreichen. Die restlichen 10% des Portfolios mit einer höheren Ausfallswahrscheinlichkeit werden auf anderen Tranchen aufgeteilt. Somit wird das Portfolio für institutionelle Anleger kaufbar, ohne dass Gesetze verletzt werden.

Bemerkenswert ist nun, dass die aufgezeigte Aufteilung auf Tranchen insofern nur rein fiktiver Natur ist, als den einzelnen Tranchen keine spezifischen Forderungen, sondern nur spezifische Ausfallwahrscheinlichkeiten zugeordnet sind. Mit anderen Worten: Auch eine AAA bewertete Tranche enthält Forderungen minderer Qualität. Dies erklärt, dass selbst ein AAA-Rating für beispielsweise eine Restlaufzeit von sechs Jahren immer noch eine Ausfallwahrscheinlichkeit von maximal fast 40% besitzen kann. Von Sicherheit kann also auch bei AAA-Titeln keine Rede sein.

Hinzu kommt, dass die Berechnung von Ratings auf vergangenheitsbezogenen Techniken und Verfahren beruht, die in einem rasch expandieren Markt wie dem US-amerikanischen Immobilienmarkt nur beschränkt Gültigkeit besitzen. Das Rating zu ändern, wenn das Kind erst einmal in den Brunnen gefallen ist, d.h. die Ausfälle eingetreten sind, wie es viele Ratingagenturen in der Hypothekenkrise praktiziert haben, hilft nicht weiter. Was gebraucht wird, sind zukünftig erwartete Ausfallwahrscheinlich und nicht eine ex-post Bestätigung bereits eingetretener Verluste.

„Die wissen nicht, was sie tun“, sagt beispielsweise Alan Greenspan zu den Praktiken der Ratingagenturen in der Hypothekenkrise. Tendenziell steht der Vorwurf im Raum, dass Ratingagenturen Kreditportfolios zu hoch bewertet haben um eigene Geschäftsinteressen zu schützen. Dies ist das klassische Principal-Agent-Problem, in dem der Principal – in unserem Beispiel die Bank – nicht erkennt, dass er von den Agenten – den Ratingagenturen – nicht hinreichend informiert werden.

Wie dem auch sei, sicher ist, dass das komplexe Geschäft des Handels mit verbrieften Kreditportfolios ein eigenständiges Risikomanagement der Bank voraussetzt. Dies war offenbar nicht oder nur unzureichend in vielen Fällen gegeben. Eventuell wurde es auch nicht mit der Ernsthaftigkeit betrieben, die in diesem Markt nötig ist, um mögliche Verlust überschaubar zu halten. Was lockte waren hohe Renditen, und es ist ja auch ein paar Jahre gut gegangen.

Dramatisch verschärft wurde die Lage durch den Umstand, dass es vor allem so genannte Zweckgesellschaften – ‚conduits' oder Structured Investment Vehicles (SIVs) im Englischen – waren, die in die forderungsbesicherten Anleihen aus dem US-amerikanischen Immobilienmarkt investiert hatten; immerhin bis zu 400 Mrd. USD auf dem Höhepunkt. Finanziert wurden diese Investments mit kurzfristigen Anleihen, so genannten Commercial Papers. Der Spread, d. h. die Differenz der Renditen zwischen den lang- und kurzfristigen Anleihen, generierte den Gewinn der Zweckgesellschaften.

Dies ging so lange gut, wie Käufer für die Commercial Papers vorhanden waren. Das Geschäftsmodell der Zweckgesellschaften ist nichts anders als das der Fristentransformation, d. h. langfristige Titel werden in kurzfristige transformiert bzw. finanziert. Sobald diese Transformation nicht mehr funktioniert, beispielsweise weil es zu Finanzierungsschwierigkeiten kommt, können die langfristigen Titel nicht mehr refinanziert werden. Dies ist in der Hypothekenkrise geschehen.

Als die Käufer der Commercial Papers realisierten, dass die mit den Krediten US-amerikanischer Hausbesitzer besicherten langfristigen Anleihen nicht mehr sicher waren, haben sie folgerichtig den Kauf der Commercial Papers eingestellt in der Sorge, die Zweckgesellschaften könnten in die Lage kommen, die Rückzahlung derselben nicht mehr zu bedienen. Aus der Immobilienkrise war eine Vertrauenskrise des Finanzsystems geworden.

Aufgefangen werden konnten die Zweckgesellschaften, die über kein Eigenkapital verfügen – ein Umstand, der sich mit der Einführung von Basel II ändern wird – nur von den Banken, die sie zuvor gegründet hatten, um die Risiken auszulagern. Jetzt mussten sie die Kreditrisiken wieder in ihre Bücher nehmen mit den entsprechenden Abschreibungen bzw. Verlusten. Bis auf 100 Mrd. USD wurde auf diesem Weg das Vermögen der Zweckgesellschaften bis Ende des Jahres 2007 abgeschmolzen. Das folgende Schaubild zeigt ausgewählte Zweckgesellschaften deutscher Banken.

Zweckgesellschaften deutscher Banken

Bank	Zweckgesellschaften	Milliarden Dollar
IKB	Rhineland	18,37
SachsenLB	Ormond Quay	18,11
Deutsche Bank	Rheinmain	15,45
	Rheingold	
	Bills	
Commerzbank	Kaiserplatz	9,45
LBBW	Lake Constance	9,00
WestLB	Compass	8,45
Dresdner Bank	Silver Tower	7,94
BayernLB	Giro Lion	7,37
HSH Nordbank	Poseidon	6,87
Hypo-Vereinsbank	Arabella	6,87
	Salorne	
DZ Bank	Coral	4,02
Bankgesellschaft Berlin	Check Point Charlie	2,19
Helaba	Opusalpha	1,87

(Quelle: FAZ Net)

Als Zwischenfazit können wir festhalten: Billiges Geld hat den Immobilienmarkt in den USA künstlich aufgebläht auch mit fragwürdigen Schuldnern. Das damit verbundene Ausfallsrisiko wurde über die Welt durch die Technik des Verkaufs verbriefter Kreditportfolios verteilt, die wiederum zumeist mit kurzfristigen Anleihen refinanziert wurden. Als sich abzeichnete, dass Hypothekenkredite in stärkeren als angenommenen Umfang ausfallen würden, ist die kurzfristige Refinanzierung der Kreditportfolios zusammengebrochen. Die Folge war, dass die Banken über ihre Zweckgesellschaften große Verluste abschreiben mussten.

Aus volkswirtschaftlichen Sicht ist jedoch viel dramatischer, dass der Liquiditätskreislauf ins Stocken geriet mit unabsehbaren Folgen für die gesamte Volkswirtschaft; ein Gesichtspunkt, der im folgenden vertieft wird.

Das Ende der Zweckgesellschaften

Seit Beginn des Jahres 2008 gelten die neuen Eigenkapitalvorschriften (Basel II) für alle Banken in der Europäischen Union (EU). Die neuen Regeln machen die Gründung von Zweckgesellschaften nahezu zwecklos.

So mussten bisher Kreditlinien, die die Banken den Zweckgesellschaften gewährten, nicht mit Eigenkapital hinterlegt werden, wenn ihre Laufzeit kürzer als ein Jahr war. Dies war ein wichtiger Bestandteil des Geschäftsmodells der Zweckgesellschaften, die die Rückzahlung der kurzfristigen Wertpapiere, also der Commercial Papers, mit denen sie den Kauf der mit Hypotheken besicherten langfristigen Anleihen finanzierten, über die kurzfristigen Bankenkredite absicherten, was die Commercial Papers überhaupt wiederum verkäuflich machte. Im Prinzip waren die Banken damit in der Lage, risikobehaftete Geschäfte außerhalb ihrer Bilanz und ohne Eigenkapitalhinterlegung zu betreiben. Dies war offenbar eine verhängnisvolle Gesetzeslücke.

Nach den neuen Regeln müssen nun auch unterjährige Kredite mit Eigenkapital hinterlegt werden, in welcher Höhe hängt wiederum vom Risiko der einzelnen Kredite ab. Dies wird dazu führen, dass verbriefte Forderungen und Kredite wieder in der Bilanz auftauchen, um durch eine Erhöhung der Aktivseite die Erhöhung des hinterlegten Eigenkapitals, die sich auf der Passivseite der Bilanz niederschlägt, zu kompensieren.

1.4 Liquiditätskrise

Liquidität ist definiert als die Nähe – im Sinne von Veräußerbarkeit – eines Aktiva zu Bargeld oder cash, definitionsgemäß der Vermögensgegenstand mit dem höchsten Liquititätsgrad. Die Schwierigkeit dieser Definition ist, dass der Liquiditätsgrad nicht unabhängig von der Liquidität des entsprechenden Marktes ist.

Nehmen wir das Beispiel der Commercial Papers. Objektiv gesehen sind diese hochliquide, denn es sind reine Kurzläufer mit normal niedrigem Risiko. Wenn jedoch das Vertrauen in den Markt zusammenbricht, auf dem sie gehandelt werden, werden sie plötzlich subjektiv völlig illiquide. Die Verkäufer der Commercial Papers haben schlicht das Risiko unterschätzt, dass sie eines Tages keine Käufer für ihre kurzfristigen Anleihen, mit denen sie die langfristigen verbrieften Kreditportfolios refinanzieren, finden würden. Mit anderen Worten: Bricht das Vertrauen in einen Markt zusammen, nähert sich der Liquiditätsgrad eines Vermögensgegenstands dem Nullpunkt. Er kann nicht mehr verkauft werden.

Damit kommt aber ein gefährlicher Kreislauf in Gang, den an diesem Verkauf hängen wiederum andere Transaktionen, z. B. die Refinanzierung von Kreditportfolios, die ohne Commercial Papers nur über neue Kredite erfolgen kann, die möglicherweise schwierig zu bekommen sind, so dass unmittelbare erste Zusammenbrüche finanzieller Institute einschließlich Banken drohen mit ernsten volkswirtschaftlichen Konsequenzen.

In der Hypothekenkrise führte dies dazu, dass sich die Banken auf dem Geldmarkt untereinander kein Geld mehr leihen wollten, entweder aus Sorge, sie bekämen es nicht wieder, oder aber weil sie selbst hohe Liquiditätsreserven halten wollten, um mögliche Engpässe ihrer Zweckgesellschaften finanzieren zu können.

Das folgende Schaubild zeigt die Risikoprämie am Geldmarkt als Differenz des Dreimonats-Libor, das ist der in London festgestellte Zins, zu dem sich die Banken untereinander für drei Monate auf ungesicherter Basis Geld leihen, und dem Tages-Swap-Satz, der dem Zins für den Geldverleih für einen Tag entspricht.

Man sieht, dass im September 2008 für den US-Dollar ein Risikoprämie von annährend 200 Basispunkten existiert, für das britische Pfund von rund 150 und für den Euro von fast 100 Basispunkten. Normal sind Sätze von 5 bis 8 Basispunkten.

Parallel dazu horteten die Banken überschüssige Liquidität bei den Zentralbanken. Beispielsweise wurden Anfang Oktober 2008 durchschnittlich zwischen 3 und 6 Mrd. EUR bei der EZB über Nacht geparkt als so genannte Einlagenfazilität zu einem deutlich niedrigeren Zinssatz als am normalen Geldmarkt von 3,25%. Hätten die Banken dieses Geld über Nacht an Wettbewerber ausgeliehen, wären ihnen über 4% gezahlt worden. Sie taten es dennoch nicht, aus Sorge, ihr Geld an andere Banken zu verlieren, da diese Konkurs anmelden müssen.

Risikoprämie am Geldmarkt

(Quelle: FAZ Net/Icap)

Banken horten Geld bei der EZB

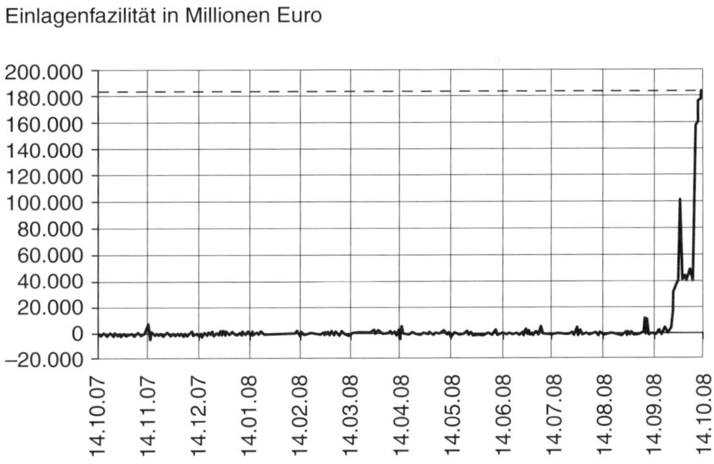

(Quelle: FAZ Net)

Dieses Phänomen ist seit dem britischen Ökonom John Maynard Keynes, dem Begründer der modernen Theorie des Konjunkturzklus und der Makroökonomie, bekannt als Liquiditätsfalle. Die Nachfrage nach Liquidität ist so hoch, dass es der Zentralbank nur sehr schwer oder gar nicht mehr möglich ist, die Zinsen zu senken, was wiederum fatal für die Investitionen sein kann, denn die Zinshöhe bestimmt die Finanzierungskosten.

Nicht nur die EZB, sondern auch die Fed und die Bank of England haben enorme Mittel in den Geldmarkt gepumpt, um den Anstieg der Zinsen unter Kontrolle zu halten, die Volatilität zu dämpfen und die Märkte zu beruhigen. Man spricht in diesem Zusammenhang auch von einem „lender of last resort“, was wörtlich übersetzt in etwa dem Begriff des „letzten Kreditgebers“ entspricht.

Der massive Eingriff der Zentralbanken hatte letztendlich den Zweck ein Übergreifen der Finanzkrise auf die Realwirtschaft, d.h. auf Wachstum, Einkommen und Beschäftigung, zu vermeiden. Unter allen Umständen sollte vermieden werden, dass die Hypothekenkrise eine Rezession, d.h. einen konjunkturellen Abschwung mit negativen Wachstumsraten, steigender Arbeitslosigkeit und stagnierenden oder gar fallenden Einkommen auslöst.

Tatsächlich konnte eine Rezession jedoch nicht verhindert werden, sicherlich wurden aber ihr Ausmaß und ihre Dauer begrenzt. Im Folgenden wollen wir deshalb der Frage nachgehen, wie die Krise auf die Realwirtschaft – also auf Wachstum und Beschäftigung – übergreifen konnte. Zum besseren Verständnis werden dazu zunächst allgemeine Wirkungskreisläufe einer Volkswirtschaft eingeführt.

1.5 Zwei Seiten einer Volkswirtschaft

Um die grundsätzlichen Zusammenhänge zwischen Finanzsystem und Realwirtschaft zu verstehen, ist es hilfreich, wenn wir die Volkswirtschaft aus der Vogelperspektive betrachten.

Aus einer solchen Perspektive betrachtet besteht die Volkswirtschaft eines Landes aus zwei großen Bereichen: dem monetären oder dem Finanzsystem und dem realwirtschaftlichen Bereich oder der Realwirtschaft. Beide sind in der nachfolgenden Abbildung dargestellt.

Das Finanzsystem besteht grob gesprochen wiederum aus dem Geldmarkt, dem Kapitalmarkt, der die einzelnen Kategorien der Anleihen-, Aktien- und Zukunftsmärkte, wie Derivative, umfasst sowie dem Devisenmarkt, auf dem die Währung des Landes gehandelt wird.

In der Realwirtschaft haben wir es im Wesentlichen mit zwei Märkten zu tun: dem Gütermarkt, der in der Realität aus Millionen von einzelnen Güter- und Dienstleistungsmärkten besteht und dem Arbeitsmarkt, der seinerseits in die unterschiedlichen Berufe zerfällt.

Die genannten fünf Märkte bezeichnen wir als gesamtwirtschaftliche, makroökonomisch aggregierte Märkte.

Wichtig ist nun, welche Preise auf diesen Märkten durch das Zusammenspiel von Angebot und Nachfrage bestimmt werden:

- Auf dem Geldmarkt wird der kurzfristige und auf dem Kapitalmarkt der langfristige Zins sowie die Preise der monetären Aktiva, wie Aktienkurse und die Kurse festverzinslicher Wertpapiere, bestimmt.
- Der Devisenmarkt bestimmt den Außenwert, d.h. den Wechselkurs der inländischen Währung gegenüber den ausländischen Währungen.
- Auf der realwirtschaftlichen Seite der Volkswirtschaft wird auf dem Gütermarkt das Preisniveau bzw. dessen Veränderung, die Inflationsrate, und auf dem Arbeitsmarkt die Löhne und Gehälter bestimmt. Aus dem Zusammenspiel von Güter- und Arbeitsmarkt entsteht das Beschäftigungsniveau.

Zwei Seiten der Volkswirtschaft

Finanzsystem		Realwirtschaft	
Markt	**Preis**	**Markt**	**Preis**
Geldmarkt	Kurzfristiger Zins	Gütermarkt	Preisniveau Inflationsrate
Kapitalmarkt	Langfristiger Zins Vermögenspreise	Arbeitsmarkt	Löhne und Gehälter
Devisenmarkt	Wechselkurs		

Die Schwierigkeit kommt dadurch hinein, dass sich die einzelnen Märkte wechselseitig beeinflussen und in einer Wirkungsanalyse nicht isoliert betrachtet werden können. Diese Interdependenz der Märkte ist es, die das Verständnis der volkswirtschaftlichen Zusammenhänge so kompliziert macht. Fünf Wirkungszusammenhänge stechen jedoch hervor, die in der nachfolgenden Graphik zusammengefasst sind.

Fall 1: Sowohl die kurz- wie die langfristigen Zinsen beeinflussen den Gütermarkt und dieser wiederum den Arbeitsmarkt. Steigen beispielsweise die Zinsen ist davon auszugehen, dass über kurz oder lang die Nachfrage sowohl der Unternehmen wie der privaten Haushalte am Gütermarkt zurückgehen wird und mit ihr auch die Nachfrage nach Arbeitskräften auf dem Arbeitsmarkt. Dies deshalb, weil Liquidität und damit Kredite mit steigenden Zinsen teurer werden, was wiederum Investition und Konsum auf Grund steigender Finanzierungskosten sinken lässt. Dies ist schlecht für den Arbeitsmarkt, den mit sinkender Güternachfrage sinkt zeitversetzt auch das Güterangebot und damit die Arbeitsnachfrage der Unternehmen. Für sinkende Zinsen gelten genau die umgekehrten Wirkungszusammenhänge: Die Güternachfrage steigt und mit ihr die Arbeitsnachfrage.

Fall 2: Auch der Wechselkurs beeinflusst den volkswirtschaftlichen Güter- und Arbeitsmarkt. Wenn beispielsweise der Außenwert des Euro steigt, wie in den letzten beiden Jahren, ist davon auszugehen, dass die Exporte tendenziell sinken werden, während die Importe tendenziell steigen, weil deutsche Güter- und Dienstleistungen im Ausland teuerer werden und ausländische Güter im Inland billiger. Dies bedeutet, dass der Außenbetrag, definiert als die Differenz von Exporten minus Importen, sinkt, was gleichbedeutend ist mit sinkender Nachfrage im Inland. Entsprechend wird die Nachfrage nach Arbeit ebenfalls abnehmen.

Fall 3: Nicht nur die Finanzmärkte beeinflussen die Realwirtschaft, sondern umgekehrt auch die Realwirtschaft die Finanzmärkte, die dann wiederum auf die Realwirtschaft zurück wirken. Der wichtigste Einflusskanal ist hier das Preisniveau bzw. die Inflationsrate. Wenn beispielsweise die Inflationsrate steigt, wird die EZB die Zinsen auf dem Geldmarkt ebenfalls nach oben schleusen. Über kurz oder lang werden damit auch die Zinsen auf dem Kapitalmarkt steigen. Ein geändertes Zinsniveau hat wiederum die Effekte wie im Fall 1 beschrieben.

Fall 4: Innerhalb des realen Sektors einer Volkswirtschaft beeinflusst vor allem das Lohn- und Gehaltsniveau das Preisniveau und die Inflationsrate, denn steigende Arbeitskosten werden, wenn sie nicht durch eine steigende Produktivität kompensiert werden, von den Unternehmen ganz oder zum Teil in die Preise weitergegeben. Im Ergebnis setzt dann wieder der im Fall 3 beschriebene Prozess ein.

Fall 5: Schließlich beeinflussen innerhalb des Finanzsektors die Zinsen ihrerseits den Wechselkurs. Wir hatten bereits gesehen, dass beispielsweise steigende Zinsen eine Verringerung der inländischen Nachfrage bedeuten. Dies aber wiederum hat zur Folge, dass auch die Importe tendenziell sinken, denn die Einkommen steigen weniger rasch. Der Außenbeitrag steigt und mit ihm der Wechselkurs auf Grund der gestiegenen Nachfrage nach ausländischer Währung. Dieser Aufwertungsdruck wird vom Kapitalmarkt unterstützt, denn durch steigende Zinsen wird mehr ausländisches Kapital in die inländischen Kapitalmärkte fliesen, was die Nachfrage und damit den Wechselkurs der inländischen Währung stärkt. Der geänderte Wechselkurs führt dann zu den Prozessen des zweiten Falles.

Das nachfolgende Schaubild fasst die fünf Wirkungszusammenhänge noch einmal schematisch zusammen.

1.6 Wie die Finanzkrise die Realwirtschaft infizierte

Auf Basis dieser Zusammenhänge erschließt sich nun, wie und warum die Hypotheken-, die sich zu einer allgemeinen Finanzkrise ausweitete, zu einer Rezession und damit sinkenden Wachstumsraten und steigender Arbeitslosigkeit führen konnte.

Am Anfang stand die Preisblase am Immobilienmarkt verursacht durch zu niedrige Zinsen in Verbindung mit der Praxis der Verbriefung und Veräußerung von Kreditrisiken. Deren Platzen führte zu Kreditausfällen und damit zu Wertverlusten von Hypotheken und deren Sicherheiten, den Immobilien. Die involvierten Banken beginnen an Kapitalmangel zu leiden, da der Markt für verbriefte Forderungen immer dünner wird und am Ende vollständig zusammenbricht.

Der Sprung in die Realwirtschaft beginnt, wenn die Banken auf Grund des Kapitalmangels beginnen, die Kreditvergabe zu beschränken, um ihre Eigenkapitalquote zu erhöhen. Der Wirtschaft wird damit der Zugang zu Investitionen und Beschäftigung abgeschnitten. Darüber hinaus sorgen die Banken mit Notverkäufen dafür, dass der Wert von Kreditpapieren noch weiter sinkt, was weitere Abschreibungen, Notverkäufe und Insolvenzen nach sich zieht.

Die Abwärtsspirale hat begonnen. Die Verbraucher verlieren das Vertrauen, was den Konsum weiter in Mitleidenschaft zieht. Mangelnde Nachfrage und sinkendes Vertrauen ziehen die Wirtschaft wechselseitig nach unten. Die Arbeitslosigkeit steigt und treibt die Spirale weiter nach unten.

Durch die internationale Vernetzung der Volkswirtschaften wird die gesamte Weltwirtschaft in Mitleidenschaft gezogen. Dies gilt insbesondere für Staaten mit einem starken Exportanteil wie Deutschland und China.

Das Gespenst einer Deflation macht die Runde, d.h. ein sinkendes Preisniveau. Deflation ist sehr schlecht für die Konjunktur, denn in Erwartung sinkender Preise werden weder die Unternehmen investieren noch die Haushalte konsumieren. Während erstere Verluste befürchten, warten die Verbraucher auf niedrigere Preise. Die volkswirtschaftliche Nachfrage bricht zusammen und mit ihr die Beschäftigung.

In der Finanzkrise waren darüber hinaus vor allem zwei volkswirtschaftliche Wirkungszusammenhänge wichtig: Sinkende Immobilienpreise und sinkendes Vertrauen von Unternehmen und Haushalten in Verbindung mit einer Kreditklemme.

Zunächst einmal haben die fallenden Immobilienpreise in den USA und eventuell weltweit einen unmittelbaren Einfluss auf das Verhalten der amerikanischen Verbraucher. Der Konsum wird über kurz oder lang sinken und mit ihm wird die Konjunktur abflauen. Dies hat nicht nur negative Auswirkungen auf die USA, sondern vermittelt über die Ausfuhren anderer Staaten in die USA auch auf die Weltwirtschaft.

Im Gegensatz zu früheren Finanzmarktkrisen war die Hypothekenkrise vor allem eine Vertrauenskrise in die Funktionsweise des internationalen Finanzsystems und die Banken. Mangelndes Vertrauen oder gar Angst, beispielsweise um die Bankeinlagen, sind Gift für die Konjunktur. Der Pessimismus der Verbraucher nimmt zu und mit ihm die Neigung ab, Geld auszugeben, um Güter und Dienstleistungen zu kaufen.

Wenn aber die Verbraucher weniger kaufen, müssen die Unternehmen weniger produzieren und brauchen weniger Arbeitskräfte, was die Einkommen und das Vertrauen der Verbraucher und damit die Nachfrage weiter schwächt. Ein gefährlicher Kreislauf kommt in Gang, in dem sich Verbraucher und Unternehmer wechselseitig nach unten durchreichen mit entsprechenden Erscheinungen von Arbeitslosigkeit und sozialer Instabilität.

Umgekehrt führt die Krise der Banken auch zu einer geringeren Risikobereitschaft, die im Extremfall zu einer so genannten Kreditklemme (credit crunch) führen kann. Damit ist gemeint, dass die Banken die Kreditvergabe an Unternehmen und Haushalte stark reduzieren, was wiederum dem Aktivitätsniveau einer Volkswirtschaft und damit Wachstum und Beschäftigung schadet.

Das Eintreten dieser Effekte zu verhindern oder zumindest zu dämpfen, war der Grund, warum die Zentralbanken so massiv in den Geldmarkt in der Krise eingegriffen haben. Greift nämlich erst einmal das Misstrauen zwischen den Banken auf die Beziehungen zwischen Kunden und Bank über, ist Panik nicht mehr weit.

So wissen wir beispielsweise, dass ein wesentlicher Grund für die verheerenden Auswirkungen der Weltwirtschaftskrise 1929/30 die viel zu restriktive Haltung der Zentralbanken waren, die, statt die Wirtschaft ausreichend mit Liquidität angesichts des Börsencrashs zu versorgen, die Liquidität sogar noch verknappt hat, mit der Folge von Banken- und Unternehmenszusammenbrüchen und der größten Wirtschaftskrise der jüngeren Geschichte. Gerade in der Krise braucht das Finanzsystem ausreichend Liquidität, um Sicherheit und Vertrauen zurückzugewinnen und eine Ausbreitung auf die Realwirtschaft zu verhindern oder zumindest die Folgen zu begrenzen.

Nicht nur die gegenwärtige Hypothekenkrise, sondern auch die diversen Krisen in den letzten zwanzig Jahren, wie der Crash am US-amerikanischen Aktienmarkt (1987), der Asienkrise (1997/98), der Zusammenbruch des LTCM-Hedgefonds (1998), der ‚dotcom'-crash an den weltweiten Aktienmärkten (2000) und der terroristische Angriff auf die USA (2001), haben gezeigt, dass die Zentralbanken ihre Lektion als „lender of last resort" – als letzter Kreditgeber – gelernt haben.

Ein solches „Herauskaufen" der Zentralbanken ist mit der Gefahr verbunden, dass private und institutionelle Investoren das Risiko ihres Handelns systematisch unterschätzen, weil sie davon ausgehen, dass die Zentralbank in letzter Instanz eingreifen wird. Unter dem Stichwort „moral hazard" – was wörtlich übersetzt soviel wie „moralisches Wagnis" heißt – wird dieses Problem in der einschlägigen Literatur diskutiert.

Andererseits zeigen alle Erfahrungen immer wieder, dass das Risiko eines Zusammenbruchs ganzer Volkswirtschaften immer noch höher einzuschätzen ist, als eine vorsätzlich verzerrte Risikoeinschätzung privater Akteure im Finanzsystem. Insofern sind die Aktionen der Zentralbank aus wirtschaftspolitischer Sicht sehr willkommen. Das gleiche gilt für die erwähnten Konjunkturprogramme der Regierung. Eine Politik nach der Devise „Operation gelungen, Patient tot" hilft niemandem.

Allerdings war die Finanz- und Bankenkrise der Jahre 2007 und 2008 so ernsthaft, dass es trotz massiver Liquiditätszufuhren der Zentralbanken unterstützt von Eingriffen einzelner Regierungen nicht gelungen ist, die Auswirkungen der Krise auf das Finanzsystem zu beschränken. Tatsächlich hat die Krise auf die Realwirtschaft übergegriffen und im Herbst 2008 stand die Weltwirtschaft am Beginn eines deutlichen wirtschaftlichen Abschwungs. Die Rezession hatte bereits in den USA aber auch in Kernländern Europas wie Frankreich und Deutschland Einzug gehalten.

Und auch die bisherigen Erfahrungen mit Konjunkturverläufen machen wenig Hoffnung. Sie zeigen nämlich, dass Konjunktureinbrüche desto schwerer sind und desto länger dauern, je mehr das Finanz- und Bankensystem in Mitleidenschaft gezogen wurde. Dies hängt damit zusammen, dass das Finanzsystem gewissermaßen das Herz der Volkswirtschaft ist, denn ohne Finanzierung keine Investitionen und ohne diese kein Wachstum und Beschäftigung.

Das nachfolgende Schaubild hält die wesentlichen Ergebnisse dieses Kapitels zusammenfassend anschaulich fest. Vier Ebenen werden dabei unterschieden:

I. Geschäftsmodel der Verbriefung

II. Zusammenbruch des Verbriefungsmodells

III. Finanzkrise

IV. Infektion der Realwirtschaft

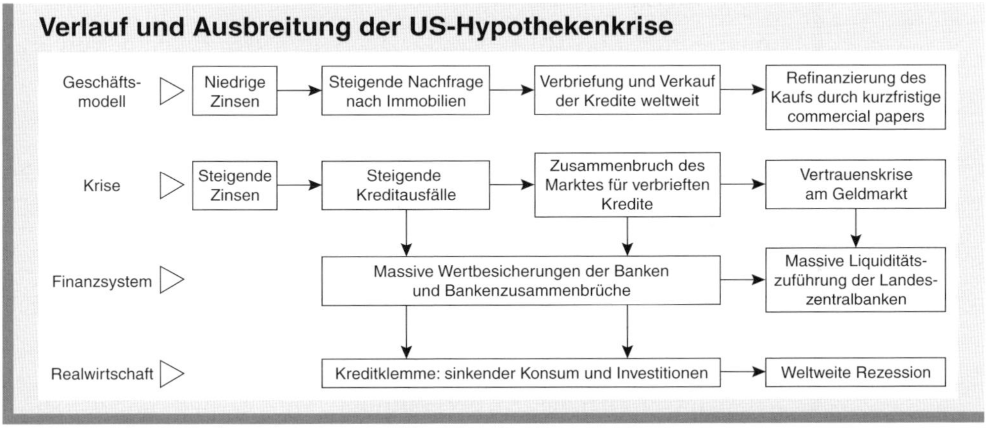

1.7 Zusammenfassung

Das Wichtigste im Karteikartenformat:

Subprime-Krise: Die subprime-Hypothekenkrise, die in den USA im Sommer 2007 ihren Ausgang nahm, ist die schwerste Finanzkrise seit der Weltwirtschaftskrise Ende der zwanziger Jahre des vorherigen Jahrhunderts. Sie hat das angelsächsisch geprägte Finanz- und Bankensystem zum Zusammenbruch gebracht, mit schwersten Auswirkungen auf Wachstum, Beschäftigung und Einkommen.

Krisenursachen: Die Krise ist entstanden aus einer verhängnisvollen Verkettung mehrerer Umstände wie billigem Geld, Verbriefung und weltweitem Verkauf von Hypothekenkrediten, mangelhaftem Rating und Kreditrisikomanagement von Ratingagenturen und Banken, Lücken im Gesetz, das die kurzfristige Finanzierung von Kreditportfolios erlaubte ohne Eigenkapitalhinterlegung und Bilanzierung auf Seiten der Banken, sowie mangelhafter Bankenaufsicht.

Liquiditätskrise: Die ursprünglich nur auf den Immobiliensektor beschränkte Krise führte zu einer Liquiditätskrise an den weltweiten Geldmärkten auf Grund eines Vertrauensverlust zwischen den Banken, die die Zentralbanken in ihrer Funktion als „lender of last resort" zu massivem Eingreifen zwang im Sinne von milliardenschweren Liquiditätszuführen. Bankeninsolvenzen konnten allerdings nicht verhindert werden.

Realwirtschaftliche Auswirkungen: Die Auswirkungen der Finanzkrise auf die Realwirtschaft – definiert als volkswirtschaftlicher Güter- und Arbeitsmarkt – bestehen zusammengefasst im wesentlichen in zwei Effekten: Sinkender Konsum auf Grund sinkender Immobilienpreise, sinkende Einkommen und Kreditklemme sowie sinkende Investitionen auf Grund geringerer Nachfrage und eingeschränkter Kreditvergabe. Beides führt zu geringerem Wachstum und Beschäftigung, was den volkswirtschaftlichen Kreislauf weiter nach unten drückt.

Finanz- und Realwirtschaft: Finanzsystem und Realwirtschaft sind eng verflochten. Während die Finanzmärkte – definiert als Geld-, Kapital- und Devisenmarkt – vor allem mittels Zinsen, Vermögenspreisen und Wechselkurs auf die Realwirtschaft, d.h. Güter- und Arbeitsmarkt, wirken, beeinflusst die Realwirtschaft insbesondere mittels Inflationsrate und Arbeitskosten die Finanzmärkte.

Weltwirtschaft: Grundsätzlich sind die Abläufe zwischen Finanz- und Realwirtschaft interdependent und komplex. Sie werden darüber hinaus von der Weltwirtschaft beeinflusst, wobei die betrachtete Volkswirtschaft auch wiederum die Weltwirtschaft beeinflussen kann, abhängig von der Größe und der wirtschaftlichen Bedeutung des Landes.

Global- und Fiskalpolitik: Das massive Eingreifen von Zentralbanken und Staat in der Krise ist zu begrüßen trotz des „moral hazard"-Problems, da es zumindest die negativen Folgen der Finanzkrise auf die Realwirtschaft beschränkt.

2 Gesamtwirtschaftlicher Kapitalmarkt

„Das Bruttovermögen der privaten Haushalte in Deutschland ist im vergangenen Jahr um rund 5 Prozent gestiegen. Es wuchs 2007 auf etwa 4,76 Billionen EUR nach 4,53 Billionen EUR im Vorjahr, schätzen Volkswirte der Dresdner Bank. Maßgeblich zum Vermögenszuwachs beigetragen hat der im fünften Jahr in Folge gestiegene Aktienmarkt. Rund 40 Prozent des Geldvermögenszuwachses von rund 230 Milliarden EUR seien auf höhere Börsenbewertungen zurückzuführen.

Zudem sparen die Deutschen 2007 wieder etwas mehr als ein Jahr zuvor; die Sparquote stieg um 0,3 Punkte auf 10,8 Prozent. Nach wie vor halten die Deutschen ihr Geldvermögen überwiegend in konservativen Anlageformen: Gut ein Drittel liegt nach der Schätzung als Sicht- und Spareinlagen sowie als Sparbriefe bei den Banken, ein weiteres Viertel sind Anlagen in Versicherungen."

F.A.Z., 04.01.2008, S. 21

Lernziele:

- Den Zusammenhang von Vermögensbildung, Einkommen und Sparen verstehen,
- Theorie und Praxis des Kapitalmarktes aus volkswirtschaftlicher Perspektive kennenlernen,
- aktuelle Trends der Vermögensbildung in Deutschland erfassen,
- die Rolle der Finanzdienstleister im volkswirtschaftlichen Kreislauf und deren Wandel in den letzten Jahren überblicken.

2.1 Einkommen und Vermögen

Das **Vermögen** einer Person oder eines Unternehmens (manchmal auch als Nettovermögen bezeichnet) entspricht der Summe aus Sach- und Geldvermögen abzüglich der Verbindlichkeiten.

Das **Sachvermögen** setzt sich seinerseits aus Immobilien und – soweit auch der Unternehmenssektor einbezogen wird – aus dem Anlagevermögen zusammen. Bei privaten Haushalten ist noch das so genannte Gebrauchsvermögen, also langlebige Konsumgüter wie Möbel und Autos, Teil des Sachvermögens. Das **Geldvermögen** besteht aus Einlagen bei den Geschäftsbanken, Wertpapierbeständen und Lebensversicherungen. Wir wollen uns im Folgenden auf das Geldvermögen konzentrieren.

Das Vermögen eines Privathaushaltes, einer Privatperson oder eines Unternehmens wird immer zu einem bestimmten Zeitpunkt ermittelt, beispielsweise zum 31.12. eines Jahres. Grundsätzlich bezeichnet man ökonomische Größen, deren Wert zu einem bestimmten Zeitpunkt festgestellt werden, als **Bestandsgrößen**. Sparen ist demgegenüber eine so genannte **Stromgröße**, d.h. ihr Wert bezieht sich auf einen bestimmten Zeitraum, z.B. ein Jahr.

Zwischen dem Vermögen als Bestandsgröße und dem Sparen als Stromgröße besteht ein enger **Zusammenhang**. Das Vermögen zu einem bestimmten Zeitpunkt lässt sich aus der Summe des Anfangsvermögens plus der Ersparnis und der Wertveränderung des Vermögens im Betrachtungszeitraum, beispielsweise der Aktienkurse, ermitteln. Bezeichnet man das Anfangsvermögen beispielsweise zum 01.01. eines Jahres mit V_t, das zu ermittelnde Endvermögen zum Ende des Jahres mit V_{t+1}, das Sparen in diesem Jahr mit S und die Wertveränderung des Vermögens mit ΔV_t, ergibt sich:

$$V_{t+1} = V_t + S + \Delta V_t$$

Grundlage des Sparens ist das **Einkommen** im Sinne des verfügbaren Einkommens der privaten Haushalte. Einkommen ist wie das Sparen eine Stromgröße und muss damit auf einen bestimmten Zeitraum bezogen werden.

J. Paul Getty wurde einmal gefragt, wie hoch sein Einkommen sei. Zur Überraschung aller antwortete er: „1.000 Dollar.“ Was er nicht sagte, aber meinte, war: pro Minute.

> Das **verfügbare Einkommen** der privaten Haushalte einer Volkswirtschaft ergibt sich als Summe der Bruttoeinkommen der Arbeitnehmer, dem Selbstständigeneinkommen und dem Betriebsüberschuss der Einzelunternehmer, zuzüglich der Transferzahlungen (z.B. Rente, Sozialhilfe, Arbeitslosengeld) und abzüglich der direkten Steuern (Einkommensteuer) sowie der Arbeitnehmerbeiträge zu den Sozialversicherungen.

Mit der Einführung des verfügbaren Einkommens schließt sich der Kreislauf zwischen Einkommen und Vermögen: Die Höhe des verfügbaren Einkommens ist die wichtigste Determinante des Sparvolumens. Sparen bedeutet, Vermögen zu bilden, aus dem wiederum ein Teil des Einkommens entsteht, der zum Sparen verwendet wird. Darüber hinaus wirkt die Wertveränderung des Vermögensbestandes auf die Höhe des Vermögens.

Einkommens- und Vermögenskreislauf

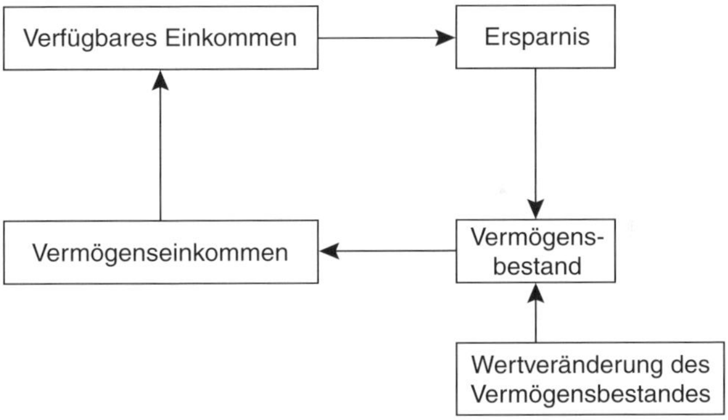

2.2 Sparen und Konsumieren

Die **Sparquote** misst den prozentualen Anteil des Sparens am verfügbaren Einkommen.

Trotz des recht deutlichen Rückganges in den letzten Jahren liegt die Sparquote in Deutschland mit 10,9% (für 2007) im internationalen Vergleich immer noch im Mittelfeld in der Eurozone jedoch unter dem Durchschnitt (13,8%). Besonders fleißige Sparer findet man innerhalb Europa in den Benelux-Staaten mit Sparquoten von bis zu

15%, während Österreich mit einer Quote von rund 8% im innereuropäischen Vergleich das Schlusslicht bildet. Für die Weltwirtschaft im Ganzen zeigen sich die Amerikaner mit einer Sparquote, die in der Regel um die Nulllinie schwankt, am wenigsten spar- und damit umgekehrt am meisten konsumfreudig.

Furore hat in den letzten Jahren die Sparquote in China gemacht, die sage und schreibe über 40% liegen soll. Allerdings ist dabei zu beachten, dass die chinesische Sparquote nicht nur das Sparvolumen der privaten Haushalte einschließt, sondern auch die nicht reinvestierten Gewinne der Unternehmen. Das ist aus volkswirtschaftlicher Sicht durchaus zulässig, denn aus der Perspektive der Gesamtwirtschaft ist Ersparnis das Einkommen welches weder konsumiert noch investiert wird. Und in der Tat verfügen die chinesischen Unternehmen über einen gewaltigen Cashflow, der nicht investiert, sondern in der Unternehmung akkumuliert oder an den Kapitalmärken investiert wird.

Die Sparquote der privaten Haushalte in China schwankt hingegen zwischen 20% und 25%. Dies ist immer noch außergewöhnlich viel. Der wesentliche Grund hierfür ist das unausgereifte Sozialsystem, das die privaten Haushalte zwingt, viel zu sparen, um für die Wechselfälle des Lebens wie Ausbildung, Krankheit, Arbeitslosigkeit und Alter etc. gewappnet zu sein.

Eine Ursache für die langfristig beobachtbaren Unterschiede in der Sparquote kann auch die Alterspyramide einer Volkswirtschaft sein. Während nämlich Volkswirtschaften mit einer relativ alten Gesellschaft – wie beispielsweise Japan, aber auch Deutschland – eine relativ hohe Sparquote aufweisen, geht die niedrige amerikanische Sparquote bzw. die relativ hohe Konsumquote mit einer relativ jungen Bevölkerung auf Grund regelmäßiger Einwanderungen einher.

Sparen ist das Gegenteil von konsumieren. Eine Volkswirtschaft, die viel spart, wie zum Beispiel China, wird wenig konsumieren und umgekehrt eine Volkswirtschaft, die wenig spart wie die USA, viel konsumieren. Dementsprechend liegt die Konsumquote in China bei nur rund 30%, in den USA liegt sie fast bei 80%, in Deutschland bei ca. 57%. Dies ist ein relativ niedriger Wert.

Geringes Sparen bzw. hoher Konsum muss nicht unbedingt negativ interpretiert werden. Zweifellos bildete beispielsweise der starke inländische Konsum eine der Stützen des in der Regel höheren Wachstums in den USA im Vergleich zu Europa. In China hingegen ist das Wachstum nicht hoch, weil der Konsum hoch ist, sondern weil die Investitionen in das Sachkapital, also Maschinen, Gebäude usw., sehr hoch sind und der Export boomt. Für Deutschland gilt, dass das Wachstum im Wesentlichen vom Export getragen wird, und nur wenn der Konjunkturzklus sehr gut läuft, nimmt auch der Konsum deutlich zu.

Japan schließlich ist ein Beispiel, das zeigt, dass eine relativ hohe Sparquote und relativ niedriger Konsum dem volkswirtschaftlichen Wachstum eher abträglich ist. Seit fast 20 Jahren bewegt sich nun die japanische Volkswirtschaft auf einem sehr flachen Wachstumspfad.

Anderseits muss jede Volkswirtschaft sparen, um ihre Investitionen in das Sachkapital zu finanzieren und damit das langfristige Wachstum sicher zu stellen. Ohne Ersparnis, keine Investitionen und ohne Investitionen kein langfristiges Wachstum.

Ersparnis hat also volkswirtschaftlich betrachtet einen Doppelcharakter. Kurzfristig mindert es den Konsum und damit die Auslastung der vorhandenen Produktionskapazitäten und das Wachstum, langfristig hingegen sichert es den Aufbau von Kapazitäten und damit das langfristige Wachstum, das in vielen Fällen ja auch mit technischem Fortschritt und Innovationen einher geht.

Angesichts dieser Zusammenhänge stellt sich die Frage, wie ein Land wie die USA mit einer sehr geringen Sparquote ihr langfristiges Wachstum sicherstellt. Die Antwort ist, dass nicht auf die inländische, sondern auf ausländische Ersparnis zurückgegriffen wird, d.h. viele Nicht-Amerikaner investieren ihr Geld in den USA im Sinne von Anlagen an den Kapitalmärkten oder bei Banken. Deshalb sind die USA heute einer der größten Schuldner der Welt. Einige der größten Investoren sind übrigens Staaten wie China, die einen Großteil ihrer Devisenreserven in US-amerikanische Staatsanleihen (treasuries) angelegt haben.

Ein solches Wachstumsmodel, das kurzfristiges mit langfristigem Wachstum für den Preis ausländischer Verschuldung verbindet, kommt dann ins Wanken, wenn die ausländischen Investitionen ausbleiben, beispielsweise weil die Zinsen zu niedrig sind, die Konjunktur lahmt und mit ihr die Unternehmensgewinne sinken, die Währung zu stark abwertet oder politische Unsicherheiten auftreten.

Wichtig für das Spar- bzw. Konsumverhalten einer Volkswirtschaft ist auch der so genannte **Vermögenseffekt** des Konsums. Damit ist gemeint, dass nicht nur das verfügbare Einkommen der Haushalte den Konsum bestimmt, sondern auch die Höhe des Vermögens: Wenn in einer Volkswirtschaft die Ersparnis statt bei den Banken an den Kapitalmärkten stattfindet, wie das in den USA der Fall ist, kann ein Anstieg der Kapitalerträge beispielsweise durch steigende Aktienkurse dazu führen, dass weniger gespart bzw. mehr konsumiert wird, da ja das Vermögen auch ohne Ersparnis wächst.

Schließlich existiert auch ein innerer, volkswirtschaftlicher Zusammenhang zwischen Ersparnis und Außenbeitrag einer Volkswirtschaft, d.h. der Differenz von Exporten und Importen. Grundsätzlich gilt: Je exportstärker eine Volkswirtschaft, umso höher auch die Ersparnis und umgekehrt. Typische Beispiele hierfür sind Deutschland, China und Japan, während es in den USA genau umgekehrt ist: eine niedrige Sparquote geht mit einem hohen Außenhandelsdefizit, also geringen Exporten und hohen Importen einher.

Der Grund hierfür erschließt sich, wenn man bedenkt, dass Sparen Konsumverzicht bedeutet. Weniger Konsum bedeutet wiederum, dass die inländische, gesamtwirtschaftliche Nachfrage kleiner ist als das inländische, gesamtwirtschaftliche Angebot. Durch Sparen wird also ein Teil der inländischen Produktion für den Export frei. Dies ist der Grund, warum exportstarke Nationen in der Regel mit einer verhältnismäßig hohen Ersparnis einhergehen, während importstarke eher eine geringe Ersparnisbildung aufweisen.

Die nachfolgende Abbildung zeigt die Entwicklung des verfügbaren Einkommens, der privaten Konsumausgaben und der Sparquote zwischen 1993 und 2007 in Deutschland. Beispielsweise sehen wir, dass im Jahr 2007 das verfügbare Einkommen um 4,8 %, die privaten Konsumausgaben um 1,4 % und die Sparquote der privaten Haushalte auf 10,9 % gestiegen ist.

Statistisch ist zu beachten, dass die drei Größen nicht denselben Maßstab darstellen. Während es sich nämlich beim verfügbaren Einkommen und den Konsumausgaben um Wachstumsraten, d.h. der prozentualen Veränderungen gegenüber dem Vorjahr, handelt, zeigt die Sparquote das Verhältnis aus gesamtwirtschaftlicher Ersparnis und verfügbarem Einkommen.

Einkommen, Konsum und Ersparnis in Deutschland (1992–2007)

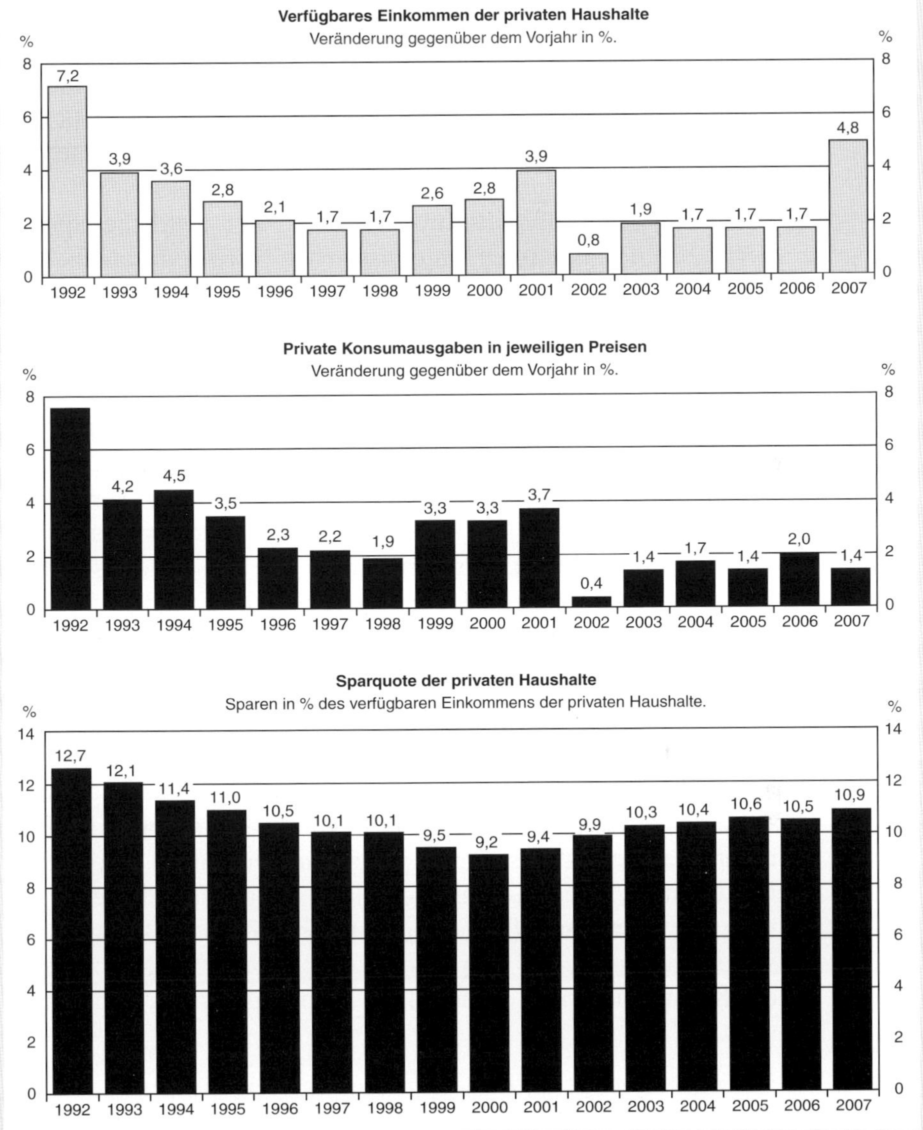

(Quelle: Deutsche Bundesbank, Statistisches Bundesamt)

Dass die Sparquote noch einmal gestiegen ist, erstaunt vor dem Hintergrund des anhaltenden Konjunkturaufschwungs im Jahr 2007. Dieser passt aber zusammen mit dem verhältnismäßig geringen Wachstum des Konsums, der deutlich unter der Erhöhung der verfügbaren Einkommen liegt. Ein Grund ist sicherlich die anhaltende Diskussion um die Sicherheit der Sozialsysteme in Deutschland, insbesondere der Altersvorsorge, die mehr und mehr Bürger zum Vorsorgesparen veranlasst. Hinzu kommen die frischen Erfahrungen des Wachstumseinbruchs im Jahr 2002, der deutliche Spuren im verfügbaren Einkommen hinterlassen hat. Insgesamt sind die verfügbaren Einkommen seit dem Wiedervereinigungsboom nur noch verhältnismäßig schwach gewachsen.

2.3 Gesamtwirtschaftlicher Kapitalmarkt in Zahlen

Wenn Volkswirte vom Kapitalmarkt sprechen, meinen sie nicht einzelne Märkte wie den Anleihen- oder Aktienmarkt, sondern die gesamtwirtschaftliche Ersparnis und die gesamtwirtschaftlichen Investitionen insgesamt. Dabei wird in Formeln und Abbildungen die aggregierte, gesamtwirtschaftliche Ersparnis meistens mit (S) und die aggregierten, gesamtwirtschaftlichen Investitionen mit (I) abgekürzt.

Darüber hinaus ist zu beachten, dass der Begriff „Investitionen“ in der Volkswirtschaftslehre – wenn explizit nichts anderes gesagt wird – die realwirtschaftlichen Investitionen in das Sachkapital meint und nicht finanzielle Investitionen in das Geldvermögen. Vielmehr stellen die finanziellen Investitionen die Ersparnis dar, die der Finanzierung der realwirtschaftlichen Investitionen dienen. Bezogen auf den volkswirtschaftlichen Kapitalmarkt entsprechen die Investitionen der Kapitalnachfrage, während die Ersparnis für das Kapitalangebot steht.

Die nachfolgende Tabelle zeigt die Entwicklung des so definierten Kapitalmarktes in Deutschland zwischen 1999 und 2006. Beispielsweise sehen wir, dass im Jahr 2006 insgesamt 200,4 Mrd. EUR gespart, aber nur 76,1 Mrd. EUR investiert wurden; es bestand also ein Überangebot an Kapital (positiver Saldo).

Dabei ist zu beachten, dass sich die gesamtwirtschaftliche Ersparnis nicht nur auf die Ersparnisse der privaten Haushalte bezieht, sondern auch die der Unternehmen und des Staates mit einbezieht. Beispielsweise stammen rund 173 der etwa 200 Mrd. EUR Gesamtersparnis im Jahr 2006 von den privaten Haushalten, knapp 70 Mrd. EUR kamen vom Unternehmenssektor im Sinne nicht reinvestierter und nicht ausgeschütteter Gewinne, während der Staat mit einem Negativsaldo von ca. 42 Mrd. EUR zu Buche schlug.

Gesamtwirtschaftlicher Kapitalmarkt

in Mrd. EUR								
	1999	2000	2001	2002	2003	2004	2005	2006
Sparen (S)	111,3	105,6	94,5	94,2	98,1	136,5	144,8	200,4
Investition (I)	135,3	140,7	95,4	48,3	54,2	51,4	50	76,1
Saldo	–24	–35,1	–0,9	45,9	43,9	85,1	94,8	124,3

(Quelle: Deutsche Bundesbank; eigene Berechnungen)

Konjunkturell deutet ein Angebotsüberschuss am gesamtwirtschaftlichen Kapitalmarkt auf ein eher geringes Wachstum hin, weil ein Überangebot am Kapitalmarkt bedeutet, dass in einer Volkswirtschaft mehr gespart als investiert wird. Dies wiederum hat auf dem gesamtwirtschaftlichen Gütermarkt zur Folge, dass die gesamtwirtschaftliche Nachfrage hinter dem gesamtwirtschaftlichen Angebot zurückbleibt, weil der Konsumausfall, der durch die Ersparnis verursacht wird, nicht durch die Nachfrage nach Investitionsgütern kompensiert wird. Mit anderen Worten: Das Produktions- oder Angebotspotenzial einer Volkswirtschaft ist nicht ausgelastet. In Deutschland wird dieser Effekt durch einen hohen Außenbeitrag, d.h. hohe Exporte teilweise kompensiert.

Diese Zusammenhänge finden sich in den Zahlen wieder. Während im Aufschwungjahr 1999 der Saldo aus Ersparnis und Investitionen negativ war, d.h. die Kapitalnachfrage war höher als das Kapitalangebot, fiel er im Rezessionsjahr 2002 signifikant positiv aus. Seit dem erneuten Aufschwung im Jahr 2006 steigen die Investitionen wieder. Der gleichzeitig starke Anstieg der Ersparnis ist weniger auf die privaten Haushalte und die Unternehmen zurück zuführen, sondern auf die geringere Staatsverschuldung, die zur Reduktion der Ersparnis des Privatsektors führt; im Jahr 2006 waren dies immerhin rund 40 Mrd. EUR.

2.4 Volkswirtschaftliche Kapitalmarkttheorie

Investitionen und Ersparnis lassen sich in einem Diagramm mittels einer Geraden darstellen (vgl. die nachfolgende Abbildung). Auf der einen Achse des Diagramms wird die Menge an Investitionen und Ersparnis abgetragen – beispielsweise in Milliarden Euro – auf der anderen, der senkrechten Achse, der Kapitalmarktzins, den wir mit (i) abkürzen wollen.

Die Ersparnis (S) ist dann eine positive Funktion des Zinses, d. h. mit steigendem Zins steigt auch die Ersparnis – formal schreiben wir S(i) –, während die Investitionen negativ mit dem Zins korreliert sind, wir schreiben I(i). Die negative Beziehung zwischen Investitionen und Zins ist insofern evident, da ja der Kapitalmarkt die Finanzierungskosten für realwirtschaftliche Investitionen darstellt; je preiswerter Kapital, umso mehr wird in der Regel auch investiert. Umgekehrt ist dies bei der Ersparnisbildung: je höher der Zins, umso höher die Erträge aus der Ersparnis.

Das Gleichgewicht ist im Schnittpunkt der beiden Kurven erreicht. Hier wird der Gleichgewichtszins (i_0) bestimmt – gelegentlich auch als natürlicher Zins bezeichnet – und die Investitionshöhe stimmt mit der Höhe der Ersparnis überein (I = S).

Kapitalmarkt

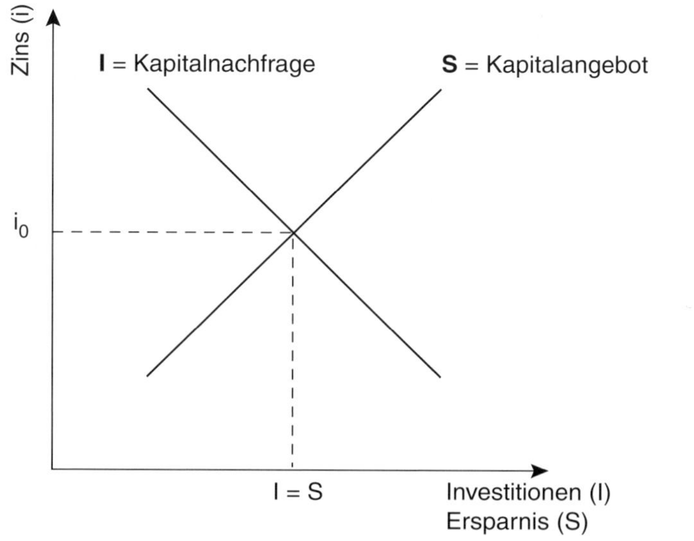

Diese theoretische Darstellung des Kapitalmarktes, die noch aus der klassischen Volkswirtschaftslehre stammt, hat allerdings das Problem, dass sie mit der Realität nicht ganz kompatibel ist. Und zwar deshalb, weil die Höhe der Ersparnis in Wirklichkeit nicht sehr stark mit dem Zins korreliert ist. Vielmehr ist das Zinsniveau (zusammen mit den Zinserwartungen) wichtig für die Portfolioentscheidungen, d.h. für die Frage, wie das Kapital auf die einzelnen Bestandteile des Portfolios verteilt wird – also beispielsweise auf Geld, Anleihen, Aktien, Immobilien usw. –, nicht jedoch, wie viel Kapital insgesamt angelegt, d.h. gespart wird.

Für die Entscheidungen über die Anlagehöhe und damit die Ersparnis ist in der Realität eine andere Größe als der Zins ausschlaggebend, und zwar das Einkommen der Haushalte bzw. auf gesamtwirtschaftlichem Niveau zusammengefasst das gesamte Volkseinkommen bzw. das bereits erwähnte verfügbare Einkommen. Beispielsweise wissen wir aus statischen Untersuchungen, dass rund 25 Cent jedes zusätzlichen Euro in Deutschland gespart und umgekehrt dementsprechend 75 Cent konsumiert werden. Ein vergleichbarer Einfluss des Zinses ist empirisch nicht feststellbar.

In der Konsequenz bedeutet dies, dass die Ersparnis im Wesentlichen eine Funktion des Volkseinkommens ist. Üblicherweise wird das Volkseinkommen mit (Y) abgekürzt, so dass wir schreiben können: S(Y). Die Investitionen hingegen sind auch in der Realität hinreichend negativ korreliert mit dem Zins, so dass es bei der Funktion I(i) bleibt. Der Zins bestimmt die Finanzierungskosten von Investitionen, so dass höhere (niedrigere) Zinsen in der Regel zu niedrigeren (höheren) Investitionen in das Sachkapital führen.

Grafisch müssen wir den Kapitalmarkt in einem Volkseinkommen-Zins-Diagramm abbilden. Dies geschieht üblicherweise dadurch, dass man auf der Horizontalen die Höhe des Volkseinkommens abträgt und auf der Senkrechten den Zins. Der Kapitalmarkt wird dann mit Hilfe einer Geraden dargestellt – der so genannten IS-Kurve, also der Investitions- und Ersparniskurve, die von dem bereits erwähnten Ökonomen John Maynard Keynes entwickelt wurde.

IS-Kurve

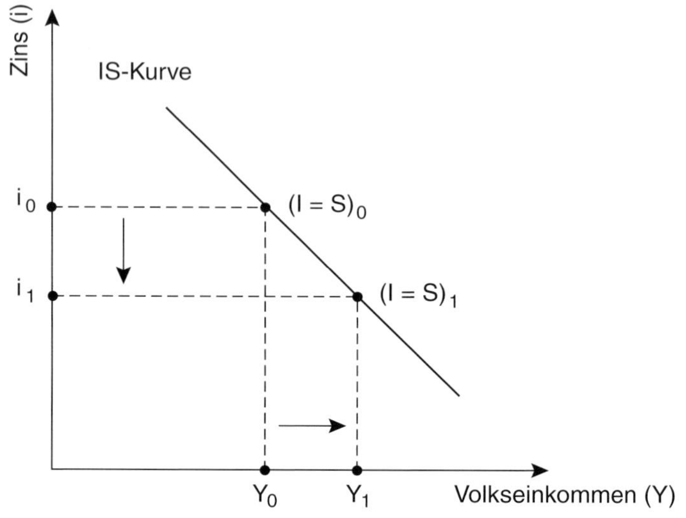

Vorausgesetzt wird bei der Darstellung, dass auf der IS-Kurve Investitionen und Ersparnis immer ausgeglichen sind, d.h. sich in einem Gleichgewicht befinden. Um es konkret auszudrücken: Bei einem Zins von (i_0) beispielsweise und einem Volkseinkommen von (Y_0), wie in der obigen Abbildung dargestellt, befindet sich der Kapitalmarkt in einem $(I = S)_0$-Gleichgewicht, während bei einem Zins von (i_1) und einem Volkseinkommen von (Y_1) das Gleichgewicht bei $(I = S)_1$ liegt. Das zweite Gleichgewicht realisiert dabei ein höheres Investitions- und Sparniveau als das erste und ist auch mit einem höheren Volkseinkommen verbunden.

Für das Gleichgewicht können wir natürlich auch bestimmte Beträge einsetzen und sagen: Bei einem Zins von beispielsweise 5% und einer Höhe des realen Volkseinkommens von 3 Bio. EUR betragen Ersparnis und Investitionen jeweils 150 Mrd. EUR.

Analytisch ausschlaggebend ist, dass die IS-Kurve und damit das Kapitalmarktgleichgewicht einen fallenden Verlauf aufweisen. Es bedeutet nämlich, dass niedrige (höhere) Zinsen mit einem höheren (niedrigen) Volkseinkommen korreliert sind. Realistisch ist dieser Zusammenhang deshalb, weil niedrigere (höhere) Zinsen mit höheren (niedrigeren) Investitionen verbunden sind, was seinerseits bewirkt, dass das Volkseinkommen höher (niedriger) ausfällt. Da gleichzeitig wiederum die Ersparnis eine positive Auswirkung des Volkseinkommens ist, folgt daraus folgende Argumentationskette: Niedrigere (höhere) Zinsen führen zu höheren (niedrigen) Investitionen, diese wiederum führen zu einem höheren (niedrigeren) Volkseinkommen mit einer höheren (niedrigeren) Ersparnis.

Allgemein ausgedrückt: Der Zins bestimmt die Investitionen, die Investitionen das Volkseinkommen und das Volkseinkommen die Ersparnis:

$$i \Rightarrow I \Rightarrow Y \Rightarrow S$$

2.5 Vermögenssituation in Deutschland

Die folgende Abbildung zeigt die aktuell verfügbaren Daten des **Vermögensbestandes** der privaten Haushalte, die auch die Einzelkaufleute und Selbstständigen umfassen, zwischen 1992 und 2006 für Deutschland. Ende 2006 verfügten die privaten Haushalte danach über ein Bruttovermögen von zusammen rund 10,4 Bio. EUR. Davon entfielen mit knapp 5 Bio. EUR der größte Teil auf Immobilien und Sachanlagen. Hochwertige und langlebige Gebrauchsgegenstände wie z.B. Kraftfahrzeuge, Möbel, Teppiche oder Schmuck addierten sich auf einen Wert von weniger als 1 Bio. EUR, das Geldvermögen erreichte ca. 4,5 Bio. EUR.

Zieht man vom Bruttovermögen die Verschuldung der Haushalte von rund 1,5 Bio. EUR ab, erhält man ein Nettovermögen der privaten Haushalte von 8,9 Bio. EUR. Pro Haushalt sind das knapp 240.000 EUR im Durchschnitt, wobei in der Realität eine beträchtliche Streuung besteht. Während beispielsweise viele Haushalte über finanzielle Rücklagen verfügen, wenn auch in unterschiedlicher Höhe, besitzt beispielsweise nur jeder zweite Haushalt in Deutschland Wohneigentum.

Insgesamt ist der Anstieg der Vermögensbildung um rund 65% seit Beginn der 90er Jahre beachtlich, wenn man den relativ schwachen Anstieg des verfügbaren Einkommens berücksichtigt. Die Zins- und Dividendenzahlungen aus dem Geldvermögen erreichen heute schon einen Anteil von knapp 15% am verfügbaren Einkommen der privaten Haushalte im Vergleich zu 11% zu Beginn der 1990er Jahre und etwa 3% vor 40 Jahren.

Vermögen der privaten Haushalte in Deutschland (1992–2006)

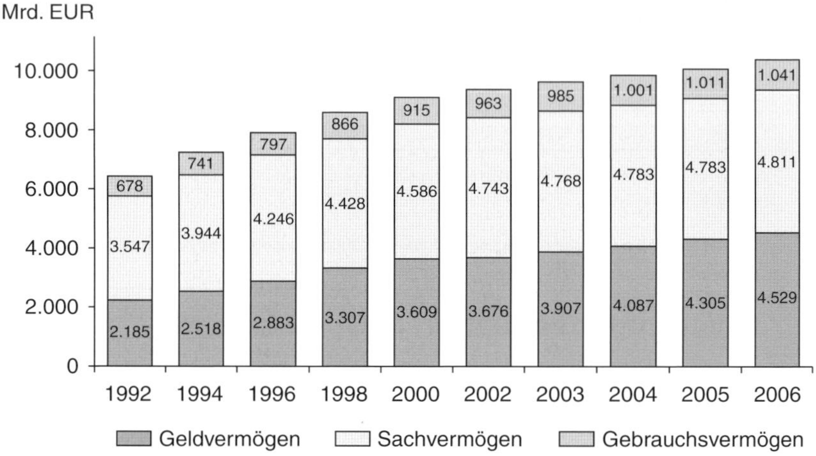

(Quelle: Allianz Dresdner Research)

In der Vergangenheit entfaltete insbesondere das Wachstum des Geldvermögens eine besondere Dynamik. Im obigen Schaubild hat es sich mehr als verdoppelt, während das Immobilienvermögen nur um etwa 35% gewachsen ist. Auch im Jahr 2007 ist ein weiterer Anstieg um 5% auf rund 4,76 Bio. EUR festzustellen. Dazu hat maßgeblich der Anstieg der Aktienpreise beigetragen.

Innerhalb des Geldvermögens ist die Entwicklung und Verteilung auf die verschiedenen Anlageformen von Interesse. Dabei lässt sich feststellen, dass langfristig die Bedeutung von Einlagen bei den Geschäftsbanken abgenommen hat (vgl. die nachfolgende Abbildung). Ihr Anteil an der gesamten Geldvermögensbildung lag im Jahr 2006 noch bei knapp 34%, 1991 waren es noch 46%. Demgegenüber haben Wertpapieranlagen zugelegt ebenso wie Versicherungen.

Strukturveränderungen im Geldvermögen (1991–2006)

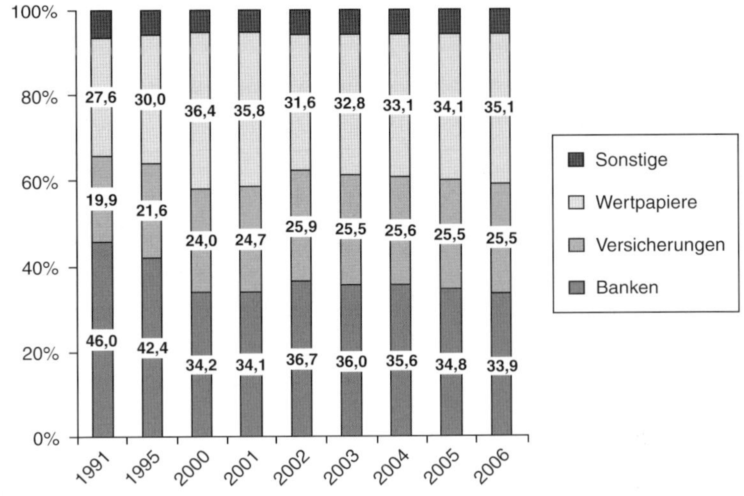

(Quelle: Allianz Dresdner Research)

Allerdings sind im internationalen Vergleich die Bankeinlagen in Deutschland nach wie vor recht hoch. In den USA sind es beispielsweise nur noch 15,5%. Hier haben vor allem Aktienfonds mit 45% und Versicherungsfonds mit knapp 30% einen deutlich höheren Anteil als in Deutschland. Dementsprechend ist der Zuwachs des Geldmögens in den USA in der Regel unabhängig von der Ersparnisbildung deutlich höher als in Deutschland, da mit sicheren Anlageformen eine niedrige Rendite erzielt wird als mit stärker risikobehafteten Aktien und Anleihen.

2.6 Finanzdienstleister und Finanzkreislauf

Aus volkswirtschaftlicher Perspektive erfüllen Finanzdienstleister eine **Intermediärs-** und **Transaktionsfunktion**. Im volkswirtschaftlichen Kreislauf stehen sie zwischen den privaten Haushalten und den Unternehmen bzw. öffentlichen Haushalten. Dabei sind in der Regel die privaten Haushalte die finanziellen Überschusseinheiten und die Unternehmen und die öffentlichen Haushalte die Defiziteinheiten.

Finanzdienstleister haben somit die Aufgabe, die **Ersparnis der privaten Haushalte** den Unternehmen und den öffentlichen Haushalten **als Kapital für ihre Investitionen** zur Verfügung zu stellen. Die **Zinsspanne** aus dem so verstandenen **Einlagen-** und **Kreditgeschäft** entspricht der **Wertschöpfung** dieser Intermediärs- und Transaktionsfunktion.

Ersparnisse und Investitionen können auch **direkt über den Markt** ohne die Einschaltung von Finanzdienstleistern erfolgen. Typischerweise geht es dabei darum, dass die privaten Haushalte ihr Vermögen durch den Kauf von Wertpapieren an den Kapitalmärkten bilden, während die Unternehmen und die öffentlichen Haushalte ihre Kapitalnachfrage durch die Emission von Anleihen oder Aktien befriedigen; im ersten Fall handelt es sich um die Aufnahme von Fremd-, im zweiten um die Aufnahme von Eigenkapital. So oder so werden Einlagen und Kredite durch **verbriefte Forderungen** ersetzt. Man bezeichnet diesen Vorgang als **Securitisation** und **Disintermediation**. Damit bringt man zum Ausdruck, dass die Intermediärs- und Transaktionsfunktion der Finanzdienstleister mit der Tendenz zur Verbriefung an Bedeutung verliert.

Funktionen von Finanzsystemen

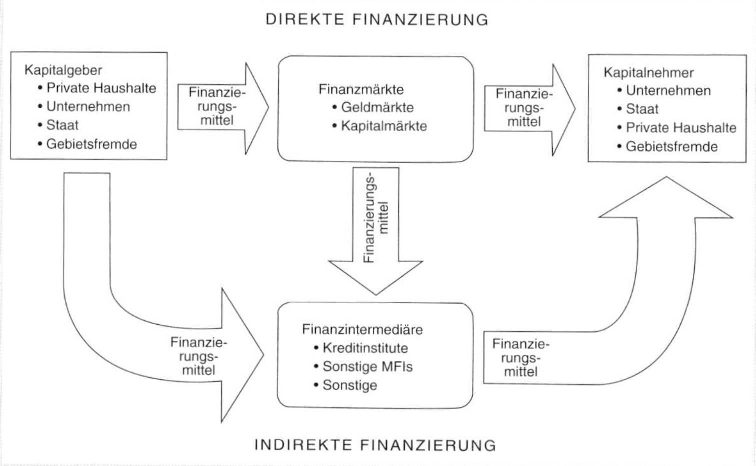

(Quelle: Europäische Zentralbank)

Dies führt zu der Frage, woher diese Tendenz zur verbrieften Kapitalaufnahme kommt. Grundsätzlich ist die Antwort einfach: Offenbar müssen alle Marktteilnehmer hieraus einen Vorteil ableiten können, der sich auch konkret benennen lässt: Für die Anleger winken höhere Renditen und für die Emittenten niedrigere Kapitalkosten. Aber auch die Finanzintermediäre, insbesondere die Geschäftsbanken, können im Zuge dieses Wandels gewinnen: Einerseits **vermindern** sich hierdurch ihre **Kreditrisiken**, andererseits bieten sich neue, breitere und liquidere Anlage- und Kapitalaufnahmemöglichkeiten für ihre Privat- und Firmenkunden, die Finanzdienstleister zum **Ausbau ihres Provisionsgeschäftes** nutzen können.

Securitisation und Disintermediation bedeuten also nicht, dass auch die Beratungsfunktion der Finanzdienstleister an Bedeutung verliert. Ganz im Gegenteil: Die Anforderungen an Quantität und Qualität der Beratung durch Finanzdienstleister nehmen zu, wenn private Kunden statt oder ergänzend zu Einlageprodukten Wertpapieranlagen wünschen. Gleiches finden wir auf der anderen Seite des Marktes: Aktien- und Anleiheemissionen sind für Unternehmen ein kompliziertes Geschäft, das die Beratung durch erfahrene Geschäfts- und Investmentbanker verlangt.

2.7 Zusammenfassung

Das Wichtigste im Karteikartenformat:

Vermögensbildung: Die Vermögensbildung findet durch Ersparnis statt, die aus dem Erwerbs- oder Vermögenseinkommen finanziert wird. Eine zweite Quelle sind Wertveränderungen des Vermögensbestandes, wie beispielsweise Wertpapiere. In der Regel gilt: Je höher letzteres, umso geringer die Ersparnis. Da Ersparnis das Gegenteil von Konsumieren ist, implizieren positive Wertveränderungen des Vermögensbestandes auch einen höheren Konsum. Der Zusammenhang von Vermögensänderung auf Konsum- und Sparverhalten wird in der Literatur als Vermögenseffekt bezeichnet. Er ist vor allem in Staaten besonders ausgeprägt, deren Sparkultur durch Kapitalmärkte geprägt ist.

Sparen: Aus volkswirtschaftlicher Perspektive ist Sparen notwendig um die Investitionen in Sachkapital zu finanzieren und damit langfristig Wachstum zu garantieren. Kurzfristig jedoch wirkt Sparen als Konsum- und Nachfrageverzicht, was dem Konjunkturzklus abträglich ist, es sei denn die Ersparnis wird in voller Höhe durch Investitionsausgaben ausgeglichen.

Sparquote: Die Sparquote ist definiert als der Anteil der Ersparnis der privaten Haushalte am verfügbaren Einkommen. In Deutschland ist dieser Wert in den letzten Jahren trotz des Konjunkturaufschwungs wieder gestiegen, was auf eine anhaltende Verunsicherung der Verbraucher hindeutet, da sich die Entwicklung der Sparquote in der Regel antizyklisch verhält.

Kapitalmarkt: Aus volkswirtschaftlicher Perspektive besteht der Kapitalmarkt aus der aggregierten, gesamtwirtschaftlichen Ersparnis und den aggregierten, gesamtwirtschaftlichen Investitionen. Theoretisch existieren zwei Konzepte der Darstellung: Die neoklassische Kapitalmarkttheorie in der durch Sparen und Investitieren der Zins bestimmt wird und die Keynesianische Theorie, in der das Gleichgewicht von Sparen und Investieren das volkswirtschaftliche Nachfrageniveau bestimmt, während der Zins darüber entscheidet, wie die Ersparnis auf die verschiedenen Anlageklassen verteilt wird. Tatsächlich legt die Empirie nahe, dass bei einem hohen Angebotsüberschuss auf dem Kapitalmarkt – die Ersparnisse sind größer als die Investitionen – die Konjunktur sich im Abschwung befindet, während bei einem Nachfrageüberhang ein konjunktureller Boom herrscht.

Vermögen: Der Anstieg des Vermögens insbesondere des Geldvermögens der privaten Haushalte in Deutschland ist beträchtlich. Langfristig zeigt sich ein klarer Trend zu Wertpapier- und Versicherungsanlagen auf Kosten reiner Bankeinlagen.

Finanzdienstleister: Auch die Funktion der Finanzdienstleister hat sich in den letzten Jahren gewandelt. Mit dem Trend zur Securitisation und Disintermediation verlagert sich die Rolle der Finanzdienstleister gegenüber Privat- und Firmenkunden immer mehr vom Intermediär zum Anbieter hochqualifizierter Beratungsleistungen.

3 Geldpolitik und Zinsen

„Es wird die Woche der Notenbanken: Zunächst beraten am Dienstag die amerikanischen Währungshüter unter Führung von Ben Bernanke über den geldpolitischen Kurs. Zwei Tage später kommen dann im Frankfurter Euro-Tower die Zentralbanker um Jean-Claude Trichet (...) zusammen, um über das Zinsniveau im Euro-Raum (...) zu diskutieren. (...) Die Akteure an den Finanzmärkten sind gespannt darauf zu erfahren, welchen geldpolitischen Reim sich die führenden Notenbanken auf ein zunehmend schwieriges wirtschaftliches Umfeld machen.

Denn sowohl die amerikanische Federal Reserve (Fed) als auch die Europäische Zentralbank (EZB) (...) haben es mit einer schwachen oder abflauenden Konjunktur auf der einen und einem verhältnismäßig hohen Preisdruck auf der anderen Seite zu tun. Die Verbraucherpreise klettern in Amerika, dem Euro-Raum (...) mit einer Jahresrate von um die 4 Prozent, weitaus schneller als erwünscht und als mit dem Ziel der Preisstabilität vereinbar. Die EZB hat vor einigen Wochen bereits reagiert und den Leitzins angehoben. Die Fed hat zuletzt ihre Risikoeinschätzung geändert und die Marktakteure auf eine mögliche Anhebung des Zielzinssatzes für Tagesgeld im Herbst vorbereitet. (...)

Mit einigem Wohlwollen dürften die Notenbanker verfolgen, dass sich die Preise für zahlreiche Rohstoffe, vor allem der Ölpreis, von ihren Höchstniveaus Mitte Juli ein gutes Stück entfernt haben. Sollte diese Entwicklung Bestand haben oder die Preise sogar noch weiter fallen, dann wäre das für die Preisstabilität tendenziell eine gute Nachricht.

An den Börsen ist die Erleichterung über den niedrigeren Ölpreis zu spüren. Der Dow Jones, der Deutsche Aktienindex und andere Börsenbarometer rund um die Welt haben sich seit Mitte Juli etwas erholt. Wenn die Freude in den Handelssälen dennoch gedämpft bleibt, so liegt das vor allem an den vermuteten Ursachen für den Rückgang des Ölpreises: eine nachlassende Nachfrage aufgrund einer schwächer werdenden Weltkonjunktur."

(F.A.Z., 04.08.2008)

Lernziele:

- Die Bedeutung der Geldpolitik und der Zinsen für die Volkswirtschaft im Ganzen und die Finanzmärkte im Besonderen verstehen,
- den Aufbau der Europäischen Zentralbank und die Aufgaben einer Zentralbank kennen lernen,
- die Vor- und Nachteile der geldpolitischen Zwei-Säulen-Strategie der EZB analysieren und ihr Inflationskonzept erkennen,
- unterschiedliche geldpolitische Strategien, wie Geldmengenziele und Inflationssteuerung, interpretieren können,
- die geldpolitischen Unterschiede zwischen EZB und Fed, der, US-amerikanischen Zentralbank, begreifen,
- den geldpolitischen Zielkonflikt von Beschäftigung und Inflation verstehen und sich vertraut machen mit den entsprechenden theoretischen Konzepten wie der Phillips-Kurve und dem IS-LM-Modell,
- moderne Indikatoren der Geldpolitik, wie die Taylor-Rule und den MCI, analysieren können,
- den komplexen geldpolitischen Transmissionsmechanismus sowie die praktische Umsetzung der Geldpolitik am Geldmarkt mit den entsprechenden geldpolitischen Instrumenten verstehen,
- den Unterschied zwischen kurz- und langfristigen Zinsen in der Zinsstruktur erfassen,
- Nominal- und Realzins unterscheiden,
- die Bestimmung des Kapitalmarktzinses verstehen,
- die Bedeutung der Portfolio- und Investitionsfunktion des Zinses erkennen,
- theoretische Konzepte des Zinses, wie das Fisher-Theorem und Tobin's, verstehen.

3.1 Geldpolitik und Finanzmärkte

Die Geldpolitik ist von zentraler Bedeutung für Kapitalmärkte und Vermögenspreise. Auf dem Geldmarkt werden die kurzfristigen Zinsen bestimmt, die ihrerseits wiederum die langfristigen Zinsen beeinflussen und damit das Wirtschaftswachstum, die Inflationsrate und die Gewinnaussichten der Unternehmen. Grundsätzlich geht man davon aus, dass sinkende (steigende) Geldmarktzinsen das Wachstum beflügeln (bremsen), weil sie die Investitionen erhöhen (senken). Dementsprechend führen in der Regel sinkende (steigende) Zinsen auch zu steigenden (sinkenden) Aktienkursen.

Auch der Anleihemarkt wird von Zinsänderungen am Geldmarkt berührt. Der Einfluss einer Leitzinsänderung auf die Renditen bzw. Kurse ist am stärksten für zwei- bis fünfjährige Anleihen. Am langen Ende hingegen werden die Inflationserwartungen immer wichtiger, während die kurzen Laufzeiten nur marginal von Zinsänderungen am Geldmarkt betroffen sind.

Am Devisenmarkt führen sinkende (steigende) Leitzinsen beispielsweise im Euroraum tendenziell zu einem schwächeren (stärkeren) Wechselkurs des Euro, weil Geldanlagen im Euroraum unattraktiv (attraktiv) werden. Allerdings hängt dies auch von den alternativen Anlagemöglichkeiten ab. Wenn die Zinsen in vergleichbaren Anlageräumen wie z. B. den USA oder Japan noch niedriger sind, kann es passieren, dass Zinssenkungen der Europäischen Zentralbank sogar zu einem steigenden Euro führen.

3.2 Europäische Zentralbank (EZB)

Seit dem 01.01.1999 liegt die alleinige Verantwortung für die Geldpolitik in mittlerweile 15 der augenblicklich 27 Mitgliedsstaaten der Europäischen Union (EU) beim **Eurosystem**, das sich seinerseits aus der **Europäischen Zentralbank** (EZB) und den **nationalen Zentralbanken** (NZB) des Euroraums zusammensetzt. Dem Europäischen System der Zentralbanken (ESZB) hingegen gehören neben der EZB alle 27 Zentralbanken der EU-Mitgliedstaaten an.

Die **EZB** wird von zwei Beschlussorganen geführt: Dem Rat der EZB (kurz: **EZB-Rat**) und dem **Direktorium**. Während der EZB-Rat die Richtlinien der Geldpolitik bestimmt und insbesondere für die Höhe der Notenbankzinsen zuständig ist, übernimmt das Direktorium eher operative Aufgaben in der Umsetzung der vom EZB-Rat beschlossenen Geldpolitik.

Das Direktorium der EZB besteht aus sechs Mitgliedern, der EZB-Rat aus den Direktoriumsmitgliedern sowie den 15 Präsidenten der NZBs. Für alle Abstimmungen außer der Gewinnverteilung gilt das Prinzip „One man, one vote", unabhängig von den unterschiedlichen Kapitalanteilen der NZB an der EZB. Mit diesem Abstimmungsverfahren soll die europäische gegenüber der nationalen Perspektive gestärkt werden. Alle Mitglieder des Eurosystems sind unabhängig von Parteien, Parlamenten und Regierungen, sei es auf nationaler oder auf europäischer Ebene.

Bereits heute ist beschlossen, dass im EZB-Rat nicht mehr als 15 Mitglieder der NZB abstimmungsberechtigt sein dürfen neben den ständigen Direktoriumsmitgliedern, unabhängig davon, wie viele Mitgliedsstaaten die Währungsunion umfasst. Erreicht wird dies durch ein ausgefeiltes Rotationssystem, das zudem sicherstellt, dass die 15 stimmberechtigten NZB aus Mitgliedsstaaten kommen, die in ihrer Gesamtheit für das Eurogebiet repräsentativ sind.

Eckdaten des Euro-Währungsgebietes (2007)

	EUR-15	EU-27	USA	Japan
Bevölkerung (in Millionen)	319	495	302	128
BIP (KKP, in Billionen EUR)	8,9	12,6	12,0	3,7
BIP pro Kopf (KKP, in Tausend EUR)	27,8	25,4	39,6	29,0
Anteil am weltweiten BIP (KKP, in %)	16,1	22,7	21,3	6,6
Exporte (Waren und Dienstleistungen, in % des BIP)	22,6	14,2	11,8	18,4
Bruttoanlageinvestitionen (in % des BIP)	21,7	21,2	18,7	23,3
Bruttoersparnis (in % des BIP)	22,5	20,8	13,4	29,6

(Quelle: Europäische Zentralbank)

Schließlich beruht die Gründung des Eurosystems auf einem völkerrechtlich verbindlichen Vertrag, dem Vertrag über die Europäische Union (kurz: Maastricht-Vertrag). Das vorrangige Ziel des Eurosystems, die Sicherstellung von Preisniveaustabilität im Währungsraum des Euro, genießt in diesem Vertrag Verfassungsrang und nicht nur Gesetzeskraft wie zuvor in Deutschland. Als Preisniveaustabilität hat der EZB-Rat eine Inflationsrate von nicht mehr als 2% definiert.

Aufgaben einer Zentralbank

Grundsätzlich hat eine Zentralbank die folgenden Aufgaben in einer Volkswirtschaft:

- Versorgung der Volkswirtschaft mit Geld und Ausgabe von Banknoten.
- Festlegung und Durchführung der geldpolitischen Strategie.
- Durchführung von Wechselkursgeschäften und Verwaltung der Währungsreserven.
- Durchführung der Finanzmarktgeschäfte der Regierung.
- Unterstützung der Finanzmarktstabilität.
- Unterstützung oder alleinige Verantwortung für die Bankenaufsicht.
- Unterstützung des Zahlungsverkehrs zwischen den Banken.
- Erhebung und Auswertung statistischer Daten.
- Teilnahme an internationalen monetären Einrichtungen.

3.3 Geldpolitik der EZB: Die Zwei-Säulen-Strategie

Bis zum Jahr 2003 hat die EZB eine geldpolitische Strategie verfolgt, die der Deutschen Bundesbank entsprach, nämlich über die Kontrolle der Geldmenge Preisniveaustabilität, d.h. niedrige Inflationsraten zu erreichen. Dahinter steht die Idee, dass zumindest langfristig die Entwicklung des Preisniveaus und der Inflationsrate dem Wachstum der Geldmenge folgt. Theoretisch ist dieses Konzept als so genannte Quantitätstheorie des Geldes bekannt (siehe nachfolgende Infobox für weitere Details).

Geldmenge und Quantitätsgleichung

Die These, dass das Wachstum der Geldmenge auch das Wachstum des Preisniveaus und damit die Inflationsrate bestimmt, kann durch die so genannte Quantitätsgleichung erläutert werden. Unter dem Begriff der Geldmenge kann man sich dabei die so genannte Geldmenge M3 vorstellen, wie sie beispielsweise von der EZB verwandt wird und die folgenden Komponenten umfasst:

- Bargeld und Sichteinlagen bei den Kreditinstituten (Geldmenge M1), plus
- Termineinlagen bis zu zwei Jahren und Einlagen mit einer Kündigungsfrist von bis zu drei Monaten bei den Kreditinstituten (Geldmenge M2), plus
- Repogeschäfte sowie Schuldverschreibungen mit einer Laufzeit bis zu zwei Jahren und Anteile an Geldmarktfonds und Geldmarktpapieren der Kreditinstitute.

Quantitativ umfasst die Geldmenge M3 zusammen rund 8 Bio. EUR im Euro-Raum, davon entfällt auf die Geldmenge M1 rund die Hälfte und auf die Geldmenge M2 etwa 90%.

Auch in der so genannten Zwei-Säulen-Strategie, die die EZB heute verfolgt, spielt die Geldanalyse als eine der Säulen nach wie vor eine prominente Rolle.

Für das Jahr 2008 beispielsweise rechnete der EZB-Rat mit einem Wachstum der Geldmenge M3 von rund 4% bis 6%, was sich unmittelbar aus der Quantitätsgleichung ergibt.

Nach der Quantitätsgleichung ist das Produkt aus Geldmenge (M) und Umlaufgeschwindigkeit des Geldes (V) in einer Volkswirtschaft gleich dem nominalen Bruttoinlandsprodukt, dargestellt als Produkt aus Preisniveau (P) und realem Bruttoinlandsprodukt (Y). Formal ergibt sich:

$$MV = PY \Leftrightarrow M = \frac{PY}{V}$$

Die Quantitätsgleichung besagt im Grunde nichts anderes, als dass das in einer Volkswirtschaft eingesetzte Geldvolumen – ausgedrückt durch das Produkt von Geldmenge und der Häufigkeit des Einsatzes dieser Geldmenge – übereinstimmen muss mit dem Wert der produzierten Güter und Dienstleistungen in dieser Periode – ausgedrückt durch die Multiplikation von Preisniveau und realem BIP.

Ein Rechenbeispiel: Betrug die Geldmenge beispielsweise 100 EUR und wurde dies viermal im Jahr eingesetzt, so steht auf der linken Seite der Quantitätsgleichung der Wert 400. Darauf folgt gleichzeitig, dass der Wert der produzierten Güter ebenfalls 400 EUR betragen haben muss. Würden also 100 Güter existieren, hätte jedes durchschnittlich 4 EUR in der betrachteten Periode gekostet.

Die nach der Geldmenge (M) aufgelöste Quantitätsgleichung lässt sich auch für die prozentuale Wachstumsrate (g) schreiben. Die Multiplikation des absoluten Niveaus von Preisniveau und Volkseinkommen wird dann zur Addition ihrer Wachstumsraten, während die Division durch den absoluten Wert der Umlaufgeschwindigkeit nun durch die Subtraktion ihrer Wachstumsrate ausgedrückt wird. Formal erhalten wir für (g_M) als Wachstumsrate der Geldmenge:

$$g_M = g_P + g_Y - g_V$$

Konkret für das Jahr 2008 rechnete die EZB in ihrer Projektion im Dezember 2007 mit einer Inflationsrate von 2% bis 3%, sie geht von einem Wachstum des Bruttoinlandproduktes von 1,5% bis 2,5% aus sowie einem Rückgang der Umlaufgeschwindigkeit des Geldes um etwa 0,5%. Damit ergibt sich der gesuchte Zielwert für das inflationsfreie Geldmengenwachstum:

$$g_M = (2 \text{ bis } 3\%) + (1{,}5 \text{ bis } 2{,}5\%) - (-0{,}5\%) = 4 \text{ bis } 6\%$$

In der Realität stimmen diese Berechnungen nur näherungsweise mit der tatsächlichen Entwicklung überein. Das ist eines der Probleme des Konzepts der Steuerung des Geldmengenwachstums.

So entwickelte sich beispielsweise die Geldmenge M3 im ersten Halbjahr 2008 mit einem Wachstum von ca. 10%, also deutlich stärker als von der EZB angenommen. Allerdings zeigt eine detaillierte Analyse dieses Wachstums, dass ein Großteil auf so genannte Portfolioumschichtungen zurückgeht, was für die Inflationsentwicklung als nicht relevant angesehen wird. Darunter ist zu verstehen, dass Privatpersonen und Unternehmen stärker risikobehaftete Anlagen, z. B. langfristige Anleihen oder Aktien, in weniger risikobehaftete kurzfristige Anlagen, wie Termingelder, umwandeln. Das erhöht statistisch die Geldmenge, da langfristige Anlagen im Gegensatz zu den Termingeldern nicht Teil der definierten Geldmenge M3 sind.

Für die Inflationsentwicklung sind solche Umschichtungen weniger relevant, da es sich um Geld handelt, das aus Renditegesichtspunkten nur kurzfristig geparkt wurde und in der Regel nicht für reale Konsum- oder Investitionsausgaben vorgesehen ist, die allein die Güterpreise beeinflussen können.

Die EZB schätzt in ihren Analysen, dass etwa ein Drittel des Geldmengenwachstums im ersten Halbjahr 2008 auf solche Portfolioumschichtungen zurückgeht, während zwei Drittel auf das Kreditwachstum, die zweite treibende Kraft des Geldmengenwachstums, zurück zu führen ist. Und das Kreditwachstum ist tatsächlich inflationsrelevant, da es von Unternehmen und Bürgern in der Regel für die Nachfrage am Gütermarkt verwendet wird. Trifft diese Schätzung zu, wäre das inflationsrelevante Geldmengenwachstum M3 nur leicht erhöht gegenüber der Zielprojektion der EZB.

Allerdings beruht diese Aussage auf einer Schätzung und keinem gesicherten, empirischer Wert. Dies war eine der Unschärfen, die die EZB von einer reinen Geldmengen- zur Zwei-Säulen-Strategie führte.

> Hinzu kommt die so genannte Instabilität der Geldnachfrage in der kurzen Frist. Damit ist gemeint, dass die Geldmenge von einer Zentralbank kurzfristig nicht steuerbar ist, sondern von der Nachfrage der Kreditwirtschaft bestimmt wird. Dies ist insbesondere der Fall in einer globalen Wirtschaft und bei freien Kapitalmärkten, die ihrerseits Finanzprodukte entwickeln, die geldähnliche Funktionen ausüben. Technisch ausgedrückt: Die Geldmenge ist nicht mehr exogen, d.h. für die Volkswirtschaft von der Zentralbank vorgegeben, sondern eine endogene Variable des Systems, d.h. durch den volkswirtschaftlichen Kreislauf selbst geschaffen.
>
> Empirische Analysten bestätigen diese These für die kurze Frist. Langfristig hingegen ist die Geldmenge von der Zentralbank steuerbar und die Geldnachfrage stabil. Allerdings ist die lange Frist wirtschaftspolitisch für die Geldpolitik oft nicht relevant, sondern die kurzfristige, konjunkturelle Steuerung. Dafür ist eine reine Geldmengenpolitik nicht geeignet.

Aktuell ist die Zwei-Säulen-Strategie das vorherrschende Modell der Geldpolitik der EZB. Dieses besagt, dass die EZB ihr geldpolitisches Ziel, Preisstabilität im Euroraum, d.h. eine Inflationsrate von nicht mehr als 2% im Jahresverlauf, mit Hilfe zweier Instrumente erreichen will: der Kontrolle der Geldmengenentwicklung (2. Säule) und der Analyse der wirtschaftlichen Entwicklung, die in eine Projektion der erwarteten zukünftigen, jährlichen Inflationsrate mündet (1. Säule).

Mit der zweiten Säule wird zum Ausdruck gebracht, dass der Entwicklung der Geldmenge und der sie bestimmende Entwicklung der Kreditvergabe langfristig eine überragende Bedeutung für die Entwicklung des Preisniveaus zukommt. Darin spiegelt sich das volkswirtschaftliche Grundprinzip wider, dass auf lange Sicht Inflation ein monetäres Phänomen ist.

Die nachfolgende Abbildung veranschaulicht diese Aussage eindrucksvoll. Sie zeigt, dass langfristig – der Horizont beträgt 30 Jahre –, Geldmengenwachstum und Inflationsrate für die 40 untersuchten Länder eindeutig positiv korreliert sind. Je höher das Geldmengenwachstum, umso höher die Inflationsrate.

Bei dieser Interpretation ist allerdings zu beachten, dass eine Korrelation definiert als ein mehr oder weniger starker Zusammenhang zweiter Größen noch keine Kausalität, d.h. einen Ursachen-Wirkungs-Zusammenhang darstellt. Es könnte theoretisch genauso gut sein, dass hohe Inflationsraten ein hohes Geldmengenwachstum bedingen.

Geldmengenwachstum und Inflation – Korrelation über 30 Jahre und 40 Länder

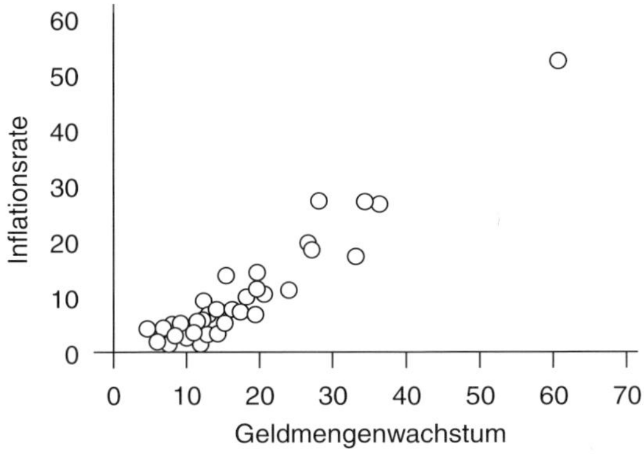

(Quelle: Economist)

Die erste Säule, die wirtschaftliche Analyse, zielt demgegenüber darauf, die Risiken für die Preisstabilität in der Realwirtschaft zu identifizieren. Insbesondere im Rahmen der kurzfristigen Konjunkturanalyse werden potenzielle Angebots- und Nachfrageschocks analysiert, die für die Inflationsentwicklung relevant sein können. Hier ist vorrangig an die Entwicklung der Weltwirtschaft sowie die Entwicklung der Güter-, Dienstleistungs- und Faktormärkte im Euroraum zu denken. Dies schließt den Verlauf der Lohnstückkosten, des Ölpreises sowie den Wechselkurs des Euro ein.

Die geldpolitische Strategie der EZB ist nicht unumstritten. Vermehrt werden Überlegungen angestellt, dass das Ansteuern eines direkten Inflationszieles durch die Zinspolitik auf die Geldmenge keine Auswirkungen habe. Das Inflationsziel wird in diesem Szenario als eine Art Regelbindung der Geldpolitik angesehen: Die Notenbank gibt eine bestimmte Inflationsrate vor und versucht diese mittels der Zinspolitik anzusteuern. Daran können sich alle Akteure der Volkswirtschaft orientieren. Diese Regelbindung zielt insbesondere darauf ab, die Inflationserwartungen des Publikums auf einem möglichst niedrigen Niveau zu stabilisieren, beispielsweise um hohen nominalen Zins- und Lohnforderungen vorzubeugen.

Zwei-Säulen-Strategie der EZB

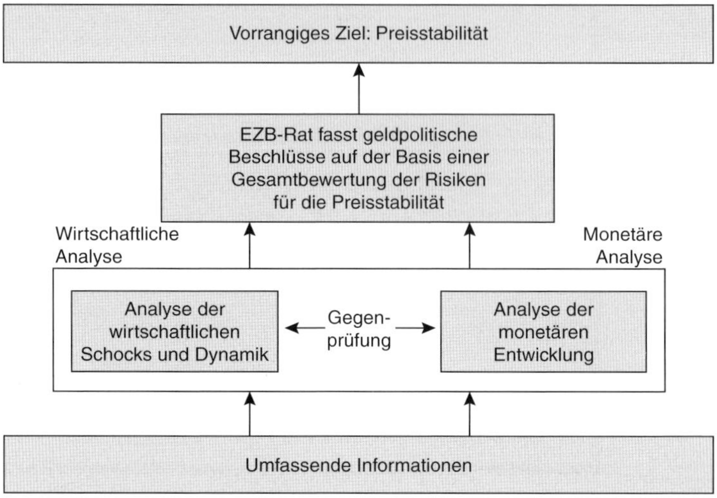

(Quelle: Europäische Zentralbank)

Zunehmend wird auch der Kommunikation, d.h. der Umgang der Zentralbanken mit der Öffentlichkeit, eine große Bedeutung in diesem Zusammenhang beigemessen. So soll die Zentralbank ihre Beschlüsse nicht nur ausreichend erläutern, sondern auch Hinweise darauf geben, wie sie gedenkt, ihr Inflationsziel in den Fällen zu erreichen, in denen sie tatsächlich von der gewünschten Inflationsrate abweicht. Der Inflationsprognose der Zentralbank kommt in diesem eher erwartungs- und kommunikationsorientierten geldpolitischen Ansatz die Rolle zu, die Erwartungen der Marktteilnehmer von Seiten der Zentralbank zu steuern und zu stabilisieren. Die Grundthese ist, dass stabile Erwartungen zu stabilem Geld führen.

Tatsächlich hat die Politik einer Zentralbank einen deutlichen Einfluss auf die Inflationserwartungen. Ein gutes Beispiel ist die Wirkung der Zinserhöhung durch die EZB im Juli 2008, die, wie das nachfolgende Schaubild zeigt, unmittelbar die Inflationserwartungen der Marktteilnehmer im Euro-Raum abgesenkt hat.

Inflationserwartungen im Euro-Raum (2002–2008)

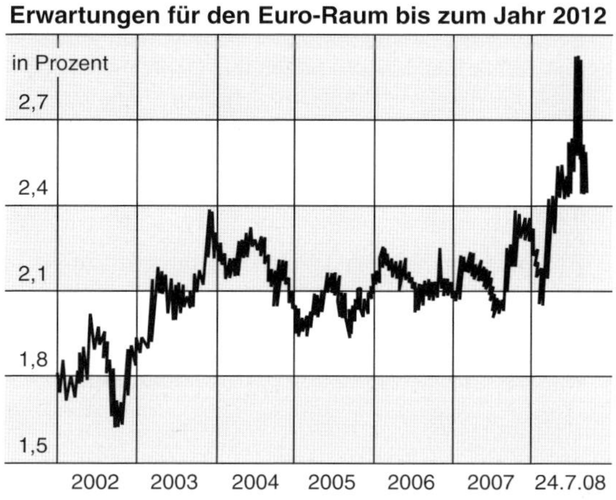

(Quelle: F.A.Z.)

EZB und Fed

In der konkreten Geldpolitik gibt es deutliche Unterschiede zwischen der Politik der EZB und der amerikanischen Zentralbank, der Federal Reserve (Fed), die immer wieder in der Öffentlichkeit und der Wissenschaft diskutiert werden. Ein gutes Beispiel ist das erste Halbjahr 2008: Während die EZB den Leitzins erhöhte, hat die Fed ihn siebenmal gesenkt, obwohl sowohl im Euro-Raum wie in den USA signifikante Inflationsbeschleunigungen stattgefunden hatten. Dieser Vorgang bestätigt eine langfristige Tendenz: Die Geldpolitik der Fed ist weniger streng in Bezug auf die Inflationsrate wie die der EZB.

Eine mögliche Ursache ist das unterschiedliche gesetzliche Mandat beider Zentralbanken. Während die EZB allein der Geldwertstabilität verpflichtet ist, hat die Fed ein doppeltes Mandat, nämlich Preisniveaustabilität und Beschäftigung, d.h. Wirtschaftswachstum, gleichermaßen zu fördern. Darüber hinaus muss man wissen, dass die Preis- und Lohnflexibilität in den USA signifikant höher ist als in Europa, d.h. eine konjunkturelle Delle kann eher über die Märkte ausgeglichen werden. Ein typisches Beispiel hierfür ist der Einfluss der Gewerkschaften. Während in Europa rund 25% der Erwerbstätigen gewerkschaftlich organisiert ist, sind es in den USA gerade mal 7,5%. Im Resultat bedeutet dies, dass in den USA die gefürchteten so genannten Zweitrundeneffekte, d.h. die Gewerkschaften antworten auf ein steigendes Preisniveau mit höheren Lohnforderungen, deutlich weniger wahrscheinlich sind. Entsprechend stärker muss die EZB in Europa signalisieren, dass sie unter allen Umständen eine niedrige Inflationsrate verteidigt, auch auf die Gefahr einer Rezession.

Historische Unterschiede kommen hinzu. So gab es beispielsweise in den USA nie eine Hyperinflation wie in Deutschland in den 20er und 40er Jahren des 20. Jahrhunderts mit einer kompletten Geldvernichtung. Die Angst vor einer Inflation sitzt offenbar in Deutschland und Europa tiefer als in den USA. Auch ist die EZB eine noch junge Zentralbank, die zudem in der Tradition der Deutschen Bundesbank steht, einer der erfolgreichsten Zentralbanken der Welt in Bezug auf die Inflationsbekämpfung. Dementsprechend muss sie ihre Reputation und Glaubwürdigkeit mit einer eher strengen Geldpolitik aufbauen und verteidigen.

Last but not least spielen die Kapitalmärkte in den USA für die Vermögens- und Einkommensentwicklung eine deutlich größere Rolle als in Europa. Und steigende Zinsen sind nun einmal Gift für die Kapitalmärkte.

3.4 Geldpolitik und Beschäftigung: Die Phillips-Kurve

Nicht nur die unterschiedlichen geldpolitischen Ausrichtungen von EZB und Fed werfen die seit Jahrzehnten stets neu gestellte Frage auf, welchen Einfluss die Geldpolitik auf Wachstum und Beschäftigung ausüben kann – wenn überhaupt. In der volkswirtschaftlichen Literatur wird diese Frage unter dem Stichwort der so genannten Phillips-Kurve diskutiert.

Die Phillips-Kurve hat ihren Ursprung in einer empirischen Untersuchung des britischen Ökonomen Arthur W. Phillips über den Zusammenhang von Arbeitslosenrate und Änderungsrate der Nominallöhne im Zeitraum von 1862 bis 1957 in Großbritannien. Sein Ergebnis zeigt die nachfolgende Abbildung.

Phillips-Kurve

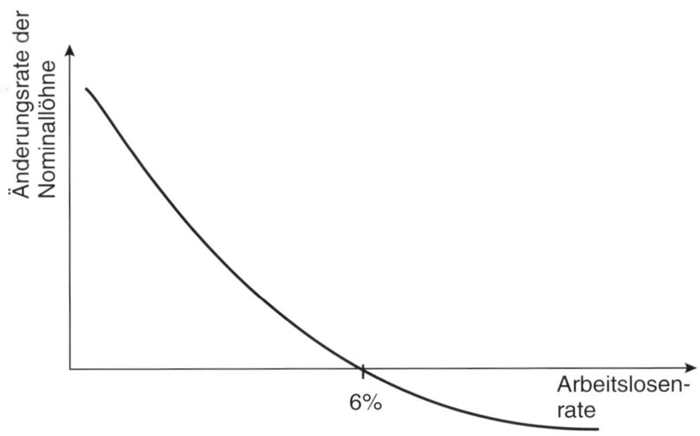

Aus theoretischer Sicht ist das Ergebnis leicht zu erklären: Je höher die Arbeitslosenrate, umso geringer der Anstieg der Nominallöhne, denn bei hoher Arbeitslosigkeit wird es auch den stärksten Gewerkschaften nicht gelingen, signifikante Lohnsteigerungen durchzusetzen. Umgekehrt werden die Löhne in einem konjunkturellen Aufschwung oder Boom stärker steigen, da die Arbeitslosigkeit ab- und damit die Macht der Arbeitnehmer zunimmt. In der Untersuchung von Phillips blieben bei einer Arbeitslosenrate von 6% die Nominallöhne unverändert, bei einer höheren Arbeitslosigkeit sanken sie sogar.

Wirtschaftspolitische Relevanz erhielt die Phillips-Kurve durch die Ersetzung der Veränderung der Nominallöhne durch die Veränderung der Inflationsrate, was insofern plausibel ist, da steigende (sinkende) Nominallöhne in der Regel mit steigenden (sinkenden) Inflationsraten einhergehen, da die Unternehmung die Gehaltserhöhungen durch die Preise an die Abnehmer weitergeben, sofern es die Wettbewerbsbedingungen und das konjunkturelle Umfeld zulassen. Man bezeichnet die so entstandene Kurve als so genannte modifizierte Phillips-Kurve. Sie ist insbesondere durch Paul A. Samuelson, einem der bekanntesten Ökonomen, der stark von der nachfrageorientierten Konjunkturlehre von J.M. Keynes beeinflusst wurde, hoffähig gemacht worden.

Modifizierte Phillips-Kurve

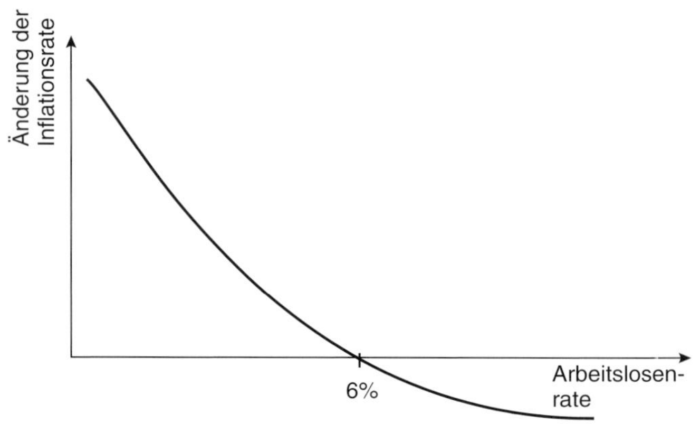

Offenbar beinhaltet die modifizierte Phillips-Kurve ein äußerst interessantes konjunkturpolitisches Ergebnis: Wenn man davon ausgeht, dass mittels der Geldpolitik die Inflationslosenrate beeinflusst werden kann, beispielsweise mit niedrigeren Zinsen, so hat sie zwischen zwei Übeln zu wählen: hohe Arbeitslosigkeit und niedrige Inflation einerseits oder niedrige Arbeitslosigkeit und hohe Inflation andererseits. Man spricht auch von einem Trade-off zwischen Inflations- und Arbeitslosenrate.

Dieses Ergebnis ist bereits in den 70er Jahren des 20. Jahrhunderts empirisch durch das Auftreten der so genannten Stagflation als allgemeines Resultat widerlegt worden. Der Begriff Stagflation ist die Zusammensetzung zweier Begriffe: Stagnation und Inflation, was offenbar dem fallenden Verlauf der modifizierten Phillips-Kurve, die niedrige (hohe) Inflationsraten mit hoher (niedriger) Arbeitslosigkeit korreliert, widerspricht.

Eine umgekehrte Erfahrung, die ebenfalls der modifizierten Phillips-Kurve widerspricht, haben wir in den 90er Jahren gemacht. Relativ niedrige Arbeitslosenraten gingen mit gleichsam niedriger Inflation einher. Während das Phänomen der 70er mit dem so genannten „Ölpreisschock" erklärt werden kann, d.h. einem dramatischen und unerwarteten Anstieg der Ölpreise, wird die dämpfende Wirkung auf die Preise in den 90er Jahren mit der Globalisierung in Verbindung gebracht. Die Industriestaaten profitierten von fallenden Importpreisen durch billige Produkte aus den aufstrebenden Volkswirtschaften, wie beispielsweise China.

Zwei andere Nobelpreisträger der Wirtschaftswissenschaften, Milton Friedman, der Begründer des so genannten Monetarismus, und Edmund S. Phelps, entwickelten für das Phänomen der Stagflation eine schlüssige Erklärung. Sie erklärten, dass die modifizierte Phillips-Kurve auf der langfristig unrealistischen Voraussetzung einer Geldillusion der Arbeitnehmer fußt. Von Geldillusion spricht man, wenn sich Wirtschaftssubjekte an nominalen und nicht an realen Variablen orientieren. Für die Phillips-Kurven-Diskussion bedeutet dies, dass eine durch expansive Geldpolitik ausgelöste Inflationierung die Beschäftigung erhöht bzw. die Arbeitslosigkeit senkt, und damit das gewünschte Ergebnis, ein Trade-off zwischen Inflations- und Arbeitslosenrate, erzeugt.

Tatsächlich kann eine Geldillusion nur kurzfristig relevant sein. Dann gilt der weiter oben erläuterte Zusammenhang: Wenn die Nominallöhne kurzfristig weniger rasch steigen als die Inflationsrate bzw. das Preisniveau, sinken die realen Arbeitskosten für die Unternehmen, was wiederum zu höheren Investitionen und damit zu mehr Beschäftigung führt. Die inverse Beziehung zwischen Inflations- und Arbeitslosenrate ist damit bestätigt.

Allerdings kann man nicht erwarten, dass mittel- und langfristig die Arbeitnehmer das Preisniveau als eine exogene Variable betrachten. Vielmehr werden sie ihre Inflationserwartungen in ihre Nominallohnforderungen einpreisen und sich damit implizit am Reallohn orientieren. Dies bedeutet, dass trotz der Erhöhung des Preisniveaus der Reallohn konstant bleibt, weil die Nominallöhne mit der gleichen Rate wachsen. Eine Kostenentlastung entsteht für die Unternehmen nicht und damit auch kein Spielraum für neue Arbeitsplätze.

Die Monetaristen schlussfolgern deshalb, dass langfristig die Phillips-Kurve eine Vertikale darstellt und nur kurzfristig eine Trade-off-Beziehung zwischen Inflations- und Arbeitslosenrate existiert. Wir bezeichnen den so hergestellten Zusammenhang als langfristige Phillips-Kurve.

Langfristige Phillips-Kurve

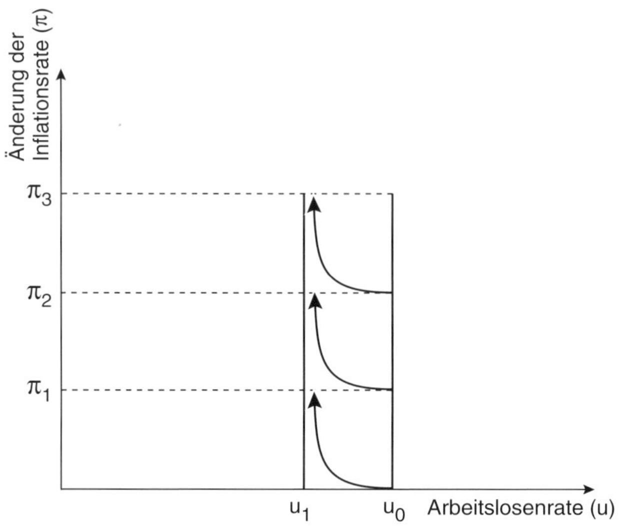

Wie die voranstehende Abbildung zeigt, bewirkt in der Welt der langfristigen Phillips-Kurve eine expansive Geldpolitik nur kurzfristig eine Verringerung der Arbeitslosenrate (u) von (u_0) auf (u_1), allerdings auf Kosten einer steigenden Inflationsrate von (π_1) auf (π_2) nach (π_3). Langfristig bleibt die Arbeitslosenrate trotz der höheren Inflationsrate bei (u_0) stabil, weil die Arbeitnehmer die höhere Inflationsrate in ihre Nominallohnforderung einpreisen. Expansive Geldpolitik führt also letztlich nur zu einer Beschleunigung der Inflation. Ein stabiler, inverser Zusammenhang zwischen Inflations- und Arbeitslosenrate existiert langfristig nicht.

Die Theorie rationaler Erwartungen, die aus dem Monetarismus hervorgegangen ist, geht sogar davon aus, dass auch kurzfristig die Wirtschaftssubjekte bis auf unsystematische Erwartungsfehler richtig prognostizieren und in ihrem Handeln entsprechend antizipieren. Expansive Geldpolitik ist dann so oder so real wirkungslos und führt nur zur Inflation, kurz- wie langfristig.

Diese These hat allerdings in der Praxis der Zentralbanken noch keine Wirkung entfaltet. Vielmehr wird davon ausgegangen, dass kurzfristig Geldpolitik reale Wirkungen haben kann. Zum einen deshalb, weil weder die Unternehmen noch die Arbeitnehmer und Gewerkschaften immer in ihren Handlungen die zukünftige Inflationsrate richtig antizipieren. Zum anderen passen sich in der Realität Löhne und Preise nicht unmittelbar an bei Störungen auf den Güter- und Arbeitsmärkten, so dass es externer Einflüsse wie der Geldpolitik bedarf, um die Märkte wieder ins Gleichgewicht zu führen.

Die durch die Geldpolitik nicht beeinflussbare Arbeitslosenrate am Punkt (u_0) der Phillipskurve wurde zunächst als „natürliche Arbeitslosigkeit" bezeichnet, heute spricht man von der so genannten NAIRU („non accelerating inflation rate of unemployment"), also derjenigen Arbeitslosenrate, bei der sich die Inflationsrate nicht verändert.

Wirtschaftspolitisch wird die NAIRU oft im Sinn der nicht-konjunkturellen, d.h. strukturellen Arbeitslosigkeit interpretiert, die nicht durch die Konjunkturpolitik beeinflusst werden kann, beispielsweise bei zu hohen Löhnen oder bei Inkompatibilitäten von Stellen- und Qualifikationsprofilen.

Empirisch wird der Verlauf der Phillips-Kurve fortlaufend untersucht. Die nachfolgende Abbildung zeigt beispielsweise für die USA die Korrelation von Inflation und Arbeitslosigkeit für die 60er Jahre (linke Seite) und die Phase von 1997 bis 2005 (rechte Seite). Es ist klar zu sehen, dass würde man in beide Abbildung eine Kurve legen, um die sich die dargestellten Punkte gruppieren, diese auf der linken Seite steil verlaufen würde und auf der rechten flach. D.h. in den 60er Jahren gab es tatsächlich ein starkes trade-off zwischen Inflationsrate und Arbeitslosigkeit während es heute eher einen schwachen Zusammenhang gibt.

Für Aufschwungphasen ist eine flache Phillips-Kurve eine gute Nachricht, weil eine Abnahme der Arbeitslosigkeit in Wachstumsphasen nicht notwendig mit einem signifikanten Anstieg der Inflationsrate einhergehen muss. Andererseits bedeutet es in Abschwungsphasen aber auch, dass eine signifikante Senkung der Inflationsrate mit einem starken Anstieg der Arbeitslosigkeit verbunden ist.

Phillips Kurve (USA)

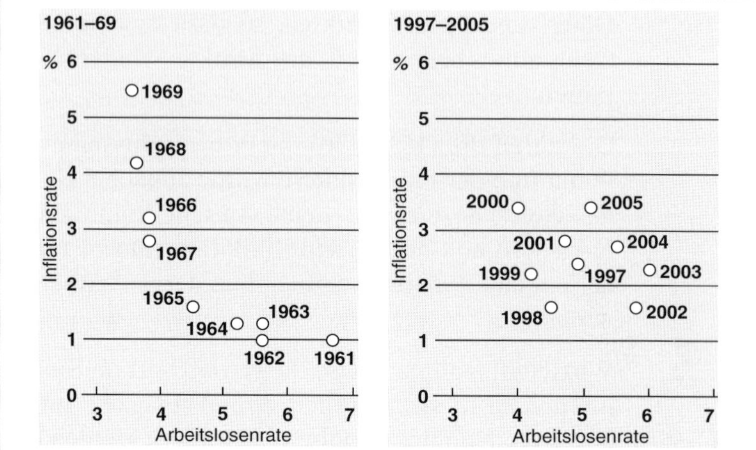

(Quelle: Economist)

3.5 Kurz- und langfristige Wirkung der Geldpolitik

Trotz aller Nuancen verfolgen die überwiegende Anzahl der Zentralbanken der Welt in der Praxis eine Geldpolitik, die kurzfristig auch auf die Stimulierung des Wirtschaftswachstum und damit der Beschäftigung zielt, vorausgesetzt die Inflationsgefahren sind überschaubar. Die dahinter stehende Grundüberzeugung ist, dass der Zentralbankzins letztlich die Finanzierungskosten der Unternehmen und Haushalte beeinflusst, und damit deren Investitions- und Ausgabeverhalten.

Eine solche reale Wirkung kann man sich gut über die oben erläuterte Quantitätstheorie in Verbindung mit der Phillips-Kurven-Diskussion vorstellen. Kurzfristig kann expansive Geldpolitik das reale Bruttoinlandsprodukt einer Volkswirtschaft erhöhen, langfristig ist Inflation jedoch immer ein monetäres Phänomen.

Kurzfristig hat expansive Geldpolitik eine doppelte Wirkung. Zum einen erhöht sie das nominale Bruttoinlandsprodukt, das sich als das Produkt aus realem Bruttoinlandsprodukt und Preisniveau ergibt, um mehr als die zugrunde liegende Geldmengenerhöhung. Dies hängt damit zusammen, dass eine Geldmengenerhöhung Inflationserwartungen auslösen kann. Dies wiederum führt dazu, dass die in einer Volkswirtschaft umlaufende Geldmenge von den Wirtschaftssubjekten weniger lang halten bzw. umgekehrt immer rascher in den Wirtschaftskreislauf zurückgegeben wird, um der Inflationsgefahr zu entgehen. Technisch ausgedrückt bedeutet dies, dass die Umlaufgeschwindigkeiten des Geldes (V) in der Quantitätsgleichung steigen. Wie bisher steht (M) für die Geldmenge, (P) für das Preisniveau und (Y) für das reale BIP.

Wenn nun die Umlaufgeschwindigkeit (V) steigt, bedeutet dies nichts anderes, als dass die rechte Seite der Quantitätsgleichung – also das nominale Bruttoinlandsprodukt ($P \cdot Y$) – schneller steigen muss als eine Erhöhung der Geldmenge (M), denn es steigt ja nicht nur (M), sondern auch (V). Somit erhält man als logische Kette:

$$M\uparrow \Rightarrow V\uparrow \Rightarrow M\uparrow < PY\uparrow$$

Wenn die Geldmenge (M) um 5% und die Umlaufgeschwindigkeit (V) um 2% steigt, erhöht sich das nominale Bruttoinlandsprodukt (PY) um 7%, also um mehr als die Geldmengenexpansion.

Bleibt die Geldmengenexpansion nur einmalig, wird sich langfristig die Geldnachfrage wieder auf ihr altes Niveau einpendeln, weil das Preisniveau auf höherem Niveau nun wieder konstant ist und damit die Inflationserwartungen aus dem Markt sind. Dies bedeutet, dass auch die Umlaufgeschwindigkeit wieder zu ihrem alten Niveau zurückkehrt. Somit erhält man langfristig das Ergebnis, dass eine erhöhte Geldmenge nur das Preisniveau um den gleichen Anstieg erhöht. Auf der linken und der rechten Seite der Quantitätsgleichung ändert sich langfristig also jeweils nur eine Variable; auf der linken Seite die Geldmenge und auf der rechten das Preisniveau. Die quantitätstheoretische Aussage, dass die Geldmenge das Preisniveau einer Volkswirtschaft bestimmt, wird langfristig bestätigt. Formal ausgedrückt gilt die Gleichung:

$$M\uparrow = P\uparrow$$

Allerdings ist der kurzfristige Effekt der Geldpolitik durchaus positiv zu bewerten, da er auch das reale und nicht nur nominale, d.h. nicht preisbereinigte volkswirtschaftliche Wachstum betreffen kann und damit die Beschäftigung und den Kapitaleinsatz erhöht.

Der Begründungszusammenhang ist ganz ähnlich wie gerade eben beim Unterschied zwischen Geldmengenanstieg und Anstieg des nominalen Bruttoinlandsproduktes. Durch den durch die Geldmengenerhöhung induzierten Anstieg des Preisniveaus sind zwei für die Realwirtschaft wichtige Variablen betroffen, nämlich der Reallohn und der Realzins. Dabei ist der Realzins als Differenz von Nominalzins und Inflationsrate sowie der Reallohn als Quotient aus Nominallohn und Preisniveau definiert.

Nimmt man nun an, dass zunächst beide Größen konstant bleiben, hat dies zur Folge, dass sowohl der Reallohn als auch der Realzins als Reaktion auf das gestiegene Preisniveau in Folge der Geldmengenexpansion sinken. Dies wiederum führt dazu, dass die realen Kosten für die Unternehmen sinken und sie somit mehr Arbeit und mehr Kapital einsetzen können. Eine expansive Geldpolitik wird also das reale Wachstum der Volkswirtschaft erhöhen. Zusammengefasst erhalten wir:

Geldmenge steigt (↑):
⇒ Inflationsrate und Preisniveau steigen (↑)
⇒ Realzinsen und Reallöhne fallen (↓)
⇒ Finanzierungskosten sinken (↓)
⇒ Investitionen steigen (↑)
⇒ BIP steigt (↑)

Etwas realistischer wird man annehmen können, dass Arbeitnehmer und Gewerkschaften einerseits sowie Gläubiger und Kapitaleigner andererseits möglicherweise in einem gewissen Umfang den Anstieg der Inflationsrate und des Preisniveaus ausgelöst durch den Geldmengenschock in ihren Nominallohn- bzw. Nominalzinsforderungen einpreisen. Auch in diesem Fall sinken jedoch der Reallohn und der Realzins, wenn auch nicht im gleichem Umfang wie bei konstantem Nominallohn und Nominalzins. Nur, wenn der Inflationsanstieg korrekt antizipiert würde, blieben auch kurzfristig die realen Größen konstant.

3.6 Taylor-Regel

Für die Marktteilnehmer ist es wichtig, die zukünftige Zinspolitik der Zentralbank zu prognostizieren. Dabei wird seit Mitte der 90er Jahren verstärkt auf die so genannte Taylor-Regel zurückgegriffen. Die von dem amerikanischen Volkswirt John B. Taylor 1993 erstmals veröffentlichte Regel lautet, dass die Notenbanken den kurzfristigen Zinssatz am Geldmarkt, den so genannten Taylor-Zins (i_T), in Abhängigkeit von der aktuellen Inflations- und Konjunktursituation bestimmen. Im Anschluss wird die vollständige Formel abgebildet:

$$i_T = \text{Realzins} + \text{erwartete Inflationsrate} + 0{,}5 \cdot (\text{Produktionslücke}) + 0{,}5 \cdot (\text{Inflationslücke})$$

Dabei wird der Realzins als Differenz zwischen kurzfristigem Nominalzins und aktueller Inflationsrate berechnet, die Produktionslücke ergibt sich aus der Differenz zwischen aktuellem Bruttoinlandsprodukt und dem Produktionspotenzial, während die Inflationslücke als Differenz aus gemessener und der von der Zentralbank angestrebten Inflationsrate, im Euroraum 2%, ermittelt wird. Ausführlich geschrieben erhalten wir also:

Taylor-Zins

$$\begin{aligned} i_T = {} & \text{Geldmarktzins} - \text{aktuelle Inflationsrate} \\ & + \text{erwartete Inflationsrate des laufenden Jahres} \\ & + \text{aktuelles BIP-Wachstum} - \text{Produktionspotenzial} \\ & + \text{aktuelle Inflationsrate} - \text{Inflationsziel} \end{aligned}$$

Empirische Untersuchungen zeigen, dass sowohl für die amerikanische Notenbank als auch für die EZB eine hohe Korrelation zwischen dem so berechneten Taylor-Zins und den tatsächlichen Geldmarktzinsen existierte. Für den Euroraum ergab sich im August 2008 beispielsweise ein Taylor-Zins von 3,95%, ein Wert der nur um 0,3 Prozentpunkte vom tatsächlichen Zins der EZB abwich. Dabei wurde von einer aktuellen Inflationsrate von 4,0%, einer aktuellen

BIP-Wachstumsrate von 1,6%, einem Produktionspotenzialwachstum im Euroraum von 2% sowie einer angestrebten Inflationsrate von maximal 2% ausgegangen. Für die erwartete Inflationsrate 2008 wurde angenommen, dass sie in der Mitte der Projektion der EZB von 2% bis 3%, also bei 2,5%, liegen wird. Somit erhalten wir:

$$
\begin{aligned}
i_T &= (4{,}25 - 4) + 2{,}5 + 0{,}5\,(1{,}6 - 2) + 0{,}5\,(4 - 2) \\
&= 0{,}25 + 2{,}5 + 0{,}2 + 1 = 3{,}95\,\%
\end{aligned}
$$

Abweichungen des Leitzinses vom Taylor-Zins (1990–2007)

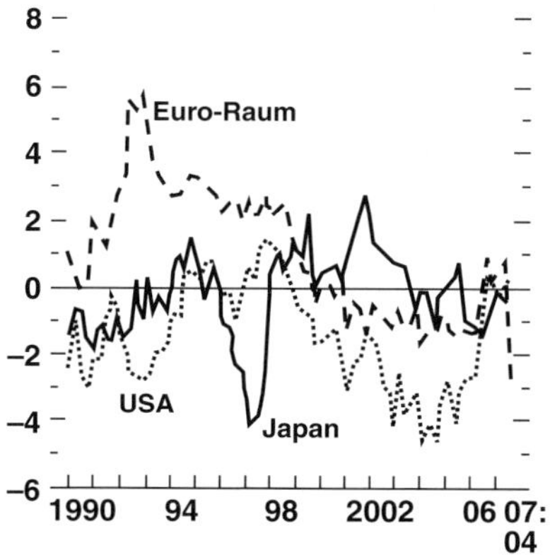

(Quelle: Internationaler Währungsfonds)

Das Interessante an der Taylor-Regel ist die Abhängigkeit der Geldpolitik von der aktuellen Konjunktursituation, die durch die Produktions- und Inflationslücke zum Ausdruck gebracht wird. Offenbar werden – folgt man der Taylor-Regel – die Zentralbanken den kurzfristigen Zins ceteris paribus um so höher setzen, je kleiner die (negative) Produktionslücke und je größer die (positive) Inflationslücke ist. Umgekehrt prognostiziert die Taylor-Regel sinkende Geldmarktzinsen, wenn die Produktionslücke steigt und die Inflationslücke sinkt. Beides entspricht der empirischen Beobachtung. Im Boom, in dem die Produktionslücke verschwunden oder sogar positiv ist und die Inflationslücke hoch ausfällt, steigen die Geldmarktzinsen, während sie in der Rezession sinken, weil die Produktions- und Inflationslücke negativ werden.

Kritisch ist anzumerken, dass die Taylor-Regel als Prognoseinstrument, nicht aber als geldpolitisches Instrument einer Zentralbank geeignet ist. Das hängt zum einen damit zusammen, dass der Taylor-Zins sehr stark von den getroffenen Annahmen abhängt insbesondere über die Höhe des Produktionspotenzials und der erwarteten Inflations- und Wachstumsrate.

Darüber hinaus ist die Taylor-Regel eine schematische Formelanpassung. Dies macht eine eigenständige Geldpolitik einer Zentralbank unmöglich. Die Geldpolitik wäre für die Marktteilnehmer abgesehen von der Unsicherheit in den Schätzwerten vollkommen vorhersehbar. Dies würde den Einfluss der Geldpolitik auf den Konjunkturverlauf und das Preisniveau schwächen.

Der Monetary-Conditions-Index (MCI)

Nicht nur die Geldpolitik, sondern auch der Wechselkurs einer Währung beeinflusst das monetäre Umfeld einer Volkswirtschaft. Beispielsweise führt ein starker Euro gegenüber dem US-Dollar tendenziell zu einem fallenden Außenhandelsüberschuss, da die Exporte sinken und die Importe steigen werden, gleichzeitig jedoch wird keine Inflation in den Euro-Raum importiert, da durch den starken Euro die Importpreise eher niedrig liegen.

Um diesen Einfluss des Wechselkurses auf Wachstum und Inflation abzuschätzen und entsprechende Schlussfolgerungen für die Geldpolitik der Zentralbank zu ziehen, wurde in den 1990er Jahren erstmalig von der Kanadischen Zentralbank der so genannte Monetary-Conditions-Index (MCI) entwickelt. Der MCI ist ein gewichteter Durchschnitt aus Geldmarktzins und Wechselkurs. Konkret lautet die Formel:

$$\begin{aligned} \text{MCI} &= a_1 \cdot (\text{Differenz der kurzfristigen Realzinsen}) \\ &\quad + a_2 \cdot (\text{Wechselkursdifferenz}) \end{aligned}$$

Die a's stellen dabei die Gewichtungsfaktoren dar, die in ihrer Summe Eins ergeben sollen. Beispielsweise lässt sich sagen, dass für kleine und offene Volkswirtschaften der Gewichtungsfaktor (a_2) für die Wechselkurse relativ hoch sein dürfte (und dementsprechend (a_1) relativ niedrig). Damit wird zum Ausdruck gebracht, dass kleinere Volkswirtschaften stärker von außenwirtschaftlichen Einflüssen abhängen als große. In relativ großen Volkswirtschaften, wie den USA oder dem Euroraum, spielt sich der überwiegende Teil des Handels innerhalb des einheitlichen Währungsraums ab, was den Einfluss binnenwirtschaftlicher Einwicklungen verstärkt. Der Gewichtungsfaktor a_1 wird für große Volkswirtschaften also relativ hoch sein (und dementsprechend (a_2) relativ niedrig).

Für Deutschland beispielsweise rechnete man mit einem a_2-Wert von 0,25, was bedeutet, dass eine Auf- oder Abwertung des EUR um 0,75% die gleiche Wirkung hätte wie eine Zinserhöhung bzw. -senkung um rund 0,25%. Für den Euroraum wird heute mit dem gleichen Wert wie für die USA gerechnet, nämlich mit einem Wechselkurs-Gewichtungsfaktor von nur noch 0,125. Es wird also unterstellt, dass eine Abwertung des Euro um 0,875% genauso wirkt wie eine Zinssenkung der EZB um 0,125%. Anders ausgedrückt: Der Einfluss des Geldmarktzinses ist siebenmal so hoch wie der Einfluss von Wechselkursänderungen auf die monetären Bedingungen im Euroraum.

Die in der Formel dargestellte Differenz der kurzfristigen Realzinsen ergibt sich im MCI aus den Realzinsen der betrachteten Periode abzüglich der Realzinsen in einer Basisperiode; ebenso die Wechselkursdifferenz als Unterschied zwischen gegenwärtigem und Wechselkurs in der Basisperiode. Für den Wechselkurs wird in der Regel der reale effektive, d.h. der gewogene und preisbereinigte Durchschnitt des Wechselkurses gegenüber den Währungen der wichtigsten Handelspartner unterstellt.

Da die Wahl des Basisjahres willkürlich ist, lassen sich nur die Veränderungsraten des MCI, nicht aber seine absoluten Werte sinnvoll interpretieren. Ein Anstieg des MCI signalisiert eine monetäre Verknappung, während eine Abschwächung auf ein eher expansives geldpolitisches Umfeld verweist. Dies bedeutet, dass sinkende Geldmarktzinsen und/oder ein fallender Wechselkurs ceteris paribus die monetäre Expansion verstärken (fallender MCI), während der umgekehrte Fall steigender Geldmarktzinsen und/oder ein steigender Wechselkurs auf eine monetäre Verknappung (steigender MCI) hindeuten. Im ersten Fall ist tendenziell mit einer restriktiven, im zweiten mit einer expansiven Geldpolitik der Zentralbank zu rechnen. Das ist insofern plausibel, als im Falle sinkender(m) Geldmarktzinsen/Wechselkurs die Expansionskräfte im Inland und damit auch die Inflationsgefahr eher angeheizt wird, während bei steigenden(m) Geldmarktzinsen/Wechselkurs der inländische Nachfrage- und Inflationsdruck tendenziell nachlässt.

Neben seiner Funktion als eine indirekte geldpolitische Steuerungsgröße ist der MCI vor allem als konjunktureller Frühindikator geeignet. Ein Anstieg des MCI deutet auf eine Verlangsamung des Wirtschaftswachstums und der Inflation hin, ein Absinken auf ein beschleunigtes Wirtschaftswachstum mit den entsprechenden Inflationsgefahren. Er ist damit anderen Frühindikatoren, wie beispielsweise dem Zinssatz überlegen, weil er nicht nur auf inländische Faktoren, sondern auch auf die Wirkung der Veränderung des Außenwerts einer Währung auf die inländische Konjunktur abstellt.

3.7 Geldpolitik und IS-LM-Modell

Um die Wirksamkeit der Geldpolitik auf die Realwirtschaft, d.h. Wachstum und Beschäftigung insbesondere in der kurzen Frist zu begründen, wurde unter anderem das Argument verwandt, dass der Geldmarktzins neben dem Ausgabenverhalten der Haushalte insbesondere auch das Investitionsverhalten der Unternehmen beeinflusst. Das Argument lautete: Niedrige (hohe) Zinsen erhöhen (senken) die Investitionen in das Realkapital und stärken (schwächen) damit das wirtschaftliche Wachstum und die Beschäftigung.

In der Volkswirtschaftslehre wird dieses Argument üblicherweise anhand des so genannten IS-LM-Modells erläutert. Die IS-Kurve als Kurve eines Gleichgewichts von Kapitalnachfrage und Kapitalangebot auf dem Kapitalmarkt – wobei (I) für die Investitionen und (S) für Ersparnis steht – hatten wir bereits bei der Darstellung der Kapitalmarkttheorie im ersten Kapitel kennen gelernt.

Die LM-Kurve ist auch ein Gleichgewicht, allerdings ein Gleichgewicht auf dem Geldmarkt – dabei steht (L) für die Geldnachfrage und (M) für das Geldangebot. Im Gegensatz zur IS-Kurve, die in einem Volkseinkommen(Y)-Zins(i)-Diagramm von links oben nach rechts unten verläuft – also eine negative Steigung aufweist –, verläuft die LM-Kurve von links unten nach rechts oben, hat also eine positive Steigung. Dies ist ökonomisch insofern plausibel, weil mit steigendem Volkseinkommen ceteris paribus auch der Geldmarktzins höher liegen wird auf Grund der höheren Inflationsrate als bei niedrigerem Wachstum.

Bringen wir beide Kurven zusammen, entsteht ein Bild des so genannten IS-LM-Modells, das jedem Studenten der Wirtschaftswissenschaften bekannt ist. Im Schnittpunkt beider Kurven und damit in einem simultanen Gleichgewicht auf dem Kapital- und Geldmarkt wird sowohl das Zinsniveau in einer Volkswirtschaft wie auch das Volkseinkommensniveau bestimmt – in der Abbildung mit (i_0) und (Y_0) bezeichnet.

IS-LM-Modell

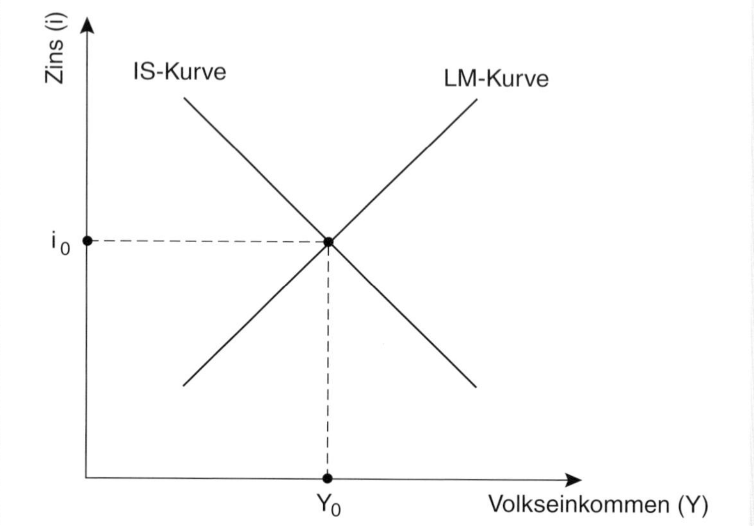

Zwar ist das IS-LM-Modell eine grobe Vereinfachung der Realität, aber es ist andererseits gut geeignet – zumindest theoretisch – die Wirkung von Geldpolitik auf die Entwicklung des Volkseinkommens und des Bruttoinlandsproduktes abzuschätzen. Die Grundidee ist einfach: Auf dem Geldmarkt – also auf der LM-Kurve – wird der Zins bestimmt, der über den Kapitalmarkt – die IS-Kurve – auf die Investitionen und damit das Volkseinkommen wirkt.

Für die Geldpolitik bedeutet dies, dass eine Senkung der Zinsen offenbar das Volkseinkommen erhöhen muss, weil niedrige Zinsen zu höheren Investitionen und damit zu einem höheren Volkseinkommen führen. Die nachfolgende Abbildung zeigt die positive Wirkung einer expansiven Geldpolitik in Form sinkender Zinsen. Durch die Zinssenkung von (i_0) auf (i_1), dargestellt durch eine Verschiebung der LM-Kurve nach rechts unten, steigt das Volkseinkommen von (Y_0) auf (Y_1).

Wirkung der Geldpolitik

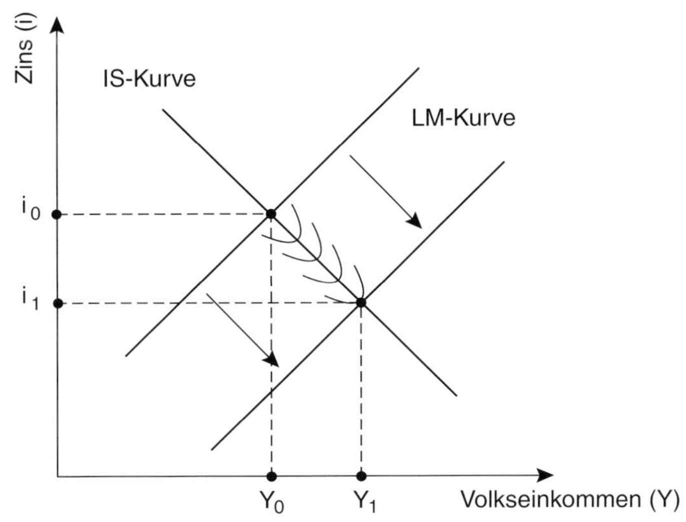

3.8 Versagen der Geldpolitik: Investitions- und Liquiditätsfalle

In der Theorie der Geldpolitik gibt es Fälle, in denen sie versagt, d. h. eine positive Wirkung auf den Wirtschaftsverlauf bleibt aus. Bekannt geworden sind hier die so genannten Investitions- und Liquiditätsfallen, die im Folgenden kurz vorgestellt werden.

In der Investitionsfalle geht man davon aus, dass die Investitionen der Unternehmen nicht mehr zinselastisch sind, d. h. auf Zinssenkungen nicht mehr reagieren, beispielsweise deshalb, weil die Wirtschaftsaussichten von den Unternehmen sehr schlecht eingeschätzt werden. Im Grunde genommen haben die Unternehmen dann weniger ein Problem mit zu hohen Zinsen und damit zu hohen Kapitalkosten, sondern ein Umsatz-, Erlös- oder Gewinnproblem. Geldpolitik kann in solchen Situationen nur noch wenig ausrichten.

Grafisch wird eine Investitionsfalle durch eine senkrecht verlaufende IS-Kurve dargestellt, was inhaltlich zum Ausdruck bringt, dass die Investitionen nicht vom Zins abhängen. In der nachfolgenden Abbildung sieht man, dass in diesem Fall die Geldpolitik die Zinsen zwar nach unten senken kann – in der Abbildung von (i_0) auf (i_1) –

die Wirkung auf das Volkseinkommen, das auf einem Niveau von (Y_0) verharrt, aufgrund der zinsunelastischen Investitionen jedoch ausbleibt.

Versagen der Geldpolitik bei Investitionsfalle

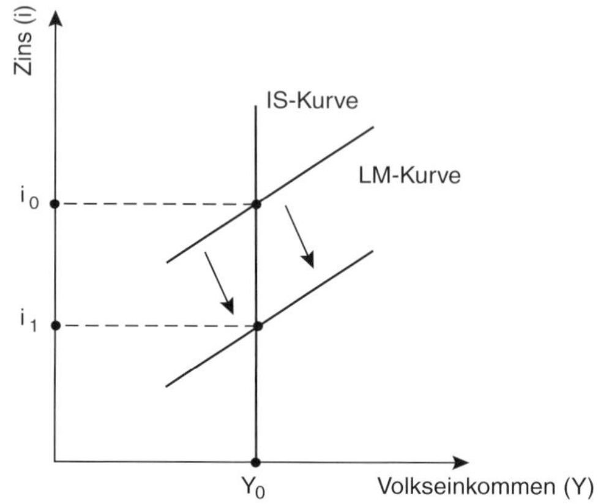

Der zweite Fall eines Versagens der Geldpolitik, die Liquiditätsfalle, geht davon aus, dass die Geldpolitik – wenn man es salopp ausdrücken will – ihr Pulver bereits verschossen hat. Die Zinsen können gar nicht mehr weiter gesenkt werden, beispielsweise deshalb, weil sie bereits nahe oder direkt Null sind. Japan ist hier seit Jahren ein gutes Beispiel.

Es kann aber auch sein, dass die Marktteilnehmer eine so hohe Liquiditätspräferenz haben, dass sie jedes zusätzliche Geldangebot der Zentralbank am Geldmarkt auch nachfragen und aufnehmen, denn auch ohne eine Variation der Zinsen kann eine Zentralbank die Liquidität in einer Volkswirtschaft steuern, insbesondere durch Offenmarktgeschäfte. Allerdings muss die zusätzliche Liquidität an den Gütermärkten nicht nachfragewirksam werden, sondern kann in reiner Geldhaltung oder Portfoliotransaktionen versickern. Ein realer Effekt auf die Volkswirtschaft bleibt dann aus. Vor allem in unsicheren Zeiten kann ein solcher Effekt eintreten, weil Haushalte und Unternehmen weder ihr Geld für Konsum und Investition ausgeben noch es sparen; es wird nur noch Liquidität gehalten.

Die Liquiditätsfalle lässt sich durch eine horizontal verlaufende LM-Kurve darstellen. Inhaltlich bringt dies konstante Geldmarktzinsen zum Ausdruck. Das Gleichgewicht bei (i_0) und (Y_0) kann von der Geldpolitik also nicht mehr verändert werden.

Versagen der Geldpolitik bei Liquiditätsfalle

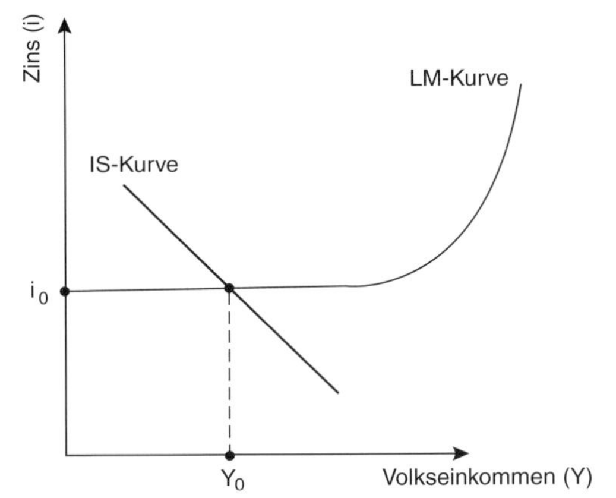

Eine interessante, empirische Variante der Liquiditätskrise stellt die Hypothenkrise seit 2007 dar, die im 1. Kapitel besprochen wurde. Tatsächlich war die Liquiditätsnachfrage der Banken so groß, dass die Zentralbanken Schwierigkeiten hatten, den Geldmarktzins zu kontrollieren. Erst nach und nach konnten die Zentralbanken die Kontrolle an den Geldmärkten wiedererlangen. Durch die hohen Liquiditätszuführungen beruhigten sich die Märkte und die Zentralbanken konnten die Zinsentwicklung wieder in normale Bahnen führen.

3.9 Geldpolitischer Transmissionsmechanismus

Unabhängig von der wirtschaftspolitischen Ausrichtung und den Auswirkungen der Geldpolitik ist das entscheidende Ziel der Geldpolitik die Stabilität des Preisniveaus oder anders formuliert, eine hinreichende niedrige Inflationsrate, die ihrerseits die prozentuale Veränderung des Preisniveaus beschreibt.

In Theorie und Praxis wird der äußerst komplexe Wirkungsprozess der Geldpolitik auf das Preisniveau anhand des so genannten **Transmissionsmechanismus der Geldpolitik** untersucht. Der Begriff „Transmissionsmechanismus" steht dabei für die Übertragungswege der Geldpolitik.

Unabhängig von den einzelnen Übertragungswegen, die im Folgenden diskutiert werden, gilt grundsätzlich, dass die Geldpolitik nur mit mehr oder minder langen zeitlichen Verzögerungen auf das Preisniveau wirkt. Man spricht in diesem Zusammenhang auch vom „timelag" der Geldpolitik. Empirische Untersuchungen zeigen, dass Geldpolitik in der Regel erst mit einer Wirkungsverzögerung von 12 bis 15 Monaten in der Realwirtschaft und damit auch beim Preisniveau ankommt. Das bedeutet also, dass Geldpolitik, will sie erfolgreich sein, sehr vorausschauend betrieben werden muss.

Darüber hinaus ist zu beachten, dass Geldpolitik langfristig nur die nominalen, nicht jedoch die realen Variablen einer Volkswirtschaft beeinflussen kann, wenn man davon ausgeht, dass langfristig Vollbeschäftigung der Produktionsfaktoren Arbeit und Kapital herrscht. Langfristige Entwicklungen müssen daher von der Angebot- und nicht der Nachfrageseite einer Volkswirtschaft angegangen werden. Hier ist zum Beispiel zu denken an die technologische Innovationskraft einer Volkswirtschaft, das Bevölkerungswachstum, die Qualifikation des Humankapitals, Qualität und Quantität des Kapitaleinsatzes, die Flexibilität der Güter- und Arbeitsmärkte sowie die Effizienz der institutionellen Rahmenbedingungen. Diese Variablen kann die Geldpolitik nicht beeinflussen, vielmehr zielt sie auf die kurzfristigen Nachfragekräfte einer Volkswirtschaft und vermittelt über diese auf das Preisniveau.

In der nachfolgenden Abbildung wurde versucht, den komplexen Transmissionsmechanismus der Geldpolitik anhand einer leicht abgeänderten Abbildung der EZB so übersichtlich wie möglich darzustellen.

Transmissionsmechanismus der Geldpolitik

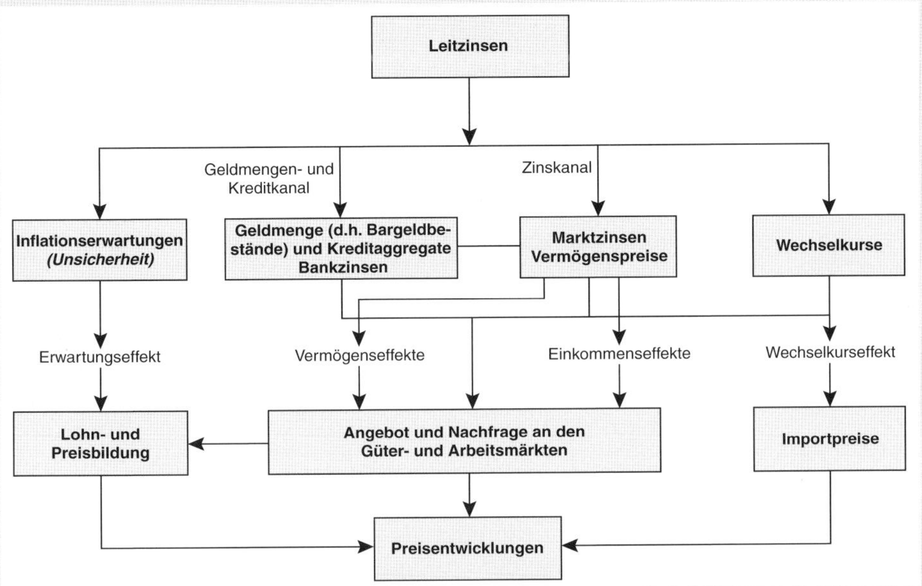

(Quelle: Europäische Zentralbank)

Ausgangspunkt ist eine Veränderung der so genannten Leitzinsen der Zentralbank, also den Zinssätzen, die die Geschäftsbanken bei der Zentralbank zahlen müssen, um Liquidität zu erhalten. Im Euroraum entspräche dies dem Repo-Satz und der Einlagen- und Spitzenrefinanzierungsfazilität, die später im Detail besprochen werden.

Von der Änderung der Leitzinsen sind unmittelbar vier ökonomische Größen betroffen:

- Die Bankzinsen und damit das Kreditvolumen und die Geldmenge;
- die Marktzinsen und damit die Vermögenspreise wie Anleihen und Aktien;

Ersteres bezeichnen wir als Geldmengen- und Kreditkanal, letzteres als Zinskanal.

- In der Regel kann man davon ausgehen, dass eine Erhöhung (Senkung) der Leitzinsen die Bank- und Marktzinsen erhöht (senkt) mit der Folge, dass das Wachstum des Kreditvolumens und der Geldmenge sinkt (steigt) und die Anleihekurse sinken (steigen).

- Darüber hinaus wird von einer Leitzinsänderung unmittelbar der Wechselkurs berührt, da sich das inländische Zinsniveau für in- und ausländische Finanzinvestoren geändert hat. Ein sinkendes (steigendes) inländisches Zinsniveau beispielsweise wird die Attraktivität der inländischen Währung über die Portfolioinvestitionen und die Kapitalbilanz erhöhen (senken). Im ersten Fall wird es zu einem Nachfragerückgang nach inländischer Währung, im zweiten zu einem Nachfrageanstieg kommen. Sinkende (steigende) Zinsen führen somit zu einer Abwertung (Aufwertung) der Währung.
- Last but not least kommen in der ersten Runde der Transmission auch die Erwartungen, insbesondere die Inflationserwartungen ins Spiel. Hier sind aber die Wirkungen weniger eindeutig als bei Bank- und Marktzinsen sowie dem Wechselkurs. So kann eine Erhöhung der Leitzinsen sowohl zu sinkenden aber auch zu steigenden Inflationserwartungen führen: Zu sinkenden, wenn die Märkte die Erhöhung als ein Signal einer energischen Inflationsbekämpfung der Zentralbank deuten, zu steigenden wenn die Erhöhung als nicht ausreichend angesehen wird.

Auch kann es zu einer den Leitzinsen entgegengesetzten Zinsbildung an den Märkten kommen. Wenn die Marktteilnehmer beispielsweise erwarten, dass als Folge einer Zinssenkung die Inflationsrate in der Zukunft signifikant ansteigt, werden die Zinsen am Kapitalmarkt und damit auch die Kreditzinsen tendenziell eher steigen denn fallen, weil eine Prämie für das gestiegene Inflationsrisiko verlangt wird. Im Extremfall führen dann kurzfristig sinkende Geldmarktzinsen zu langfristig steigenden Kapitalmarktzinsen; jedenfalls sinken die wichtigen langfristigen Zinsen weniger als die Geldmarktzinsen.

Die Intention der Geldpolitik wird durch die ausgelösten Inflationserwartungen somit entweder vollkommen umgekehrt oder aber zumindest stark abgeschwächt. Eine vorausschauende Geldpolitik muss also unter allen Umständen auch die voraussichtliche Erwartungsbildung der Marktteilnehmer berücksichtigen, sonst läuft sie Gefahr, dass ihre Politik an den Märkten nicht greift.

Auf der zweiten Stufe der Transmission wird dann untersucht, durch welche Effekte und Kanäle die aufgezeigten Änderungen der vier Variablen – Bankzinsen, Marktzinsen, Wechselkurs, Inflationserwartungen – in der Volkswirtschaft wirken. Dabei sind zu unterscheiden:

- **Einkommens- oder Realkasseneffekt**: Durch sinkende (steigende) Zinsen steigt (sinkt) die umlaufende Geldmenge bzw. das Kreditvolumen in einer Volkswirtschaft. Für ein gegebenes Preisniveau erhöht sich damit die gesamtwirtschaftliche, reale Kaufkraft; man spricht dann auch davon, dass die Realkasse in einer Volkswirtschaft steigt (sinkt). Wenn die zusätzliche (geringere) Realkasse nicht vollständig gespart (entspart) wird, ist mit ihrem Anstieg (Rückgang) auch ein Anstieg (Rückgang) der gesamtwirtschaftlichen Güternachfrage verbunden mit entsprechenden Wirkungen auf dem Arbeitsmarkt.
- **Vermögenseffekt**: Ein Senkung (Erhöhung) der Marktzinsen am Kapitalmarkt, ausgelöst durch sinkende (steigende) Refinanzierungssätze am Geldmarkt, lässt den Wert monetärer Aktiva wie Aktien und Anleihen vor allem deshalb steigen, weil der Diskontfaktor der Barwertberechnung sinkt. Somit erhöht (senkt) eine expansive (restriktive) Geldpolitik den Vermögenswert des privaten Sektors einer Volkswirtschaft. Da nicht nur das laufende Einkommen der Haushalte den Konsum bestimmt, sondern auch der Wert des Vermögens, ist bei steigendem Vermögen ausgelöst durch sinkende Zinsen mit einer steigenden und bei sinkendem Vermögen aufgrund steigender Zinsen mit einer sinkenden Nachfrage zu rechnen.
- **Wechselkurseffekt**: Eine Senkung (Erhöhung) der inländischen Zinsen führt in der Regel zu einer Abwertung (Aufwertung) der Währung und damit zu einer Veränderung des Außenbeitrages einer Volkswirtschaft, definiert als Differenz von Exporten minus Importen. Der Außenbeitrag wird bei Abwertung (Aufwertung) ausgelöst durch eine Zinssenkung (Zinserhöhung) tendenziell steigen (sinken), weil die Exportpreise auf dem Weltmarkt sinken und die Importpreise im Inland steigen. Ein steigender (sinkender) Außenbeitrag aufgrund sinkender (steigender) Zinsen erhöht (senkt) somit genauso wie der Einkommens- und Vermögenseffekt die gesamtwirtschaftliche Nachfrage.

  Der Wechselkurs wirkt aber auch direkt über die Veränderung der Importpreise auf das inländische Preisniveau. Grundsätzlich lässt sich sagen: Wertet eine Währung aufgrund sinkender (steigender) Zinsen ab (auf), steigen (fallen) die Preise der ins Inland importierten Güter. Im ersten Fall haben wir es im schlimmsten Fall mit einer importierten Inflation, im zweiten Fall – der Aufwertung – mit einer importierten Preissenkung zu tun.

- **Erwartungseffekt**: Schließlich beeinflussen die Inflationserwartungen die Lohn- und damit auch die Preisbildung. Wenn die Gewerkschaften und Arbeitnehmer beispielsweise eine steigende (sinkende) Inflationsrate erwarten, werden sie tendenziell höhere (niedrige) Lohn- und Gehaltsforderungen stellen. Werden diese Vorstellung durchgesetzt, hat das Einfluss auf die Preisentwicklung, da sich die Kosten der Unternehmen verändern. Im Falle stärker steigender Lohnkosten ist auch mit höheren Preisen und damit einer höheren Inflationsrate zu rechnen.

Dies sind die so genannten gefürchteten Zweitrundeneffekte: Da die Inflationserwartungen steigen, werden höhere Löhne und Gehälter verlangt, die, werden sie gezahlt, die Inflationsrate tatsächlich steigen lassen. Kosten, insbesondere Lohnkosten sind also ein wichtiger Faktor für die Entwicklung der Inflationsrate, die die Zentralbank indirekt mit ihrem Einfluss auf die Bildung von Inflationserwartungen beeinflussen kann.

Im abschließenden dritten Schritt des Transmissionsmechanismus geht es um den Einfluss der Güter- und Arbeitsmärkte auf das Preisniveau. Grundsätzlich gilt: Je stärker (schwächer) ceteris paribus die gesamtwirtschaftliche Nachfrage auf Güter- und Arbeitsmärkten umso höher die Inflationsrate auf Grund des Nachfragedrucks (Angebotsdrucks) auf beiden Märkten. Wenn beispielsweise auf den Gütermärkten die Konsumenten mehr nachfragen als von den Unternehmen angeboten wird, werden die Preise unmittelbar steigen, da das Angebot nicht ausreicht um die Nachfrage zu befriedigen. Ähnlich auf dem Arbeitsmarkt: Wenn die Unternehmer mehr Mitarbeiter nachfragen als Arbeitnehmer einen Arbeitsplatz suchen, werden über kurz oder lang die Löhne und Gehälter steigen und damit wiederum vermittelt über die Kosten das Preisniveau.

Die beiden folgenden Abbildungen verdeutlichen diese Argumentation. Auf der linken Seite befindet sich der gesamtwirtschaftliche Gütermarkt, auf der rechten der gesamtwirtschaftliche Arbeitsmarkt. Das Bruttoinlandsprodukt bezeichnen wir weiterhin wie international üblich mit (Y) für das englische „yield“, das Preisniveau mit (P), während die Nominallöhne mit (w) für „wages“ klassifiziert werden, so dass der Quotient aus w/P den Reallohn darstellt. Schließlich bezeichnet (N) die Anwahl der Arbeitskräfte, so dass (N^N) die Arbeitsnachfrage der Unternehmen und (N^A) das Arbeitsangebot der Haushalte darstellt. Auf dem Gütermarkt ist (Y^N) die Güternachfrage und (Y^A) das Güterangebot.

Der Verlauf der einzelnen Kurven erklärt sich wie folgt: Die Güternachfragekurve (Y^N) ist fallend, da es plausibel ist, davon auszugehen, dass mit sinkendem Preisniveau mehr Güter angefragt werden. Dies gilt auch für die Güterangebotskurve, nur mit umgekehrten Vorzeichen.

Auf dem Arbeitsmarkt ist die Arbeitsnachfragekurve (N^N) ebenfalls fallend, da die Unternehmen umso mehr Arbeitskräfte nachfragen werden je niedriger die Reallöhne sind. Mit umgekehrten Vorzeichen gilt dies wiederum für das Arbeitsangebot der Haushalte.

Angebot und Nachfrage auf dem Güter- und Arbeitsmarkt

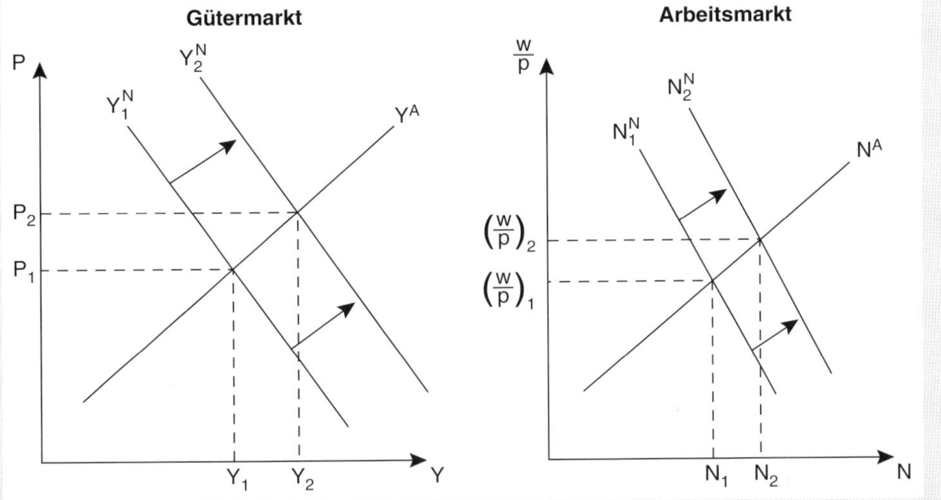

Der Zusammenhang zwischen Angebot und Nachfrage auf den Güter- und Arbeitsmärkten ergibt sich nun wie folgt: Wenn beispielsweise die gesamtwirtschaftliche Nachfrage auf dem Gütermarkt steigt – im Schaubild von ($Y^N{}_1$) auf ($Y^N{}_2$) – wird auch das Preisniveau und damit die Inflationsrate steigen – im Schaubild von (P_1) auf (P_2) – und zwar um so mehr, je unelastischer das Güterangebot ist. Wenn wir beispielsweise annehmen würden, es herrschte Vollbeschäftigung in einer Volkswirtschaft, so dass die Unternehmen nicht mehr Güter anbieten können als sie es ohnehin tun, würde die gesamtwirtschaftliche Angebotskurve vertikal verlaufen. Dies hätte wiederum zur Folge, dass jede Nachfrageerhöhung komplett zu steigenden Preisen führen würde ohne jegliche Mengenreaktion wie man leicht sieht, wenn man auf einer vertikalen Kurve im obigen Diagram die Nachfragekurve nach oben verschiebt.

Auf dem Arbeitsmarkt gelten die gleichen Überlegungen. Steigt die Arbeitsnachfrage, kommt es, bei gleichbleibendem Arbeitsangebot, zu höheren Reallöhnen – im Beispiel von $(w/P)_1$ zu $(w/P)_2$, die ihrerseits über den oben beschriebenen Kostenmechanismus preistreibend wirken.

Nimmt man alle beschriebenen Effekte und Wirkungsmechanismus zusammen, folgt unisono – wie bereits im einfachen IS-LM-Modell –, dass sinkende (steigende) Leitzinsen der Zentralbank die gesamtwirtschaftliche Nachfrage am Gütermarkt erhöhen (senken) und somit einerseits das Wirtschaftswachstum stimulieren aber auch das Preisniveau tendenziell nach oben drücken.

Fassen wir den komplizierten Transmissionsmechanismus zusammen am Beispiel sinkender (steigender) Leitzinsen:

- Sinkende (steigende) Leitzinsen führen zu steigender (sinkender) Geldmenge bzw. steigendem (sinkendem) Kreditvolumen, was seinerseits vor allem über den Realkassen- und Einkommenseffekt die gesamtwirtschaftliche Nachfrage (dämpft) und somit tendenziell auch das Preisniveau und die Inflationsrate erhöht.
- Sinkende (steigende) Leitzinsen führen in der Regel zu sinkenden (steigenden) Marktzinsen und damit tendenziell zu steigenden (sinkenden) Vermögenspreisen, die vermittelt über den Vermögenseffekt die Nachfrage am Gütermarkt befeuern (senken) mit entsprechenden Folgen für das Preisniveau.
- Sinkende (steigende) Leitzinsen führen tendenziell zu fallendem (steigendem) Wechselkurs, was seinerseits über die Verbesserung (Verschlechterung) des Außenbeitrages die gesamtwirtschaftliche Nachfrage erhöht (senkt) und andererseits über steigende (sinkende) Importpreise das Preisniveau nach oben (unten) drückt.
- Sinkende (steigende) Leitzinsen bewirken in der Regel eine Erwartungsbildung, die mit steigenden (sinkenden) Inflationserwartungen einher geht, was auf der Kostenseite der Unternehmen tendenziell zu höheren (niedrigen) Lohnkosten führt mit den entsprechenden Auswirkungen auf das Preisniveau. Außerdem wird die Entwicklung der Marktzinsen berührt, je nach dem wie die Veränderung des Leitzinses von den Märkten in Bezug auf die Inflationsbekämpfung interpretiert wird.

Empirische Untersuchungen bestätigen diese Zusammenhänge. Für den Euro-Raum wurde insbesondere herausgefunden, dass vor allem die Investitionen und der Wechselkurs auf Leitzinsänderungen sensitiv reagieren.

3.10 Inflation und Harmonisierter Verbraucherpreisindex (HVPI)

Inflation ist definiert als ein dauerhafter Anstieg des Preisniveaus, wobei unter Preisniveau wiederum ein Preisindex der Verbraucherpreise verstanden wird. Wenn wir beispielsweise sagen, die Inflationsrate beträgt 4% im Euro-Raum so bedeutet dies, dass das Preisniveau um 4% gestiegen ist. Allerdings ist zu beachten, dass es auch auf den Zeitraum ankommt. 4% kann sich beispielsweise auf die Veränderung zum Vormonat oder Vorquartal oder dem Vorjahresmonat beziehen. In der Praxis wird meistens letzteres vorgenommen.

Das Gegenteil von Inflation ist Deflation. Während Inflation eine Erhöhung des Preisniveaus impliziert, bedeutet Deflation eine Senkung desselben, was gleichbedeutend ist mit einer negativen Inflationsrate. Dabei ist Deflation nicht mit dem Begriff der Disinflation zu wechseln, die eine sinkende, aber stets positive Inflationsrate bezeichnet.

Gemessen wird Inflation im Euro-Raum anhand des von der EZB entwickelten so genannten Harmonisierten Verbraucherpreisindex (HIVP). Der HIVP misst die Preisentwicklung in Bezug auf die Konsumausgaben für Waren und Dienstleistungen der privaten Haushalte. Zur Berechnung des HIVP für den Euro-Raum nehmen Preisermittler monatlich an rund 200.000 Verkaufsstellen in ca. 1.500 Klein- und Großstädten im Euro-Raum insgesamt mehr als 1,7 Millionen Preisbeobachtungen bei Waren und Dienstleistungen vor.

Die für den Gesamtindex berücksichtigten Produkte werden entsprechend ihrer relativen Bedeutung für die Konsumausgaben der privaten Haushalte gewichtet. Diese Gewichte werden regelmäßig aktualisiert, um Veränderungen im Konsumverhalten Rechnung zu tragen. Der HIVP ist also ein Durchschnittswert für alle Länder des Euro-Raums, was erklärt, dass jeder Bürger unterschiedlich von der Inflation betroffen ist, je nachdem wie sein persönlicher Warenkorb von dem der Statistiker abweicht.

Auch ist zu berücksichtigen, dass beispielsweise bei Preiserhöhungen nicht immer klar ist ob es sich um reine Preiserhöhungen oder aber um Qualitätsverbesserungen handelt. Wenn beispielsweise der Preis eines Kfz-Modells steigt, heißt dies noch lange nicht, dass wir es hier mit Inflation zu tun haben, vielmehr können beispielsweise neue Sicherheitsvorkehrungen eingebaut worden sein. Man versucht, solche Produktverbesserungen durch so genannte Qualitätsbereinigungsmethoden heraus zu rechnen, was aber, wie man sich leicht vorstellen kann, sehr langwierig und im Detail kompliziert ist.

Die nachfolgende Tabelle zeigt die Entwicklung des HIVP und seiner wichtigsten Komponenten wie sie monatlich von der EZB veröffentlicht wird.

Entwicklung des HIVP und seiner Komponenten (2006–2008)
(soweit nicht anders angegeben, Veränderung gegen Vorjahr in %)

	2006	2007	2008 Febr.	2008 März	2008 April	2008 Mai	2008 Juni	2008 Juli
HVPI und seine Komponenten								
Gesamtindex	2,2	2,1	3,3	3,6	3,3	3,7	4,0	4,1
Energie	7,7	2,6	10,4	11,2	10,8	13,7	16,0	–
Unverarbeitete Nahrungsmittel	2,8	3,0	3,3	3,8	3,1	3,9	3,9	–
Verarbeitete Nahrungsmittel	2,1	2,8	6,5	6,8	7,0	6,9	7,0	–
Industrieerzeugnisse ohne Energie	0,6	1,0	0,8	0,9	0,8	0,7	0,7	–
Dienstleistungen	2,0	2,5	2,4	2,8	2,3	2,5	2,5	–
Weitere Preisindikatoren								
Industrielle Erzeugerpreise	5,1	2,8	5,4	5,8	6,2	7,1	8,0	–
Ölpreise (in EUR/Barrel)	52,9	52,8	64,1	66,1	69,8	80,1	85,9	85,3
Rohstoffpreise ohne Energie	24,8	9,2	15,0	10,3	5,8	6,0	9,6	9,8

(Quelle: Europäische Zentralbank)

Es ist zu sehen, dass die Inflationsrate im Euro-Raum im Jahr 2008 deutlich angezogen hat. Auch ist zu erkennen, dass dies insbesondere mit dem Anstieg der Nahrungsmittel- und Energiepreise, insbesondere des Ölpreises zu tun hat. Rechnet man beispielsweise den Anstieg der Nahrungsmittel und Energiepreise aus der Inflationsrate heraus, dann betrug der Anstieg der Inflationsrate im Euro-Raum im Juli 2008 im Vergleich zum Vorjahresmonat nur 1,8% und nicht 4,1%. Man bezeichnet die Inflationsrate ohne Nahrungsmittel- und Energiepreise auch als Kerninflationsrate.

Die Rückkehr der Inflation in den Jahren 2007 und 2008 ist ein globales Phänomen. Weltweit ist die Inflationsrate nach zwei Jahrzehnten relativ niedriger Inflationsraten gestiegen. Beispielsweise wiesen ca. 50 Länder Mitte 2008 eine Inflationsrate oberhalb von 10% aus.

Entwicklung der Inflationsrate und der Kerninflationsrate (2002–2008)

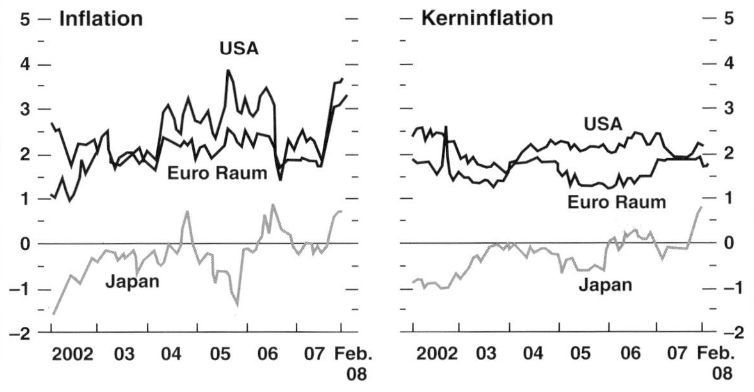

(Quelle: Internationaler Währungsfonds)

Ein wesentlicher Grund für diese Entwicklung ist die Globalisierung. Mit Billigimporten aus den aufstrebenden Volkswirtschaften wie zum Beispiel aus China, hat sie bisher dafür gesorgt, dass die Inflationsraten in den Industriestaaten relativ niedrig blieben trotz stabilen Wirtschaftswachstums. Hinzu kommt der Lohnwettbewerb den diese Volkswirtschaften in den Industriestaaten ausgelöst haben, der ebenfalls von der Kostenseite für Preisentlastung sorgte.

Mittlerweile beginnt sich dieser Prozess aber umzukehren. Die starke Nachfrage gerade aus China nach allen Arten von Rohstoffen einschließlich Öl hat die Rohstoffpreise dramatisch nach oben getrieben mit entsprechenden Folgen für die Preisentwicklung in den Industriestaaten. Hinzu kommen Spekulationseffekte, die den Ölpreis treiben. Die schrittweise Aufwertung der chinesischen Währung, des Yuan, erhöht darüber hinaus allgemein die Importpreise aus China.

Auch für den weltweiten Anstieg der Nahrungsmittel sind Mengeneffekte, d.h. eine steigende Nachfrage bei nicht Schritt haltendem Angebot verantwortlich. Möglichweise spielt auch der so genannte Biosprit eine Rolle, da er aus Pflanzen gewonnen wird, was wiederum die Nachfrage nach landwirtschaften Produkten erhöht.

Was bestimmt den Ölpreis?

Im Jahr 1988 kostete ein Fass Öl (159 Liter) auf dem Weltmarkt etwas mehr als 10 USD. Zum Jahresbeginn 2008, also zehn Jahre später kostete das gleiche Fass schon fast 100 USD, Mitte des Jahres 2008 waren es fast 150 USD.

Ein Grund hierfür ist sicherlich der Wertverfall des Dollar, der den Ölpreis, der in US-Dollar notiert wird, automatisch ansteigen lässt. Beispielsweise hat sich der Ölpreis in US-Dollar seit Anfang 2002 bis heute vervierfacht, ist aber nur um das zweieinhalbfache ausgedrückt in Euro gestiegen.

Ölpreis in Dollar per Barrel (2000–2008)
(1 Barrel = 159 Liter)

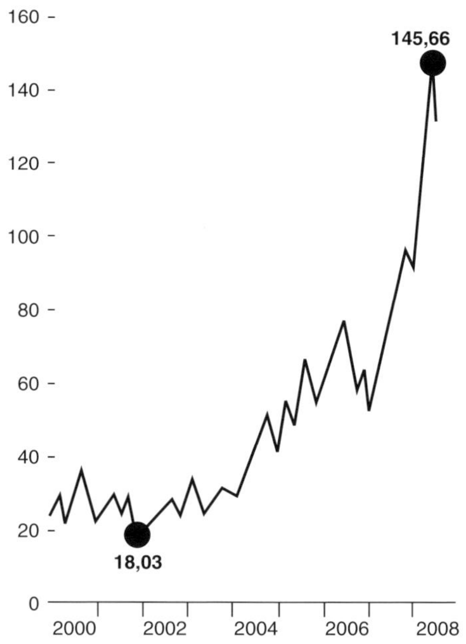

(Quelle: Spiegel)

Der wesentliche, realwirtschaftliche Grund für den starken Ölpreisanstieg ist die stark gewachsene Nachfrage insbesondere aus China bei gleichzeitig unelastischem Angebot. Eine solche Kombination führt immer zu starken Preisanstiegen, weil die gestiegene Nachfrage nicht über einen Angebotsanstieg kompensiert werden kann. Vielmehr treibt die steigende Nachfrage die Preise. Wir hatten diesen Fall allgemein schon im Zusammenhang mit dem Transmissionsmechanismus kennen gelernt.

Wenn beispielsweise, wie im nachfolgenden Schaubild dargestellt, das Angebot vollkommen unelastisch ist (zum Ausdruck gebracht durch eine senkrechte Angebotskurve (A)) geht der Nachfrageanstieg, in unserem Beispiel von (N_1) auf (N_2), komplett in die Preise, die in unserem Beispiel von (P_1) auf (P_2) steigen, während die Menge konstant bleibt.

Unelastisches Ölangebot

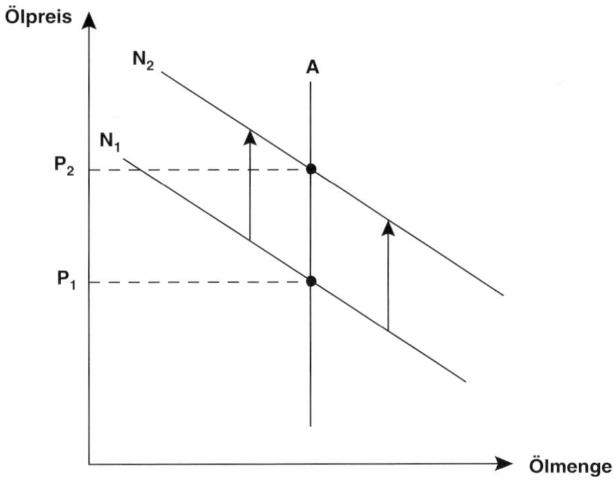

Das Ölangebot ist vor allem kurzfristig sehr unelastisch. Beispielsweise stammt ein Großteil des Öls, das heute gefördert wird, aus Anlagen und Ölfeldern, die ihre beste Zeit schon lange hinter sich haben. Für eine nachhaltige Erhöhung des Angebots bedürfte es der Erschließung neuer Felder und des Einsatzes effizienterer Technologien. Dies ist jedoch langwierig und schwierig, denn viele der noch nicht erschlossenen Felder befinden sich unter dem Meer, was wiederum den Einsatz teuerer Technologien erforderlich machen würde. Auch wird erwartet, dass diese Felder nicht mehr so ergiebig sind wie die alten. Öl wird daher voraussichtlich nie mehr so billig werden wie noch vor einigen Jahren obwohl die Abkühlung der Weltwirtschaft und damit die sinkende Nachfrage nach Öl in der zweiten Jahreshälfte 2008 den Ölpreis wieder nach unten gedrückt hat.

Andererseits ist es nicht nur das beschränkte Angebot, das den Ölpreis nach oben treibt. Hinzu kommt die politische Unsicherheit, denn ein nicht unerheblicher Teil der heutigen Ölförderung findet im Mittleren Osten statt, einer Region mit hoher politischer Unsicherheit.

Auch Spekulation spielt eine Rolle. Viele Hedgefonds beispielsweise haben Terminkontrakte auf Öl gekauft, von denen sie hoffen, dass sie sie später wieder mit Gewinn verkaufen können. Sollten die Fonds und andere Finanzanleger eines Tages ihre Gewinne mitnehmen und sich aus dem Ölmarkt zurückziehen, könnte der Preis sicherlich deutlich nachgeben.

Glücklicherweise trifft der Anstieg des Ölpreises die deutsche Wirtschaft nicht mehr so stark wie noch in den 70er Jahren, wenngleich angenommen wird, dass ein Ölpreisanstieg um 10 USD rund 0,1 bis 0,2 Prozentpunkte Wachstum kostet.

In der Ölkrise der 70er Jahre des 20. Jahrhunderts, ausgelöst durch eine schockartige Ölverknappung durch die OPEC, die Organisation der Erdöl produzierenden Staaten insbesondere des Mittleren Osten, kam es zu einer Rezession mit einem Minus-Wachstum von 1 % und einem Anstieg der Inflationsrate auf 7 %. Der Begriff der Stagflation wurde geprägt: Hohe Inflationsrate bei gleichzeitig stagnierendem Wirtschaftswachstum.

Heute ist die Lage anders. Zum einen ist die Abhängigkeit der Wirtschaft vom Öl gesunken, denn Deutschland importiert zwar etwa genauso viel Öl wie noch in den 70er Jahren, aber das Bruttoinlandsprodukt hat sich inzwischen mehr als verdoppelt. Dies ist ein Ausdruck der zunehmenden Bedeutung von Dienstleistungen für das wirtschaftliche Wachstum. Die industrielle Produktion, deren wesentlicher Rohstoff Öl ist, hat dagegen an Bedeutung verloren.

Rohstoffverbrauch im Verhältnis zum Bruttoinlandsprodukt (1970–2006)

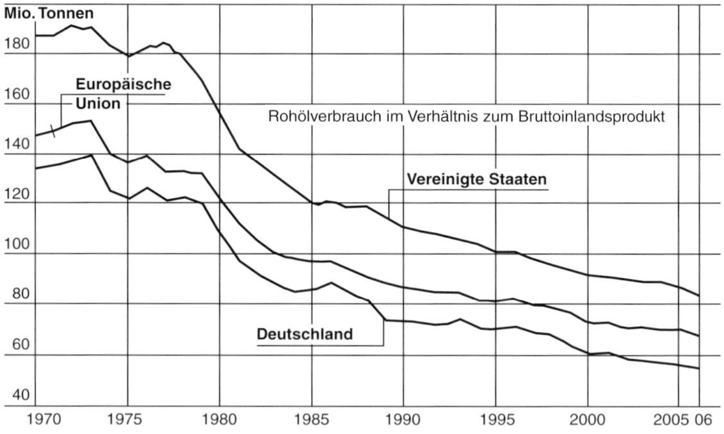

(Quelle: F.A.Z.)

Indirekt hat Deutschland von einem starken Ölpreis auch einen Nutzen, denn die Kaufkraft die zunächst bei einem Ölpreisanstieg entzogen wird kommt zumindest teilweise wieder zurück durch die gestiegene Nachfrage nach deutschen Produkten aus den erdölexportierenden Staaten. Davon profitiert insbesondere der Maschinen- und Anlagebau in Deutschland.

3.11 Umsetzung der Geldpolitik am Geldmarkt

Die EZB unterscheidet streng zwischen ihrer geldpolitischen Strategie einerseits und deren Umsetzung am Geldmarkt andererseits. Wie oben dargelegt, entscheidet der EZB-Rat auf Grundlage seiner regelmäßigen wirtschaftlichen und monetären Analyse über das Niveau der Leitzinsen, das der Erfüllung des Ziels der Preisniveaustabilität am zuträglichsten erscheint. Diese Beschlüsse werden umgesetzt, indem die kurzfristigen Geldmarktzinsen in Richtung des vom EZB-Rat beschlossenen Zinsniveaus gelenkt werden.

Bei der Lenkung der kurzfristigen Geldmarktzinssätze spielen die Leitzinsen eine zentrale Rolle. Sie allein reichen jedoch nicht aus, um die kurzfristigen Zinsen am Geldmarkt im gewünschten Sinne von Seiten der Zentralbank zu kontrollieren. Vielmehr muss die EZB zuweilen auch direkt die Liquidität, d.h. die Versorgung der Banken mit Geld steuern, um die kurzfristigen Geldmarktzinsen in ihrem Sinne zu kontrollieren. Die im ersten Kapital besprochene Hypothekenkrise ist ein gutes Beispiel hierfür. Die Zentralbank pumpte massiv Geld in den Markt um die Lage zu stabilisieren.

Die von der EZB verfolgte Trennung zwischen geldpolitischer Strategie einerseits und deren Umsetzung andererseits verringert das Risiko, dass die Wirtschaftsakteure eine solche vorübergehende ad-hoc-Politik der Zentralbank als grundsätzliches geldpolitisches Signal der EZB fehl deuten.

Um zu verstehen, wie genau die Zentralbank die Geldmarktzinsen steuert, muss zunächst zwischen zwei Geldmärkten unterschieden werden: dem so genannten Interbankenmarkt – auch als sekundärer Geldmarkt bezeichnet –, auf dem die Geschäftsbanken im Euro-Raum sich wechselseitig und sehr kurzfristig ungesichert Geld leihen, sowie dem primären Geldmarkt, auf dem die Zentralbank den Geschäftsbanken auf Basis wohl definierter Sicherheiten (i.d.R. Wertpapiere und Wechsel) Geld leiht.

Vom quantitativen Umfang her übertrifft der ungesicherte Geldmarkt den Geldmarkt zwischen den Geschäftsbanken und der Zentralbank bei weitem. Auf qualitativer Ebene ist jedoch letzterer ausschlaggebend, weil über diesen die Zentralbank auch die Zinsen auf dem Interbankenmarkt beeinflusst und somit insgesamt das Zinsniveau am Geldmarkt steuert.

Auf dem sekundären Geldmarkt, auf dem die Banken direkt untereinander handeln, unterscheidet man die Zinssätze nach unterschiedlichen Laufzeiten, z.B. dem Tagesgeldsatz oder den ein- und drei Monatszinssätzen. Bekannte Zinssätze im Interbankenhandel sind der EONIA (Euro Overnight Index Average) und der EURIBOR (Euro Interbank Offered Rate). Während der EONIA den gewogenen Durchschnitt der Tageszinssätze für den Euro im Interbankenhandel darstellt, handelt es sich beim EURIBOR um einen Durchschnittszinssatz, der für Laufzeiten von einer Woche bis zu zwölf Monaten gebildet wird.

Auf dem primären Geldmarkt operiert die EZB im Kern mit zwei Instrumenten: den Offenmarktgeschäften und den ständigen Fazilitäten (siehe nachfolgende Abbildung). Bei den Offenmarktgeschäften handelt es sich um so genannte Wertpapierpensionsgeschäfte, bei denen die Geschäftsbanken bei der EZB einen bestimmten Zinssatz (den so genannten Repo-Satz) zahlen müssen, wenn sie sich gegen die Einreichung von Wertpapieren und Wechseln kurzfristig mit Liquidität versorgen wollen. Nach der festgelegten Laufzeit müssen die Geschäftsbanken ihre Papiere von der Zentralbank wieder zurückkaufen. Das Eurosystem beispielsweise vergibt im Durchschnitt tägliche Kredite an die Geschäftsbanken von insgesamt rund 450 Mrd. EUR im Rahmen der Offenmarktgeschäfte.

Dass Verfahren, das die EZB verwendet um den Zinssatz zu ermitteln, den die Banken für die Offenmarktgeschäfte zahlen müssen, nennt man Zinstenderverfahren. Bei dieser Methode müssen die Geschäftsbanken Angebote abgeben, welche Zinsen sie für ihre Liquiditätsnachfrage zahlen wollen. Gleichzeitig gibt die EZB einen Mindestbietungssatz vor, den die Banken bei ihren Geboten nicht unterschreiten dürfen. Dieser Mindestbietungssatz entspricht dem Leitzins. Die EZB teilt dann den individuellen Geboten, die als marginaler Zuteilungssatz bezeichnet werden, eine von ihr festzulegende Summe zu.

Beim Zinstenderverfahren geben also die Banken den Zinssatz vor, und die EZB teilt die Liquidität zu. Prinzipiell möglich ist auch das so genannte Mengentenderverfahren bei dem von der Zentralbank der Zinssatz vorgeben wird und die Geschäftsbanken zu diesem Zinssatz Liquidität nachfragen. Die EZB ist jedoch von diesem Verfahren abgekommen, da es zu Beginn der Währungsunion zu massiven Überbietungen gekommen ist, d.h. die Geschäftsbanken fragten vielmehr Geld nach als sie wirklich benötigten, was vor allem dann der Fall ist, wenn kurzfristig steigende Leitzinsen erwartet werden. Der realisierte Zuteilungssatz (so genannter Repartierungssatz) lag zeitweilig unter 1%.

Neben den Offenmarktgeschäften bietet die EZB den Geschäftenbanken darüber hinaus zwei ständige Fazilitäten an: die Spitzenrefinanzierungsfazilität und die Einlagenfazilität. Diese Fazilitäten stellen einen Korridor von in der Regel rund 100 Basispunkten um den Mindestbietungssatz der Offenmarktgeschäfte dar und beschränken damit die Volatilität des Tageszinses.

Der so genannte Spitzenrefinanzierungssatz stellt dabei die Obergrenze dar. Er wird von den Banken genutzt um sich bei Liquiditätsengpässen über Nacht mit Liquidität zu versorgen. Das Gegenstück hierzu ist die **Einlagenfazilität**, die den Geschäftsbanken bei überschüssiger Liquidität die Möglichkeit bietet, über Nacht Geld bei der EZB „zu parken". Der Einlagensatz stellt die Untergrenze des **Zinskorridors** am Geldmarkt dar.

Geldpolitische Instrumente der EZB am Geldmarkt

Geldpolitische Geschäfte	Transaktionsart: Liquiditätsbereitstellung	Transaktionsart: Liquiditätsabschöpfung	Laufzeit	Rhythmus
Offenmarktgeschäfte				
Hauptrefinanzierungsgeschäfte	Befristete Transaktionen	–	Eine Woche	Wöchentlich
Längerfristige Refinanzierungsgeschäfte	Befristete Transaktionen	–	Drei Monate	Monatlich
Feinsteuerungsoperationen	Befristete Transaktionen	Hereinnahme von Termineinlagen	Nicht standardisiert	Unregelmäßig
Ständige Fazilitäten				
Spitzenrefinanzierungsfazilität	Befristete Transaktionen	–	Über Nacht	Inanspruchnahme auf Initiative der Geschäftspartner
Einlagefazilität		Annahme von Einlagen	Über Nacht	Inanspruchnahme auf Initiative der Geschäftspartner

(Quelle: Europäische Zentralbank)

Ein drittes Instrument der EZB um die Zinssätze am Geldmarkt zu kontrollieren ist die Mindestreservepflicht der Geschäftsbanken bei der Zentralbank. Diese verpflichtet die Geschäftsbanken einen bestimmten Teil der Einlagen ihrer Kunden bei der EZB zu hinterlegen – im Durchschnitt liegt dieser Satz bei 2%, d.h. 2% aller

Einlagen bei den Geschäftsbanken müssen als Reserve bei der EZB gehalten werden. Quantitativ handelt es sich im Euro-Raum um einen Betrag von mehr als 200 Mrd. EUR.

Mit der Mindestreserve stellt die EZB sicher, dass die Banken neben ihrer Bargeldnachfrage einen zusätzlichen Bedarf haben, Liquidität bei der Zentralbank nachzufragen. Dies erhöht die Abhängigkeit der Geschäftsbanken von der Zentralbank und verbessert somit die Steuerungsfähigkeit des Geldmarktzinses durch die EZB, denn nur die Zentralbank ist auf Grund des Notenbankmonopols in der Lage, Bargeld und Mindestreserve an den Markt zu bringen.

Das nachfolgende Schaubild zeigt den Verlauf der verschiedenen Geldmarktzinsen zwischen 1999 und 2007 im Euro-Raum. Klar erkennbar ist der oben angesprochene Zinskorridor, der am unteren Ende vom Einlagensatz und am oberen vom Spitzenrefinanzierungssatz begrenzt wird. Des Weiteren ist zu sehen, dass der Geldmarktzins zwischen den Geschäftsbanken, zum Ausdruck gebracht durch den EONIA, eng um den marginalen Zuteilungssatz bzw. den Mindestbietungssatz und damit dem Leitzins der EZB im Betrachtungszeitraum schwankt. Dies bedeutet, dass die EZB weitestgehend den Geldmarkzins kontrollieren kann und ihn an den Leitzins bindet. Damit ist die Umsetzung der geldpolitischen Strategie geglückt.

Entwicklung der Geldmarktzinsen im Euro-Raum (1999–2007)

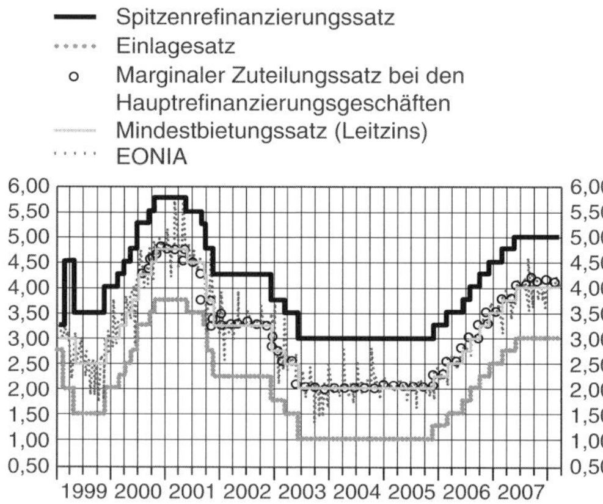

Anmerkung: Bei den bis zum 28.06.2000 abgewickelten Geschäften bezieht sich der Zinssatz für die Hauptrefinanzierungsgeschäfte auf den für Mengentender geltenden Zinssatz, danach auf den für Zinstender geltenden Mindestbietungssatz.

(Quelle: Europäische Zentralbank)

Wie Geld entsteht: Der Geldschöpfungsmultiplikator

Technisch handelt es sich bei Geldschöpfung um einen simplen Aktivtausch: Die Geschäftsbanken treten an die Zentralbank Wertpapiere als Sicherheiten ab und halten im Gegenzug dafür Bargeld, das sie für ihre Kunden benötigen. Andererseits können offenbar auch die Geschäftsbanken selbst Geld schöpfen, nämlich das so genannte Giral- oder Buchgeld. Dies entsteht, wenn Geschäftsbanken ihren Kunden Kredite einräumen. Die Zentralbank hat nur das Monopol auf die Ausgabe von Bargeld sowie die Mindestreserve. Das Buchgeld jedoch wird von den Geschäftsbanken produziert.

Tatsächlich ist die umlaufende Geldmenge in einer Volkswirtschaft immer größer als die von der Notenbank in Umlauf gesetzten Banknoten. Wie es dazu kommt, kann durch den so genannten Geldschöpfungsmultiplikator erklärt werden, der im folgenden erläutert wird.

Wir hatten bereits zu Beginn des Kapitels im Zusammenhang mit der Quantitätstheorie die Geldmengen M1, M2 und M3 kennen gelernt. Neben diesen drei Geldmengenbegriffen, existiert noch die so genannte Zentralbankgeldmenge oder Geldbasis (im Englischen: „high powered money"), die in der Regel mit dem Buchstaben (B) abgekürzt wird. Die Geldbasis (B) beschreibt genau jenen Teil des Geldes, der allein und ausschließlich durch die Zentralbank produziert werden kann: Bargeld (C für cash) und Mindestreserve (R):

$$B = C + R$$

Um den Geldschöpfungsmultiplikator herzuleiten benötigen wir noch zwei weitere Definitionen. Zum einen den so genannten Bargeldkoeffizienten (c), der das Verhältnis von umlaufenden Bargeld (C) und Einlagen (D für deposit) in einer Volkswirtschaft angibt:

$$c = \frac{C}{D} \text{ oder: } C = cD$$

Wenn dieser Wert beispielsweise 0,5 oder 50% betragen würde, bedeutete dies, dass in der betrachteten Volkswirtschaft doppelt so viele Einlagen wie Bargeld gehalten werden.

Darüber hinaus existiert auch ein so genannter Reservekoeffizient (r), der anzeigt welcher Teil der Einlagen (D) der Kunden bei den Geschäftsbanken von diesen bei der Zentralbank als Mindestreserve (R) gehalten werden muss:

$$r = \frac{R}{D} \text{ oder: } R = rD$$

Im Euro-Raum beispielsweise beträgt der Reservesatz (r) ca. 2%.

Wenn wir nun diese beiden Definitionen in die Gleichung der Geldbasis (B) einsetzen, erhalten wir:

$$B = C + R = cD + rD = D(c + r) \text{ oder: } D = \frac{B}{c + r}$$

Um den Geldschöpfungsmultiplikator herzuleiten verwenden wir aus Vereinfachungsgründen die Geldmenge M1, die sich aus Bargeld (C) und Einlagen (D) – genau genommen Sichteinlagen – der Kunden bei den Geschäftsbanken zusammensetzte:

$$M1 = C + D$$

Auch in M1 lässt sich der definierte Bargeldkoeffizient einsetzen:

$$M1 = C + D = cD + D = \frac{D}{1 + c}$$

Wenn wir nun abschließend die aus der Geldbasis in Verbindung mit den Bargeld- und Reservekoeffizienten hergeleiteten Gleichung:

$$D = \frac{B}{c + r}$$

in die M1 Gleichung einsetzen erhalten wir den Geldschöpfungsmultiplikator (m):

$$M1 = \frac{D}{1 + c} = B \cdot \frac{1 + c}{c + r} = B \cdot m$$

Der Geldschöpfungsmultiplikator (m) ist definiert als:

$$m = \frac{1 + c}{c + r}$$

Dieser Ausdruck – so abstrakt er auch erscheinen mag – hat eine sehr anschauliche Interpretation.

Zunächst einmal ist der Multiplikator offenbar immer größer 1, weil der Nenner des Bruchs kleiner ist als der Zähler, da realistischerweise davon ausgegangen werden kann, dass Bargeld- sowie der Reservekoeffizient immer kleiner Eins sein werden. Mit anderen Worten: Die Geldmenge M1, die wir beispielhaft für alle Geldmengen in unserem Beispiel verwendet haben, ist immer größer als die von der Zentralbank vorgegebene Geldbasis, denn M1 ergibt sich als Produkt von Geldbasis und Geldmultiplikator und wird daher immer größer als die Geldbasis sein, wenn der Multiplikator größer Eins ist. Das ergibt sich unmittelbar aus der hergeleiteten M1-Gleichung:

$$M1 = B \cdot m$$

Des Weiteren lässt sich durch Probieren leicht herausfinden, dass der Geldschöpfungsmultiplikator und damit die Geldmenge genau dann steigt (sinkt), wenn der Bargeld- oder Reservehaltungskoeffizient sinkt (steigt). Dies hängt damit zusammen, dass beispielsweise bei einem sinkenden Bargeldkoeffizienten die Geschäftsbanken durch die gestiegenen Sichteinlagen mehr Kreditvolumen zur Verfügung haben, was wiederum die Geldmenge durch die Giralgeldschöpfung der Geschäftsbanken steigen lässt. Genauso verhält es sich mit dem Reservekoeffizienten. Sinkt (steigt) dieser, so steigt (sinkt) das Kreditvolumen der Geschäftsbanken und damit die Geldpunkte.

Die Wirkung des Geldschöpfungsmultiplikators und sein Zusammenhang mit der Kreditvergabe durch die Geschäftsbanken lassen sich an einem kleinen Zahlenbeispiel leicht nachvollziehen. Nehmen wir beispielsweise an, ein Kunde zahlt 100 EUR bei seiner Bank ein. Damit hat die Bank zunächst Sichteinlagen von 100. Die Geldmenge hat sich dadurch noch nicht geändert, denn Bargeld wurde gegen Einlagen getauscht. Wenn die Bank davon 10 EUR als Mindestreserve an die Zentralbank abführen muss, bei einem angenommenen Reservesatz von 10%, verbleibt ihr ein Kreditvergabevolumen von 90 EUR.

Werden nun Kredit in dieser Höhe oder einer geringeren Höhe tatsächlich gewährt, ist die Geldmenge offenbar gestiegen bzw. Geld geschöpft worden, denn der Kredit wird dem Kunden entweder als Bargeld ausgezahlt – dann muss sich die Bank bei der Zentralbank refinanzieren – oder aber der Betrag wird dem Girokonto gutgeschrieben.

Wir können nun weiter annehmen, dass der Kunde den 90 EUR Kredit bei einer anderen Bank einzahlt, die davon wiederum Kredite vergeben kann, nun ihn Höhe von 81 EUR wegen des Mindestreservesatzes von 10%.
Es ist offenbar, dass dieser Prozess immer weiter fortschreiten kann, bis schließlich das Kreditvolumen vollkommen von der Mindestreserveverpflichtung aufgebraucht wurde und vorausgesetzt, die Geschäftsbanken sind in der Lage, das jeweilig nötige Bargeld bei der Zentralbank zu refinanzieren.

Im Endeffekt entsteht in unserem Beispiel aus einer Geldbasis von ursprünglich 100 EUR eine Geldmenge von letztendlich 1.000 EUR, was sich errechnet, wenn der Kreditschöpfungsprozess zu Ende verfolgt und die jeweiligen Kreditvolumen aufsummiert werden. Der Geldschöpfungsmultiplikator (m) beträgt in unserem Beispiel also 10.

3.12 Zinsen und Zinsstruktur

Der Zins ist ein entscheidendes Element der Volkswirtschaft, weil er – die Kosten von Investitions- und Konsumausgaben bestimmend – die Finanzmärkte mit der Realwirtschaft verbindet. Die Zinsen werden auf den Finanzmärkten – dem Geld- und Kapitalmarkt – bestimmt, wirken aber über die Investitionen und den Konsum in der Realwirtschaft. Grundsätzlich sind Zinsen der Preis für die temporäre Überlassung monetärer Aktiva. Im Folgenden sollen wichtige Zinskategorien vorgestellt und ihre Bestimmungsgründe aus volkswirtschaftlicher Perspektive analysiert werden.

Wie wir gesehen haben, bestimmt die Zentralbank am Geldmarkt die kurzfristigen Zinsen. Ausschlaggebend für die volkswirtschaftlichen Wirkungszusammenhänge sind jedoch die Kapitalmarktzinsen, da diese den Kreditzins und den Anleihenzins bestimmen. Wenn die EZB also die Geldmarktzinsen ändert, zielt sie letztendlich auf die Kredit- und Kapitalmarktzinsen.

In der Realität existieren unterschiedliche Kredit- und Anleihelaufzeiten und dementsprechend unterschiedliche Zinssätze. Kombiniert man Laufzeiten und Zinssätze, spricht man von der Zinsstruktur oder der Zinsstrukturkurve.

Gewöhnlich wird die Zinsstruktur als so genannte Renditestrukturkurve („yield curve“) abgebildet, welche die Gesamtheit der Renditen festverzinslicher Wertpapiere und deren Restlaufzeit abbildet, die hinsichtlich Bonität des Emittenten, Tilgungs- und Verzinsungsmodus sowie Gebühren weitestgehend homogen sind. Die Rendite- oder Zinsstrukturkurve stellt somit die Renditen in Abhängigkeit von der Restlaufzeit der Wertpapiere dar.

Grundsätzlich wird man erwarten, dass für längere Laufzeiten die Zins- bzw. Renditestrukturkurve einen steigenden Verlauf aufweist, d. h. mit steigender Restlaufzeit der Anleihe steigt auch die Verzinsung. Man erklärt den positiven Zusammenhang zwischen Laufzeit und Zinshöhe mit der so genannten Liquiditätsprämie: Je länger ein Asset Liquidität entzieht, umso mehr Zinsen müssen gezahlt werden.

Die Liquiditätsprämientheorie geht also immer mit steigenden Zinsen einher, d. h. je länger die Restlaufzeit desto höher der Zins. Man spricht auch von einer normalen Zinsstruktur, wenn mit steigenden Laufzeiten die Verzinsung steigt, wie im nachfolgenden Schaubild dargestellt.

Andererseits hängt der Verlauf der Renditestrukturkurve auch von den **zukünftigen Zinserwartungen** ab. Man nennt diesen Zusammenhang Erwartungstheorie und geht davon aus, dass die Renditestrukturkurve auch fallen kann, wenn die Marktteilnehmer für die Zukunft fallende Zinsen erwarten und zwar so stark, dass die Liquiditätsprämie für längere Laufzeiten überkompensiert wird. In diesem Fall handelt es sich um eine inverse Zinsstruktur, bei der die Zinsen für kurzfristige Renten über denen für langfristige Anleihen liegen.

Zinsstrukturkurve

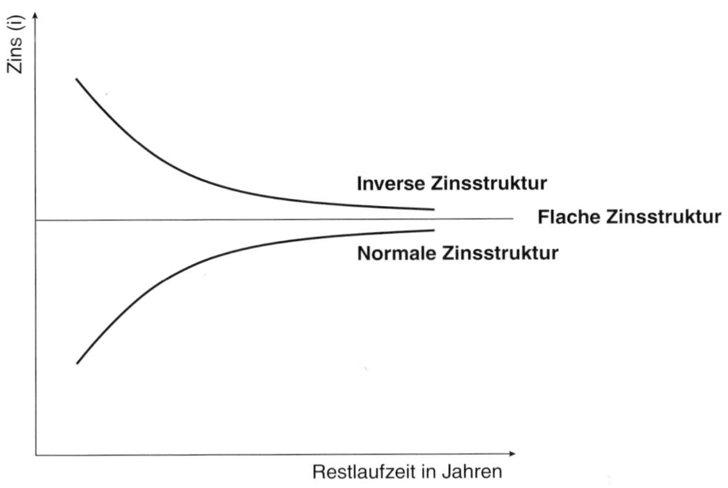

Wie bilden sich nun die Zinserwartungen? Im Wesentlichen hängen sie **von den Konjunkturerwartungen** ab. Rechnen die Marktteilnehmer beispielsweise mit einer anziehenden Konjunktur erwarten sie auf Grund einer steigenden Inflationsrate auch steigende Zinsen. Dementsprechend werden sie eher am Bondmarkt in Kurzläufer investieren, was zu sinkenden Zinsen am kurzen Ende führt und damit zu einer normalen Zinsstruktur.

Umgekehrt bei einer inversen Zinsstruktur: Nun sind langfristige Wertpapiere gefragt, da am langen Ende mit sinkenden Zinsen gerechnet wird auf Grund einer vermuteten Rezession verbunden mit Disinflation oder gar Deflation. Auf Grund der verstärkten Nachfrage nach Langläufern sinken die Zinsen am langen Ende und eine inverse Zinsstruktur entsteht.

Allerdings gibt es auch außergewöhnliche Ereignisse, die eine inverse Zinsstruktur hervorrufen können – so genannte volkswirtschaftliche Schocks – wie beispielsweise die deutsche Wiedervereinigung.

Flache Zinsstrukturkurven sind schließlich typisch für eine Erwartungsbildung in Richtung Konjunkturabschwung aber ohne Rezession.

Die nachfolgende Abbildung zeigt vier verschiedene Zinsstrukturkurven basierend auf Daten der Deutschen Bundesbank. Beispielsweise sieht man, dass die Kurve im Juli 2008 weniger steil aber oberhalb der Kurve vom März 2008 verläuft. Dies kann dahingehend interpretiert werden, dass über alle Laufzeiten die Inflationserwartungen gestiegen sind, da die Kurve im Juli höher verläuft, der zukünftige Konjunkturverlauf jedoch schwächer eingeschätzt wird, denn die Kurve verläuft deutlich flacher als noch im März.

Eine inverse Zinsstruktur sehen wir für Dezember 2007, d.h. zu diesem Zeitpunkt rechneten die Marktteilnehmer nicht nur mit einem Konjunkturabschwung sondern sogar mit einer Rezession verbunden mit Disinflation oder gar Deflation. Sehr flach verlief die Kurve hingegen im Dezember 2006, d.h. ein Konjunkturabschwung wurde erwartet.

Zinsstrukturkurven in Deutschland (2006–2008)

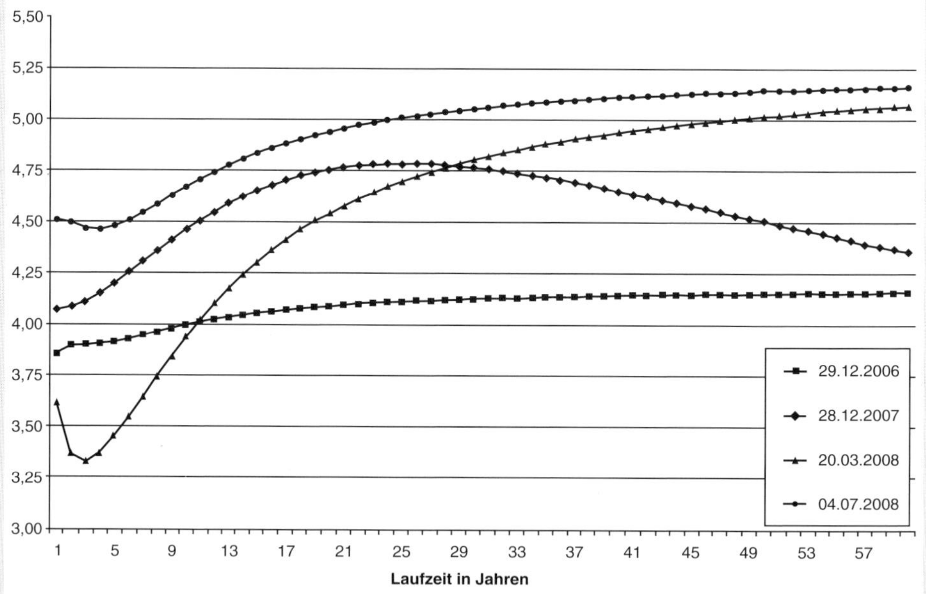

(Quelle: PBG Pensions-Beratungs-Gesellschaft)

Zusammenfassend lässt sich festhalten, dass die Zinsstrukturkurve aus zwei Perspektiven betrachtet werden kann. Zum einen kann gefragt werden, was bestimmt den Verlauf der Kurve. Wie wir gesehen haben, sind das die Konjunktur- in Verbindung mit den

Inflationserwartungen. Gute Konjunkturerwartungen führen in der Regel zu einer steigenden Kurve, schlechte zu einer flachen oder gar zu einer inversen.

Durch den Zusammenhang von Konjunkturerwartungen und Zinsverlauf wird die Zinsstrukturkurve zum zweiten auch ein Prognoseinstrument, nämlich der Erwartungsbildung der Marktteilnehmer am Rentenmarkt über den zukünftigen Konjunkturverlauf. Allerdings ist zu beachten, dass sich die Erwartungen beständig verändern und auch nicht richtig sein müssen. Vielmehr sind Erwartungen immer mit Unsicherheit behaftet.

Realzins und Fisher-Theorem

Wenn Marktteilnehmer wie bei der Zinsstrukturkurve Inflationserwartungen in den Nominalzins einpreisen, bedeutet dies nichts anders als dass sie in Realzinsen rechnen. Tatsächlich ist der Realzins vor allem langfristig von ausschlaggebender Bedeutung für Spar- und Investitionsentscheidungen.

Der Realzins ist definiert als Differenz von Nominalzins und Inflationsrate. Dabei muss unterschieden werden zwischen einem ex-post- und einem ex-ante-Realzins. Der ex-post-Realzins berechnet sich aus dem Nominalzins abzüglich der tatsächlichen Inflationsrate. Beispielsweise zeigt die nachfolgende Abbildung den Verlauf des ex-post-Realzinses für Tagesgeld in Deutschland zwischen den Jahren 2000 und 2007.

Wir sehen, dass der Realzins auch negativ sein kann, genau dann, wenn der Nominalzins kleiner ist als die Inflationsrate. Ein negativer Realzins ist immer gut für Investitionsentscheidungen der Unternehmen, denn es bedeutet, dass für die produzierten Produkte höhere Preise erzielt werden können als Zinsen gezahlt werden müssen oder anders gesagt, die Finanzierungskosten sind kleiner als die mit der Finanzierung erzielten Erlöse. Dementsprechend sind negative Realzinsen immer ein Anreiz für steigende Investitionen der Unternehmen.

Für Anleger in monetäre Aktiva sind negative Realzinsen schlecht. Beispielsweise realisierten die Anleger in Tagesgeld in Deutschland zwischen den Jahren 2004 bis etwa Mitte 2006 eine negative Rendite, d.h. die Nominalzinsen haben nicht ausgereicht, um die Inflationsrate und damit den Preisanstieg zu kompensieren. Dies bedeutet, dass ihre Anlage trotz eines Zinsertrags an realer Kaufkraft verloren hat.

Tagesgeld und Inflation in Deutschland (2000–2007)

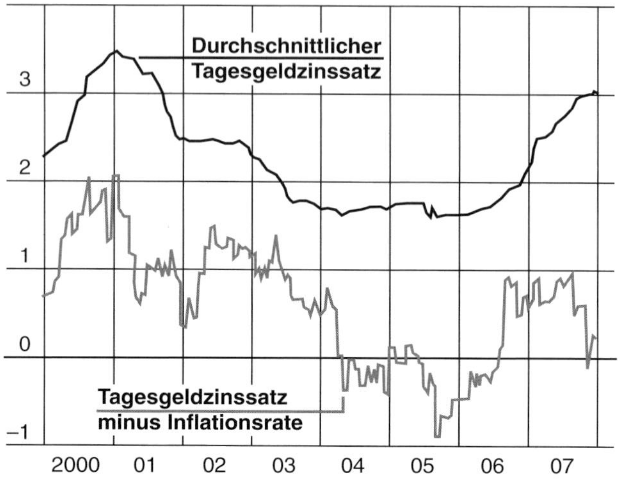

(Quelle: F.A.Z.)

Wichtiger als der ex-post- ist jedoch der ex-ante-Realzins. Dieser berechnet sich aus Nominalzins für eine bestimmte Periode minus der erwarteten Inflationsrate. Die Formel lautet, wobei (r) für den Realzins, (i) für den Nominalzins und (π^e) für die Inflationserwartungen steht:

$$r = i - \pi^e \quad \text{bzw.} \quad i = r + \pi^e$$

Die Bedeutung des ex-ante-Realzinses speist sich daraus, dass sowohl die Investoren wie die Gläubiger in ihren Gegenwartsentscheidungen die zukünftige Zinsentwicklung zu antizipieren versuchen. Mit anderen Worten: Die Vorteilhaftigkeit eines bestimmten Zinssatzes für Spar- und Investitionsentscheidungen erschließt sich erst über die Berücksichtigung von Inflationserwartungen. Insofern ist nicht der Nominal-, sondern der Realzins die ausschlaggebende Entscheidungsvariable.

Normalerweise ist der ex-ante-Realzins in Zeiten hoher Inflation niedrig und in Zeiten von Disinflation und Deflation relativ hoch. Dies hängt damit zusammen, dass die Inflationserwartungen oftmals von der aktuellen Inflationsrate abhängen. Mit anderen Worten: Ist die aktuelle Inflationsrate hoch (niedrig), werden auch für die Zukunft hohe (niedrige) Inflationsraten erwartet.

Wirtschaftspolitisch ist dieser Zusammenhang nicht unproblematisch, da er bedeutet, dass die Inflationserwartungen prozyklisch wirkt, d.h. den aktuellen Trend des Konjunkturzyklus noch verstärkt. In Zeiten relativ hoher Inflationsraten beispielsweise, die in der Regel im konjunkturellen Aufschwung oder Boom auftreten, werden die Realzinsen tendenziell niedrig gehalten durch die hohe Inflationsrate, was wiederum ein Anreiz für die Unternehmen zum Investieren und damit zur Verstärkung des Booms darstellt. Umgekehrt in der Rezession: Nun sind auf Grund der niedrigen Inflationsraten die Realzinsen hoch, was wiederum die Unternehmen veranlasst, eher nicht zu investieren, was den Abschwung nur noch verstärkt.

In beiden Fällen – Boom oder Rezession – hilft nur eine Zinspolitik der Zentralbank, die die Zinsen so steuert, dass der Effekt der Inflationsrate überkompensiert wird. Im Aufschwung mit steigenden Inflationsraten heißt das rasch steigende Nominalzinsen und im Abschwung rasch und ausreichend sinkende.

Der Realzins ist in der volkswirtschaftlichen Theorie vor allem durch das so genannte Fisher-Theorem bekannt. Das **Fisher-Theorem**, benannt nach dem amerikanischen Ökonom Irving Fisher, stellt einen **Zusammenhang zwischen Geldmenge, Inflationsrate und Nominalzins** her. Es besagt, dass – langfristig betrachtet – der Nominalzins mit der gleichen Rate wie die Geldmenge bzw. das Preisniveau wächst.

Diese Aussage ist an **zwei erklärungsbedürftige Voraussetzungen** gebunden: Erstens muss die Geldmenge das Preisniveau bestimmen, und zweitens müssen die Inflationserwartungen die zukünftige Inflation korrekt antizipieren.

Die erste Voraussetzung ergibt sich durch die bereits erläuterte Quantitätstheorie, die zweite jedoch ist neu. Wenn man – wie Fisher – behauptet, der Nominalzins wachse mit der gleichen Rate wie die Geldmenge und damit wie das Preisniveau, muss dies nicht nur bedeuten, dass die Geldmenge exakt das Preisniveau abbildet, sondern auch, dass die Anleger und Investoren **jede zukünftige Änderung des Preisniveaus in die heutigen Nominalzinsen unmittelbar und korrekt einpreisen**. Mit anderen Worten: Der ex-ante- stimmt mit dem ex-post-Realzins überein, weil die Inflationserwartungen mit der tatsächlichen Inflation übereinstimmen.

Die Konsequenz der Aussage von Fisher wird damit deutlich: Antizipieren Anleger und Investoren tatsächlich korrekt jede Veränderung der zukünftigen Inflationsrate, müsste der Realzins im Zeitablauf konstant bleiben, es sei denn, es hätte sich etwas in der Verzinsung des Sachkapitals geändert. Die Wirkung einer geänderten Inflation und eines geänderten Nominalzinses würden sich gerade aufheben. Um in unserem Beispiel zu bleiben: Wenn Inflationsrate und Nominalzins um einen Prozentpunkt steigen, ist ihre Differenz und damit die Änderung des Realzinses Null.

Empirisch wird diese Konsequenz **nur begrenzt bestätigt**. Tatsächlich stimmt die Richtung der Entwicklung von Inflationsrate und Nominalzins überein, aber nicht – wie das Fisher-Theorem behauptet – im Sinne einer 1:1-Beziehung. Im Regelfall verändert sich der **Nominalzins später** und **weniger stark als die Inflationsrate**. Dies bedeutet, dass Anleger und Investoren einerseits einer **Zeitverzögerung** (Timelag) bei der Antizipation der Inflationsrate unterliegen, und andererseits möglicherweise auch **Geldillusion** im Spiel ist.

Von **Geldillusion** spricht man, wenn sich Wirtschaftssubjekte an nominalen, in Geld gemessenen Einheiten orientieren und nicht an realen, um die Preisänderung bereinigten Größen. Geldillusion bedeutet beispielsweise, bei einer Renditeberechnung einer festverzinslichen Anleihe eine mögliche Veränderung der Inflationsrate in der Zukunft nicht oder nur unvollständig zu berücksichtigen. Insofern ist das Thema Geldillusion sehr eng mit dem Erwartungshorizont von Anlegern verbunden. Experimente bestätigen immer wieder, dass Menschen häufig der Geldillusion unterliegen. Eine Konsequenz ist, dass das Fisher-Theorem in der Realität nur begrenzt gültig ist.

3.13 Bestimmung des Kapitalmarktzinses

Wie wir gesehen haben, kann der Geldmarktzins in der Regel von der Zentralbank gesteuert werden. Dies ist für den Kapitalmarktzins nicht der Fall, da die Zentralbank nur über das Notenbankmonopol verfügt. Der Kapitalmarktzins hingegen bildet sich frei nach Angebot und Nachfrage auf dem Anleihe- bzw. Bondmarkt. Dabei sind Geldmarkt und Anleihemarkt nach Laufzeiten abgegrenzt. Alle Laufzeiten unter einem Jahr werden als Geldmarkt und alle über einem Jahr als Kapitalmarkt bezeichnet.

Ein festverzinsliches Wertpapier hat drei Parameter:

- seinen Kurswert oder den Bondpreis;
- einen festen Auszahlungsstrom, den so genannte Kupon, der sich definiert als Nominalwert der Anleihe mal einem in der Regel festen Zinssatz;
- sowie eine Rendite, die den Gesamtertrag aus Kupon und Kursgewinn abbildet.

Dabei steht der Kurswert in einem inversen Verhältnis zur Rendite bei gegebenem Kupon. Dies ist plausibel: Je höher (niedriger) der Kurs, umso niedriger (höher) die Rendite, wenn der Zins und damit der Kupon feststehen.

Ein Rechenbeispiel: Beträt der Kurs 100 und der Zins 10%, beträgt die Rendite ebenfalls 10%, denn mit einem Zins von 10% wird eine Auszahlung von 10 Einheiten erreicht, die dividiert durch den Kurs, wiederum 10% ergeben. Die Rendite sinkt auf 5% wenn der Kurs auf 200 steigt, denn bei gleichem Zins bleibt es bei einer Auszahlung von 10, was bei einem Kurs von 200 nur noch eine Rendite von 5% ergibt.

Ausgehend von einer unendlichen Laufzeit des Wertpapiers erhalten wir formal:

$$\text{Kurswert} = \frac{\text{Kupon}}{\text{Rendite}} \quad \text{oder: Rendite} = \frac{\text{Kupon}}{\text{Kurswert}}$$

Wir wollen im Folgenden untersuchen, wie sich Preis und Renditen von Anleihen am Rentenmarkt bilden, wobei die durchschnittliche Rendite am Kapitalmarkt, die so genannte Umlaufrendite, als Kapitalmarktzins interpretiert wird. Dazu muss Angebot und Nachfrage am Kapitalmarkt näher analysiert werden.

Grafisch lassen sich die Kurven von Bondangebot (B^s) und Bondnachfrage (B^d) in einem Diagramm darstellen, wenn auch in den Achsen die Bondrendite (r_B) und der Bondpreis (P_B), d.h. der Kurswert des Wertpapiers in unterschiedliche Richtungen dargestellt werden. Das Bondangebot der Unternehmen und des Staates ist dann eine steigende Funktion der Bondpreise und eine fallende der Bondrendite. Der Grund hierfür ist evident: Mit sinkender (steigender) Rendite sinken (steigen) auch die Finanzierungskosten für die Unternehmen, so dass die Attraktivität der Verschuldung am Kapitalmarkt steigt (sinkt). Wenn beispielsweise die Bondnachfrage zurück geht, verschlechtern sich die Finanzierungsbedingungen der Unternehmen am Bondmarkt, denn ceteris paribus werden die Bondpreise sinken und die Renditen, spricht Zinsen, steigen.

Genau entgegengesetzt verhält es sich mit der Bondnachfrage der Haushalte. Die Kurve der Bondnachfrage ist negativ mit dem Bondpreis und positiv mit der Bondrendite korreliert, weil dadurch die Erträge aus einer Anlage am Kapitalmarkt steigen. Kurse und Rendite und damit der Kapitalmarktzins ergeben sich dann im Schnittpunkt von Wertpapiernachfrage und Wertpapierangebot.

Bestimmung von Bondangebot und Bondnachfrage

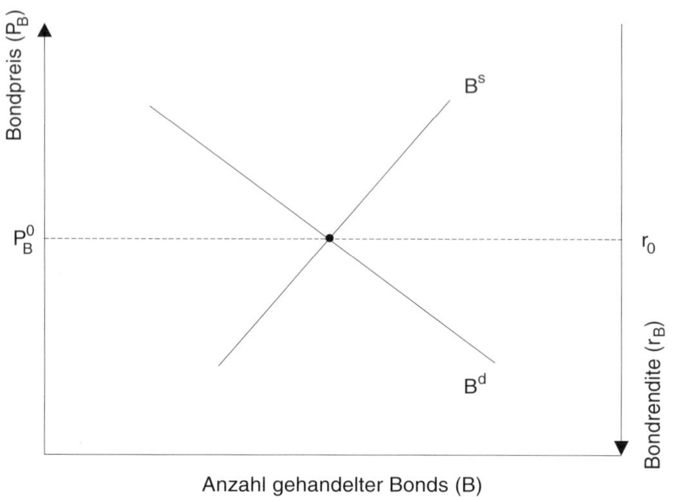

Die wichtigsten volkswirtschaftlichen Determinanten der Bondnachfrage bzw. des -angebots – und damit der Bondpreise und Renditen – sind die Entwicklung des Einkommens und Vermögens, die Gewinn-, Zins- und Inflationserwartungen sowie die Entwicklung des Staatsdefizits.

Für jede dieser Determinanten lässt sich die Entwicklung der Kurse bzw. Renditen prognostizieren, indem die Kurven entsprechend verschoben werden. Wir bewegen uns also nicht mehr auf einer Kurve, sondern verschieben diese oder sogar beide. Dies ist deshalb der Fall, weil es sich bei Einkommen und Vermögen, den diversen Erwartungsgrößen sowie der Staatsentwicklung um so genannte exogene, im Modell nicht erklärte Variablen handelt. Vielmehr werden mit den exogenen, unabhängigen Variablen die endogenen, abhängigen Variablen, in unserem Fall also Bondpreise und -rendite, erklärt.

Im Einzelnen erhält man folgende Zusammenhänge:

- Ein steigendes (sinkendes) Vermögen bzw. Einkommen der privaten Haushalte in einer Volkswirtschaft wird zu einer steigenden (sinkenden) Bondnachfrage und damit ceteris paribus – d.h. für ein gegebenes Bondangebot – zu steigenden (sinkenden) Kursen bzw. sinkenden (steigenden) Renditen führen. Man sieht das sofort, wenn man die B^d-Kurve nach rechts – für steigende Einkommen – und nach links unten – für sinkende Einkommen verschiebt.

- Steigende (sinkende) Gewinnerwartungen der Unternehmen, führen zu einem steigenden Bondangebot und damit ceteris paribus zu sinkenden (steigenden) Kursen bzw. steigenden (sinkenden) Renditen. Die B^s-Kurve verschiebt sich nach rechts (links), weil mehr (weniger) Kapital für Investitionen benötigt wurde.

- Steigende (sinkende) Zinserwartungen führen zu einem Rückgang (Anstieg) der Bondnachfrage und damit ceteris paribus zu sinkenden (steigenden) Kursen bzw. steigenden (sinkenden) Renditen. Bei steigenden Zinserwartungen verschiebt sich die B^d-Kurve nach links, weil die Anleger auf höhere Zinsen spekulieren. Bei sinkenden Zinserwartungen ist es genau umgekehrt. Nun verschiebt sich die B^d-Kurve nach rechts, weil die Anleger die jetzt noch höheren Zinsen nutzen wollen.

- Steigende (sinkende) Inflationserwartungen beeinflussen sowohl die Bondnachfrage wie das -angebot. Bei steigenden (sinkenden) Inflationserwartungen sinkt (steigt) die Bondnachfrage, während gleichzeitig – wegen der billigeren (teueren) Refinanzierungskosten der Unternehmen – das Bondangebot steigt (sinkt). Dementsprechend verschiebt sich die B^d-Kurve nach links (rechts) und die B^s-Kurve nach rechts (links). Bei steigenden (sinkenden) Inflationserwartungen steigt (sinkt) die Rendite und die Kurse sinken (steigen); so demonstriert die nachfolgende Abbildung noch einmal eine entsprechende Kurvenverschiebung.

Bondpreise und Bondrendite bei steigenden und sinkenden Inflationserwartungen

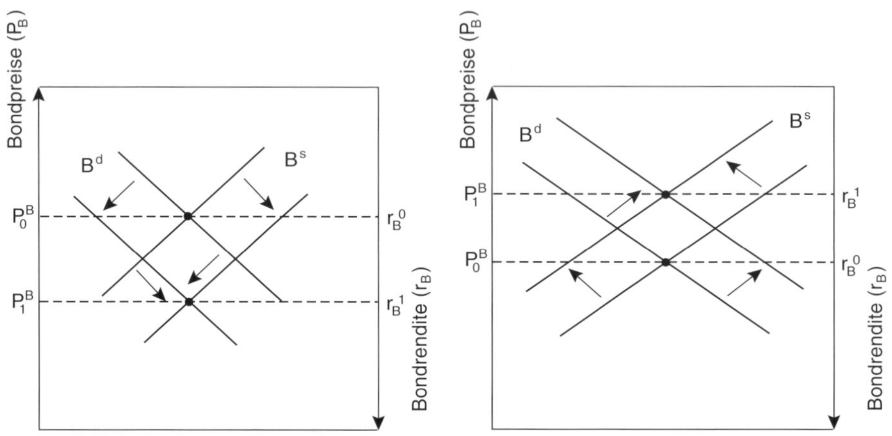

- Ein steigendes über den Kapitalmarkt finanziertes Staatsdefizit erhöht das Bondangebot und führt damit ceteris paribus zu sinkenden Kursen und steigenden Renditen. Die B^S-Kurve verschiebt sich nach rechts.
- Für den Euroraum haben empirische Untersuchungen darüber hinaus gezeigt, dass die Wechselkurserwartungen sowie das US-Zinsniveau eine große Rolle spielen. Steigende (sinkende) Wechselkurserwartungen führen zu einer steigenden (sinkenden) Bondnachfrage und damit ceteris paribus zu steigenden (sinkenden) Kursen bzw. sinkenden (steigenden) Renditen, während ein steigendes (sinkendes) US-Zinsniveau die Kapitalnachfrage abschwächt (verstärkt) und damit die Kurse zum Sinken (Steigen) und die Zinsen zum Steigen (Sinken) bringt.
- Schließlich sind auch die Wechselkurserwartungen wichtig. Aufwertungserwartungen (Abwertungserwartungen) werden tendenziell die Bondnachfrage erhöhen (senken) und somit ceteris paribus zu steigenden (sinkenden) Kursen und sinkenden (steigenden) Renditen führen.

Diese Überlegungen machen deutlich, dass die Bestimmung des Kapitalmarkteszinses sehr komplex ist. Insbesondere ist der Einfluss der Zentralbank begrenzt, denn die Veränderung des Geldmarktzinses ist nur eine von vielen Variablen, die den Kapitalmarktzins verändern kann.

3.14 Tobin's q: Portfolio- und Investitionsfunktion des Zinses

Der Zins hat in einer Volkswirtschaft zwei Funktionen: Zum einen steuert er die Portfolioentscheidungen der Wirtschaftssubjekte und zum anderen ist er ein Kriterium für die Investitionsentscheidungen von Unternehmen.

Portfolioentscheidungen sind definiert als die Allokation des Vermögens auf die einzelnen Vermögensbestandteile. Wenn wir beispielsweise einmal nur monetäre Aktiva wie Geld, Bonds und Aktien betrachten, so kann man i.d.R. davon ausgehen, dass, je höher (niedriger) der Zins ist – zum Beispiel definiert über die Umlaufrendite am Kapitalmarkt –, desto niedriger (höher) ceteris paribus der Anteil von Liquidität und Aktien im Portfolio ist, während das Gewicht von Anleihen stärker (schwächer) ausfällt. Die Begründung für diese Zusammenhänge ergibt sich daraus, dass ein hoher (niedriger) Zins die Opportunitätskosten von Geldhaltung und Aktien erhöht (senkt) und gleichzeitig als Diskontfaktor den Wert von Aktien senkt (steigert).

Portfoliofunktion des Zinses

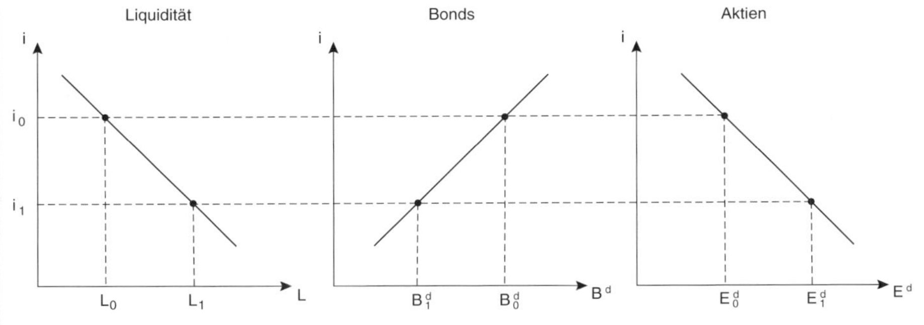

Neben ihrer Rolle als Opportunitätskosten und Diskontfaktor bei Portfolioentscheidungen, sind Zinsen Fremdkapitalkosten und damit wichtig für die Investitionsentscheidungen der Unternehmen. Es existieren ganz unterschiedliche Modelle mit denen die Vorteilhaftigkeit von Investitionen gemessen werden können, z.B. die Kapitalwertmethode oder die Berechnung des internen Zinsfußes. In der volkswirtschaftlichen Theorie arbeitet man oft mit dem so genannten

„Tobin's (q)", benannt nach seinem Erfinder, James Tobin, einem bekannten amerikanischen Volkswirt Dessen Konzept wird im folgenden näher erläutert.

Tobin's (q) ist definiert als das Verhältnis der erwarteten Gewinnmarge einer realwirtschaftlichen Investition – man spricht auch von der Grenzleistungsfähigkeit des Kapitals und kürzt sie mit (R) ab – und den Finanzierungskosten dieser Investitionen, die man mit Zins (i) abkürzt, worunter neben dem Fremdkapital auch Eigenkapitalkosten – beispielsweise die Dividendenrendite am Aktienmarkt – subsumiert werden. Formal erhält man als Tobin's (q):

$$q = \frac{R}{i}$$

Es ergibt sich nun der folgende Zusammenhang: Steigt dieses Verhältnis, d.h. die Grenzleistungsfähigkeit übertrifft die Kapitalkosten, steigen auch die realwirtschaftlichen Investitionen; im umgekehrten Fall sinken sie. Der Grund hierfür ist einfach: Ein (q) größer Eins signalisiert, dass die Gewinne, die mit den realen Investitionen erwirtschaftet werden können, ihre Finanzierungskosten übersteigen. Dementsprechend muss es lohnend sein, Investitionen in Sachkapital durchzuführen; der Kapitalwert ist positiv.

Tobin's (q) findet immer wieder ein neues Gleichgewicht beim Wert Eins – also der Übereinstimmung von Grenzleistungsfähigkeit und Finanzierungskosten –, weil mit steigender (sinkender) Anzahl der Investitionen die Gewinne aus diesen sinken (steigen), wenn von der plausiblen Annahme ausgegangen wird, dass zuerst von den Unternehmen die Investitionsobjekte mit den höchsten Gewinn- bzw. Dividendenaussichten durchgeführt werden.

Tobin's (q) lässt sich sehr praktisch interpretieren. So bedeuten beispielsweise sinkende Aktienkurse, dass die Finanzierungskosten für die Unternehmen steigen, was wiederum mit sinkenden Investitionen in das Realkapital verbunden ist. Finanzmarkt- und Konjunkturschwächen verstärken sich also wechselseitig. Es kann sogar zu negativen Investitionen kommen, d.h. zu einem Abbau von Überkapazitäten, um die Margen der Investitionen ihren Finanzierungskosten anzupassen.

Wie die nachfolgende Argumentationskette verdeutlicht, wird dieser Prozess erst zum Stillstand kommen, wenn durch die geringeren Investitionen (I) die Gewinne der Unternehmen wieder soweit gestiegen sind, dass sie den Finanzierungskosten (i) entsprechen und damit Tobin's (q) wieder den Wert Eins annimmt:

$$i\uparrow \Rightarrow q = \frac{R}{r_K} < 1 \Rightarrow I\downarrow \Rightarrow R\uparrow \Rightarrow R = i \Rightarrow q = \frac{R}{i} = 1$$

Umgekehrt im Aufschwung: Steigende Aktienkurse und damit preiswerte Finanzierung führen tendenziell zum Aufbau von Überkapazitäten.

Tobin's (q) lässt sich anschaulich auch definieren als das Verhältnis des Marktwerts – z. B. der Aktienmarktkapitalisierung – eines Unternehmens und seinem Buchwert. Dies hat den Vorteil, dass beide Werte empirisch leicht zu beobachten sind. Tobin's (q) lässt sich also auch schreiben als:

$$q = \frac{\text{Marktwert des Realkapitals}}{\text{Buchwert des Realkapitals}}$$

Diese Definition ist plausibel, denn man kann davon ausgehen, dass der Marktwert eines Unternehmens genau dann größer ist als sein Buchwert, wenn es Investitionen getätigt hat oder beabsichtigt zu tätigen, die über den Finanzierungskosten liegen. Ein steigendes (q) bedeutet dann eine Investitionsoffensive, ein sinkendes einen Rückgang der Investitionen.

Neben seiner Rolle als Interpretationshilfe für Investitionsentscheidungen von Unternehmen bzw. des Investitionsklimas in einer Volkswirtschaft, kann Tobin's q auch im Rahmen der Wirkungsweise monetärer Transmissionsmechanismen der Geldpolitik interpretiert werden: Wenn man davon ausgeht, dass die Zentralbank den Zins und damit die Finanzierungskosten der Unternehmen steuern kann, hat sie offenbar einen unmittelbaren Einfluss auf das Investitionsverhalten von Unternehmen und damit den zukünftigen Verlauf des Konjunkturzyklus inklusive des Preisniveaus.

In einem Abschwung (Aufschwung) beispielsweise schleust (erhöht) die Zentralbank die Zinsen nach unten (oben), und senkt (erhöht) damit die Finanzierungskosten der Unternehmen mit einer entsprechenden expansiven (kontraktiven) Wirkung auf den Konjunkturzyklus, der wiederum durch den Anpassungsprozess nach Tobin beschrieben wird.

3.15 Zusammenfassung

Das Wichtigste im Karteikartenformat:

Allgemein ist die Geldpolitik von zentraler Bedeutung für Kapitalmärkte und Vermögenspreise. Auf dem Geldmarkt werden die kurzfristigen Zinsen bestimmt, die ihrerseits wiederum die langfristigen Zinsen beeinflussen und damit das Wirtschaftswachstum, die Inflationsrate und die Gewinnaussichten der Unternehmen. Grundsätzlich geht man davon aus, dass sinkende (steigende) Geldmarktzinsen das Wachstum beflügeln (bremsen), weil sie die Investitionen erhöhen (senken). Dementsprechend führen in der Regel sinkende (steigende) Zinsen auch zu steigenden (sinkenden) Aktienkursen. Auch der Anleihemarkt wird von Zinsänderungen am Geldmarkt berührt. In der Regel steigen (sinken) die Kurse am Anleihemarkt, wenn die Zinsen am Geldmarkt fallen (steigen). Dementsprechend sinkt (steigt) die Umlaufrendite und damit der Kapitalmarktzins mit fallenden (steigenden) Geldmarktzinsen.

Geldpolitik: Seit der Einführung des Euro als Gemeinschaftswährung wird die Geldpolitik im Euro-Raum und in Deutschland durch die Europäische Zentralbank (EZB) bestimmt. Der EZB-Rat, der die geldpolitische Beschlüsse fasst, besteht aus den sechs Mitgliedern des Direktoriums der EZB, der die Beschlüsse des Rates operativ umgesetzt, sowie den 15 Präsidenten der nationalen Zentralbanken, die den Euro eingeführt haben.

Geldpolitische Strategie: Die EZB ist nur der Preisniveaustabilität verpflichtet, die sie mit einer Inflationsrate von 2% definiert. Das unterscheidet die EZB von der Federal Reserve (Fed), der US-amerikanischen Zentralbank, die neben der Preisniveaustabilität auch Wachstum und Beschäftigung verpflichtet ist. Zur Erreichung ihres Ziels verfolgt die EZB eine so genannte Zwei-Säulen-Strategie. Mit der ersten Säule soll die wirtschaftliche Entwicklung einschließlich der kurzfristigen Entwicklung der Inflationsrate prognostiziert und beeinflusst werden, mit der zweiten Säule wird die Geldmengenentwicklung beobachtet und kontrolliert. Dahinter steht die Idee, dass kurzfristig die Inflationsrate von vielen Variablen abhängt, langfristig aber von der Entwicklung der in der Volkswirtschaft umlaufenden Geldmenge. Die Zwei-Säulen-Strategie hat die Geldmengenstrategie, die allein auf die Steuerung der Geldmenge setzt und theoretisch auf der so genannten Quantitätstheorie des Geldes fußt, abgelöst.

Phillips-Kurven-Diskussion: Die so genannte Phillips-Kurven-Diskussion beschäftigt sich mit der Frage, ob ein Zusammenhang, und wenn ja welcher, zwischen Inflationsrate und Arbeitslosigkeit besteht. Kurzfristig wird angenommen, dass je höher (niedriger) die Inflation ist, um so niedriger (höher) die Arbeitslosigkeit ist. Dies hat Folgen für die Geldpolitik, die offenbar die Arbeitslosigkeit mit mehr Geld und damit verbundenen höherer Inflation beeinflussen kann. Langfristig jedoch wird davon ausgegangen, dass kein solches trade-off existiert, sondern Arbeitslosigkeit und Inflationsrate von einander unabhängig sind, d.h. die Geldpolitik kann die Arbeitslosenrate weder negativ noch positiv beeinflussen.

Indikatoren der Geldpolitik: Zwei wichtige Indikatoren der Geldpolitik sind der so genannte Taylor-Zins sowie der Monetary-Conditions-Index (MCI). Während ersterer vor allem ein Prognoseinstrument ist, der die Vorhersage der Zinspolitik einer Zentralbank von der allgemeinen Konjunktursituation abhängig macht, quantifiziert der MCI den Einfluss des Wechselkurses auf die Geldmenge und die Geldpolitik.

IS-LM-Modell: Das von Keynes eingeführte IS-LM-Modell verbindet den volkswirtschaftlichen Kapitalmarkt mit dem Geldmarkt und leitet daraus bestimmte geldpolitische Schlüsse ab. Im Kern wird behauptet, dass niedrige (hohe) Zinsen die Investitionen in das Realkapital erhöhen (senken) und somit Wachstum und Beschäftigung stärken (schwächen).

Investitions- und Liquiditätsfalle: Im Rahmen des IS-LM-Modells wird gezeigt, dass in bestimmten Fällen Geldpolitik wirkungslos ist. Dies gilt zum einen, wenn die Investitionen der Unternehmen in das Realkapital nicht mehr zinselastisch sind auf Grund schlechter Wirtschaftsaussichten (Investitionsfalle), oder aber die Geldnachfrage vollkommen zinselastisch ist, beispielsweise auf Grund einer extrem hohen Liquiditätsnachfrage (Liqduditätsfalle), d.h. jede von der Zentralbank angebotene Geldmenge wird auch nachgefragt mit dem Ergebnis, dass der Geldmarktzins nicht mehr oder nicht mehr ausreichend sinkt.

Transmissionsmechanismus: Mit dem Transmissionsmechanismus wird der überaus komplexe Prozess beschrieben, über welche Kanäle eine Zinsänderung der Zentralbank am Geldmarkt in der Volkswirtschaft wirkt und letztlich das Preisniveau bzw. die Inflationsrate beeinflusst. Dies betrifft zunächst die Veränderung der Bank- und Marktzinsen sowie den Wechselkurs und die Inflationserwartungen der Marktteilnehmer. Anschließend wird untersucht, wie diese Änderungen auf Nachfrage und Angebot auf dem volkswirtschaftlichen Güter- und Arbeitsmarkt wirken. Im letzten Schritt wird vom Einfluss der Veränderungen am Güter- und Arbeitsmarkt auf das Preisniveau geschlossen. Insgesamt kann der gesamte Anpassungsprozess in der Realität über ein Jahr dauern.

HVPI: Inflation wird im Euro-Raum durch den so genannten Harmonisierten Verbraucherpreisindex – kurz: HIVP – gemessen. Er umfasst alle Euro-Länder und mehr als 1,7 Millionen einzelne Preise, die entsprechender ihrer Bedeutung für Verbrauchen und Unternehmer im Index gewichtet werden.

Inflation: Inflation ist definiert als ein beständiger Anstieg des Preisniveaus in einer Volkswirtschaft. Gemessen wird sie im Euro-Raum durch den HIVP. Die EZB hat Inflation mit Raten über 2% definiert. Von Inflation ist Deflation zu unterscheiden, die ein sinkendes Preisniveau, d.h. eine negative Inflationsrate bedeutet. Schließlich gibt es noch die Deflation, die eine sinkende, aber positive Inflationsrate meint. Zu unterscheiden ist ebenfalls zwischen der Kerninflationsrate und dem HIVP. Während der HIVP die Messung aller Güter umfasst, sind in der Kerninflationsrate die Energie- und Lebensmittelpreise ausgeschlossen, also z.B. der Ölpreis. Deswegen liegt die Kerninflationsrate in der Regel deutlich unterhalb des HIVP.

Geldpolitische Instrumente: Die EZB verfügt über drei geldpolitische Instrumente am Geldmarkt: Den Offenmarktgeschäften, den ständigen Fazilitäten und der Mindestreserve. Bei den Offenmarktgeshäften handelt es sich um so genannte Wertpapierpensionsgeschäfte, bei denen die Geschäftsbanken für bestimmte Sicherheiten, wie Anleihen und Wechsel, Geld bei der Zentralbank leihen und dafür einen bestimmten Zins zahlen. Allerdings verpflichten sich die Banken nach einer festgelegten recht kurzen Laufzeit von beispielsweise zwei Wochen, die Papiere wieder von der Zentralbank zurück zu kaufen. Der zu zahlende Zins wird nach dem so genannten Zinstenderverfahren bestimmt. Die von der EZB darüber hinaus angebotenen Fazilitäten – Spitzenrefinanzierungs- und Einlagenfazilität – dienen dazu, einen Zinskorridor um den Zins der Offenmarktgeschäfte zu legen. Der Spitzenrefinanzierungsatz stellt dabei die Obergrenze dar, zu dem sich die Banken bei Liquiditätsengpässen Geld bei der EZB leihen, während der Einlagensatz die Untergrenze bestimmt, wenn die Banken überschüssige Liquidität bei der EZB „parken". Schließlich unterliegen die Banken im Euro-Raum einer Mindestreservepflicht. Dies bedeutet, dass sie im Durchschnitt 2% der Einlagen ihrer Kunden bei der EZB als Reserve halten müssen. Damit soll die Abhängigkeit der Geschäftsbanken von der Zentralbank, die allein mittels ihres Notenbankmonopols neues Bargeld schöpfen kann, verstärkt werden.

Geldschöpfungsmultiplikator: Der Geldschöpfungsmultiplikator beschreibt, warum und in welchem Ausmaß das Geldmengenwachstum in einer Volkswirtschaft größer ist als die Geldmenge, die von der Zentralbank zur Verfügung gestellt wird. Entscheidend ist dabei die Kreditvergabe der Geschäftsbanken, die auch als Giralgeldschöpfung – im Unterschied zur Bargeldschöpfung – bezeichnet wird.

Zinsen: Zinsen haben in einer Volkswirtschaft eine doppelte Funktion: Einerseits beeinflussen sie die Portfolioentscheidungen der Wirtschaftssubjekte, andererseits sind sie Diskontfaktor für Investitionsentscheidungen. In diesen Funktionen verbinden sie Finanzmärkte mit der Realwirtschaft. Zinsen werden auf dem Geld- und Kapitalmarkt bestimmt, ihre Wirkung entfalten sie aber über die Investitions- und Konsumnachfrage in der Realwirtschaft.

Zinsstruktur: Grundsätzlich muss zwischen kurz- und langfristigen Zinsen, und damit der Zinsstruktur unterschieden werden, die normal oder invers verlaufen kann. Der kurzfristige Zins wird von der Zentralbank am Geldmarkt bestimmt, die langfristigen, also Zinsen für Anleihen mit einer Laufzeit von einem Jahr und mehr, durch Angebot und Nachfrage am Bondmarkt.

Fisher-Theorem: Das Fisher-Theorem setzt an der Unterscheidung von Nominal- und Realzins an. Letzterer ist ex post definiert als Differenz von Nominalzins und Inflationsrate und ex ante als Differenz von Nominalzins und Inflationserwartungen. Der amerikanische Ökonom Irving Fisher behauptet, dass langfristig der Nominalzins mit der gleichen Rate wie die Geldmenge bzw. das Preisniveau wächst. Empirisch wird diese Aussage in der Realität nur begrenzt bestätigt. Tatsächlich stimmt die Richtung der Entwicklung von Inflationsrate und Nominalzins überein, aber nicht im Sinne einer Eins-zu-Eins-Beziehung. Im Regelfall verändert sich der Nominalzins später und weniger stark als die Inflationsrate. Dies bedeutet, dass Anleger und Investoren einerseits einer Zeitverzögerung (Timelag) bei der Antizipation der Inflationsrate unterliegen und andererseits möglicherweise auch Geldillusion im Spiel ist, d.h. die Marktteilnehmer orientieren sich an nominalen und nicht an realen Größen.

Kapitalmarktzins: Der Kapitalmarktzins bildet sich durch Angebot und Nachfrage nach Unternehmens- und Staatsanleihen am Geldmarkt. Die wichtigsten Bestimmungsgrößen dabei sind die Vermögens- bzw. Einkommensentwicklung der privaten Haushalte, die Gewinnerwartungen der Unternehmen, die Zins-, Inflations- und Wechselkurserwartungen, die Entwicklung der Geldmarktzinsen sowie die Entwicklung des Staatsdefizits.

Tobin's q: Tobins q, definiert als das Verhältnis der Gewinnerwartungen einer realwirtschaftlichen Investition (auch Grenzleitungsfähigkeit des Kapitals) zu seinen Finanzierungskosten, also den Zinsen, ist die volkswirtschaftliche Methode um die Vorteilhaftigkeit realwirtschaftlicher Investitionen zu messen. Alternativ kann Tobins q auch als Marktwert des Realkapitals zu seinem Buchwert definiert werden, was den Vorteil der empirischen Beobachtung hat, denn der Marktwert ist nichts anders als die Aktienmarktkapitalisierung einer Unternehmung.

4 Konjunkturzyklus und Vermögenspreise

„Schlechte Nachrichten vom amerikanischen Arbeitsmarkt haben am Freitag den Kursverfall an den Börsen verstärkt. Der Aktienindex Dax büßte 2,4 Prozent ein und endete mit 6127 Punkten. Damit ist er binnen zwei Tagen um mehr als 5 Prozent gefallen.

Auslöser des jüngsten Kursrutsches waren Zahlen des amerikanischen Amtes für Arbeitsmarktstatistik in Washington. Es meldete, dass die Arbeitslosenquote im August von 5,7 auf 6,1 Prozent gestiegen ist. Das ist das höchste Niveau seit fast fünf Jahren. Unter dem Strich seien im vergangenen Monat 84.000 Stellen abgebaut worden. Bankvolkswirte an der Wall Street hatten im Durchschnitt der Prognose einen Verlust von 75.000 Arbeitsplätzen vorhergesagt.

‚Der Beschäftigungsabbau beschleunigt sich', sagt Rob Carnell von der ING Bank. Seiner Ansicht wird die amerikanische Notenbank Federal Reserve (Fed) die Zinsen weiter senken, sollte sich die schlechte Entwicklung auf dem Arbeitsmarkt fortsetzen und die Quote weiter steigen. ‚Der Anstieg der Arbeitslosenquote und der Umstand, dass nun seit acht Monaten in Folge mehr Jobs gestrichen als geschaffen werden, ist Beleg für das rezessionäre Umfeld', kommentierte Jared Bernstein vom gewerkschaftsnahen Think Thank.

In Europa war die Stimmung nicht besser, zumal die Produktion der deutschen Industrie im Juli um 1,8 Prozent gesunken ist. Erstmals seit fünf Jahren lag die Produktion der deutschen Industrie unter dem Niveau des Vorjahres.

Schon am Donnerstag hatten sich die Konjunktursorgen verstärkt, weil die Europäische Zentralbank ihre Wachstumsprognose für dieses Jahr von 1,8 auf 1,4 Prozent verringert und die Vorhersage für die Inflationsrate erhöht hatte. ‚Nun fürchten viele Anleger, dass erstmals seit der Ölkriste der siebziger Jahre eine Stagflation bevorsteht', sagt Uwe Streich, Aktienstratege bei der Landesbank Baden-Württemberg. In solchen Phase schrumpft die Wirtschaft, während den Notenbanken wegen der hohen Teuerung die Hände gebunden sind. Deshalb müssten die Aktienanalysten ihre Schätzungen der Unternehmensgewinne deutlich nach unten korrigieren.

Die Befürchtung, dass der europäischen Wirtschaft schwierige Zeiten bevorstehen, spiegelt sich auch auf den Anleihemärkten. Dort ist die Zinsstruktur schon invers. Kurzfristige Anlagen mit zwei Jahren Laufzeit sind höher verzinst als langfristige mit fünf Jahren Laufzeit. Diese ungewöhnliche Konstellation signalisiert die Befürchtung, dass der Wirtschaft ein scharfer Abschwung bevorsteht, der mit einiger Verzögerung zur Senkung des Leitzinses führen würde."

(F.A.Z., 07.09.2008)

Lernziele:

- Den Konjunkturzyklus und seine Phasen und Bestimmungsgründe kennen lernen,
- das Konzept des Produktionspotenzials und der Produktionslücke verstehen,
- den Einfluss des Konjunkturzyklus auf Aktien- und Anleihekurse erläutern können,
- die fundamentale Aktienanalyse anwenden können,
- die „New Economy" und das Phänomen der Blasen an Aktienmärkten verstehen,
- die Transmissionskanäle von den Finanzmärkten auf die Volkswirtschaft kennen lernen,
- den prinzipiellen Aufbau von Research-Berichten erkennen,
- Schlüsselkennzahlen der Finanzmärkte interpretieren können,
- Prognose- und Szenariotechniken anwenden lernen.

4.1 Konjunkturzyklus

Der Konjunkturzyklus beschreibt die im Zeitablauf auftretenden Schwankungen des Bruttoinlandsproduktes um das so genannte Produktionspotenzial. Als Produktionspotenzial bezeichnet man die maximal mögliche Produktionsmenge einer Volkswirtschaft bei einer normalen Auslastung der Produktionskapazitäten von Arbeit und Kapital. Das Produktionspotenzial entspricht damit dem gesamtwirtschaftlichen Angebot einer Volkswirtschaft bei Vollbeschäftigung der Produktionsfaktoren.

Demgegenüber kann das Bruttoinlandsprodukt (BIP) als die gesamtwirtschaftliche Nachfrage interpretiert werden. Es setzt sich zusammen aus den Komponenten: privater Konsum, Investitionen, Staatsausgaben und Außenbeitrag.

In Deutschland entfielen im Durchschnitt der letzten Jahre zwischen 55% und 60% des Bruttoinlandsproduktes auf den Konsum, 15% bis 20% jeweils auf die Investitionen und die Staatsausgaben sowie zwischen 5% und 7% auf den Außenbeitrag, also die Differenz zwischen Exporten und Importen. Nimmt man den Anteil der Exporte am Bruttoinlandsprodukt für sich, so werden Werte über 40% erreicht, was führend in der Welt ist und selbst den Exportanteil von Ländern wie China noch übersteigt. Deutschland ist nach wie vor Exportweltmeister.

Dies muss nicht unbedingt positiv interpretiert werden. Hohe Exporte bedeuten nämlich im Umkehrschluss einen geringen inländischen Konsum, da ein Außenhandelsüberschuss, d.h. höhere Exporte im Vergleich zu den Importe, nur möglich ist, wenn im Inland mehr produziert als nachgefragt wird. D.h. hohe Ausfuhrkapazitäten gehen notwendigerweise einher mit einer geringen inländischen Nachfrage. Eine solche Schwäche des inländischen Konsums macht eine Volkswirtschaft sehr abhängig von der Entwicklung der Weltwirtschaft.

Wie das nachfolgende Schaubild zeigt, bedeutet ein Konjunkturabschwung (Konjunkturaufschwung), dass die aggregierte gesamtwirtschaftliche Nachfrage unterhalb (oberhalb) des volkswirtschaftlichen Produktionspotenzials liegt.

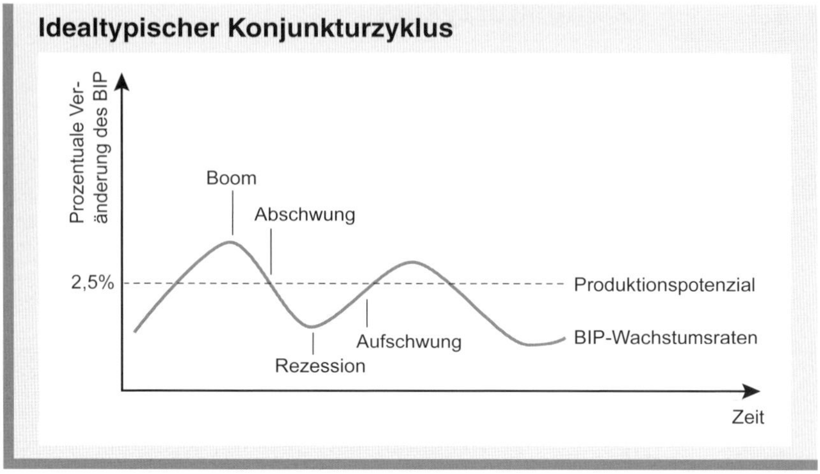

Für den Konjunkturzyklus in Deutschland ist es typisch, dass dieser regelmäßig mit steigenden Exporten bzw. einem steigenden Außenbeitrag beginnt, in dessen Folge die inländischen Investitionen steigen und mit ihnen auch die Konsumausgaben. Ein Aufschwung verfestigt sich genau dann, wenn er selbsttragend wird, was bedeutet, dass der Anstieg der privaten inländischen Nachfrage dauerhaft bleibt und nicht nur temporär erfolgt. Dies ist de facto seit der deutschen Wiedervereinigung 1990 nicht mehr der Fall.

Das nachfolgende Schaubild zeigt die Wachstumsraten der einzelnen Komponenten des Bruttoinlandsproduktes in Deutschland zwischen den Jahren 2002 und 2007 auf Quartalsbasis. Soweit die entsprechenden Balken unter der Nulllinie liegen, bedeutet dies negative Wachstumsraten. Beispielsweise war im vierten Quartal die Wachstumsrate des Konsums leicht negativ, alle anderen Wachstumsraten aber positiv.

Klar ist zu sehen, dass die Wachstumsraten des Konsums regelmäßig vergleichsweise schwach ausfallen mit Ausnahme von starken Aufschwungsphasen wie dem ersten Quartal 2002 oder dem letzten Quartal 2006. So oder so, am stärksten sind aber jeweils die Ausschläge des Außenbeitrages.

Entwicklung der Verwendungskomponenten des Bruttoinlandsproduktes in Deutschland (2002–2007)

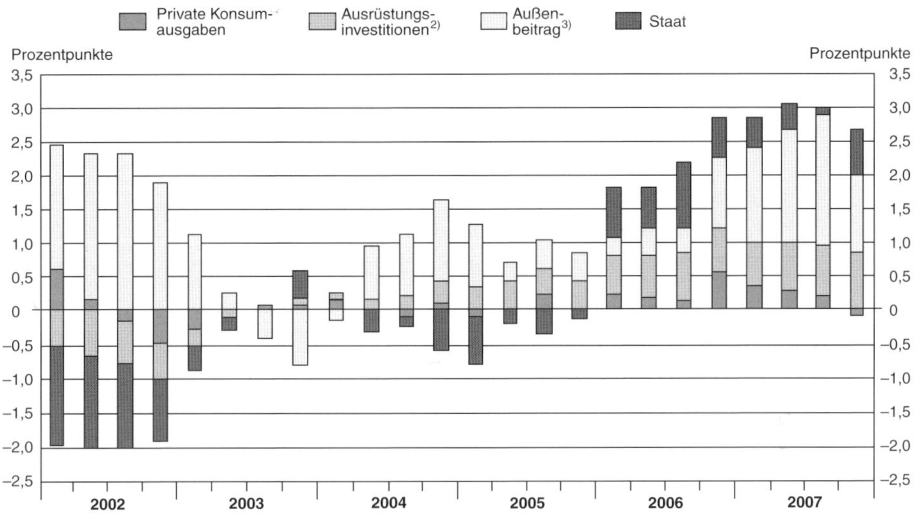

1) Errechnet aus den preisbereinigten Vierteljahresdurchschnitten (verkettete Volumenangaben) der jeweils letzten vier Quartale gegenüber dem entsprechenden Vorjahreswert – 2) Einschließlich Sonstige Anlagen – 3) Exporte abzüglich Importe von Waren und Dienstleistungen – 4) Staatliche Konsumausgaben, Bauinvestitionen und Vorratsveränderungen.

(Quelle: Gutachten des Sachverständigenrates 2007/2008)

In der Praxis wird das Produktionspotenzial durch die jährliche Wachstumsrate bei Normalauslastung der Produktionskapazitäten geschätzt. Dazu existieren verschiedene Verfahren, und die diversen Wirtschaftsinstitute kommen selbst bei gleichen Verfahren zu unterschiedlichen Ergebnissen. Im Kern kann man davon ausgehen, dass das Potenzialwachstum in Europa bei rund 2% liegt, während es in den USA rund hundert Basispunkte mehr sind.

Die unterschiedlichen Werte zwischen Europa und den USA ergeben sich im Wesentlichen durch eine deutlich höhere Partizipationsrate der arbeitsfähigen Bevölkerung am Erwerbsprozess in den USA verglichen mit Europa. Dies wiederum hängt mit flexibleren Angebotsbedingungen, freieren Arbeitsmärkten und einem weniger stark ausgebauten Sozialstaat zusammen.

Die Abweichungen der gesamtwirtschaftlichen Nachfrage vom Produktionspotenzial werden durch die so genannte Produktionslücke (engl. **Output Gap**) gemessen. Dabei wird von der Wachstumsrate des realen Bruttoinlandsproduktes die geschätzte Wachstumsrate des Produktionspotenzials abgezogen und diese Differenz ins Verhältnis zur Wachstumsrate des Produktionspotenzials oder alternativ zur Wachstumsrate des Bruttoinlandsproduktes gesetzt.

Beträgt die Wachstumsrate des Produktionspotenzials 2% und das Wachstum des realen Bruttoinlandsproduktes ca. 1,5% – wie für das Jahr 2008 für Deutschland geschätzt –, berechnet sich das Output Gap bzw. die Produktionslücke mit –0,25 [= (1,5 – 2%/2%], wenn sie ins Verhältnis zur Wachstumsrate des Produktionspotenzials gesetzt wird. Negative Werte indizieren also eine Konjunkturflaute, positive einen Konjunkturaufschwung. Die so berechnete Produktionslücke bezeichnet man auch als relative Produktionslücke.

Das nachfolgende Schaubild zeigt die Produktionslücke als absolute Abweichung des Bruttoinlandsproduktes vom Produktionspotenzial, d.h. die Werte wurden nicht ins Verhältnis zum Produktionspotenzial gesetzt. Nach wie vor zeigen negative Werte einen Konjunkturabschwung und positiv einen Aufschwung an.

So sehen wir beispielsweise den großen Aufschwung nach der deutschen Wiedervereinigung oder den scharfen Einbruch nach dem Ende der so genannten „New Economy“ in den Jahren 2002 und 2003.

Absolute Produktionslücke in Deutschland (1977–2007)

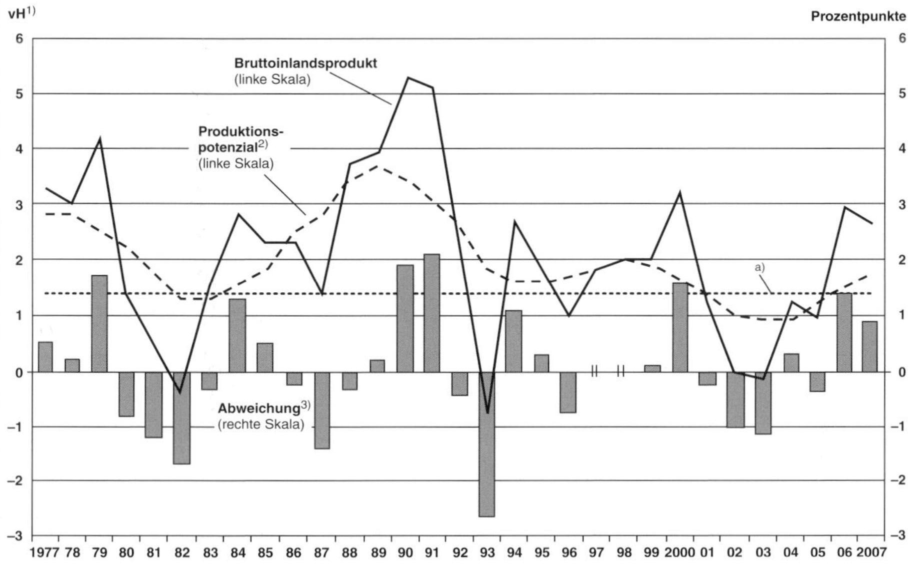

1) Veränderung gegenüber dem Vorjahr. – 2) Mittelwert der Wachstumsraten des Produktionspotenzials für unterschiedliche Schätzverfahren zu den Einzelheiten siehe Ziffer 76. – 3) Absolute Abweichung der Zuwachsraten des Bruttoinlandsprodukts vom Produktionspotenzialwachstum in Prozentpunkten. – a) Absolute Abweichung im Jahr 2006: 1,4 Prozentpunkte.

(Quelle: Gutachten des Sachverständigenrates 2007/2008)

4.2 Aktien und Anleihen im Konjunkturzyklus

Vermögenstitel, wie Anleihen und Aktien, verkörpern **Ansprüche auf zukünftige Erträge**. Da diese Erträge erst in der Zukunft anfallen und ihre Höhe oft ungewiss ist, werden Vermögenspreise wesentlich durch **Erwartungen** bestimmt. Nach dem einfachen Barwertmodell entspricht der aktuelle Vermögenspreis dem Gegenwartswert der zukünftigen Erträge. Die beiden Determinanten der Vermögenspreise finanzieller Aktiva sind dabei:

- der in Zukunft erwartete Einkommensstrom sowie
- die zeitlich damit korrespondierende Diskontierungsrate, die wiederum zerlegt werden kann in
  - den risikolosen Zinssatz und
  - eine Risikoprämie.

Für festverzinsliche Anleihen besteht der Einkommensstrom aus dem sicheren Kupon und für Aktien aus der erwarteten Dividende. Der sichere Zins kann annähernd durch die Rendite auf Staatsanleihen bestimmt werden. Die Risikoprämie bezieht sich schließlich auf das höhere Risiko von Aktien bzw. Unternehmensanleihen im Verhältnis zum sicheren Zins der Staatsanleihen. Sie kann durch die Differenz zwischen der Rendite auf Aktien/Unternehmensanleihen und risikoloser Rendite auf Staatsanleihen quantifiziert werden.

Ein Rückgang (Anstieg) der Vermögenspreise kann somit auf eine schlechtere (bessere) Ertragslage der Unternehmen, einen höheren (niedrigen) sicheren Zinssatz oder auf eine steigende (rückläufige) Risikoprämie zurückgeführt werden. Alle drei Determinanten der Vermögenspreise stehen somit in einem engen Zusammenhang zum volkswirtschaftlichen Konjunkturzyklus.

Der sichere Zins, der als Diskontierungsfaktor sowohl für Anleihen wie für Aktien fungiert, weist in der Regel eine positive Korrelation zum Konjunkturzyklus auf. In einem Aufschwung wird der sichere Zins also tendenziell steigen und in einem Abschwung sinken. Für die Kurse bedeutet dies, dass der Diskontierungsfaktor im Aufschwung (Abschwung) steigt (sinkt) und damit die Kurse ceteris paribus sinken (steigen).

Auch die Ertragslage der Unternehmen, die für die Dividendenzahlungen und damit die Aktienkurse relevant ist, weist eine hohe positive Korrelation mit dem Konjunkturzyklus auf. Dies bedeutet, dass eine anziehende (sich abschwächende) Konjunktur zu steigenden (sinkenden) Erträgen und damit ceteris paribus tendenziell zu steigenden (sinkenden) Aktienkursen führt.

Schließlich ist auch die Risikoprämie mit dem Konjunkturzyklus eng korreliert. So wird man annehmen, dass eine nachlassende (anziehende) Konjunktur mit einer steigenden (fallenden) Risikoprämie einher geht auf Grund der nachlassenden Gewinnerwartungen der Unternehmen.

Die nachfolgende Abbildung zeigt beispielsweise, dass von Ausnahmen abgesehen der DAX als Index der deutschen Aktienkurse sich praktisch parallel zu den Unternehmensgewinnen, die wiederum mit der Konjunktur positiv korreliert sind, bewegt. Die große Ausnahme war die so genannte und bereits erwähnte „New Economy“ zum Ende der 90er Jahres des 20. Jahrhunderts, in der man davon ausging, dass neu gegründete Technologieunternehmen in Zukunft sehr hohe Gewinne abwerfen würden, obwohl dies zum damaligen Zeitpunkt noch nicht der Fall war. Es handelte es sich um eine typische Spekulationsphase des Marktes oder eine so genannte Blase (Bubble).

DAX und Unternehmensgewinne im Vergleich (1987–2007)

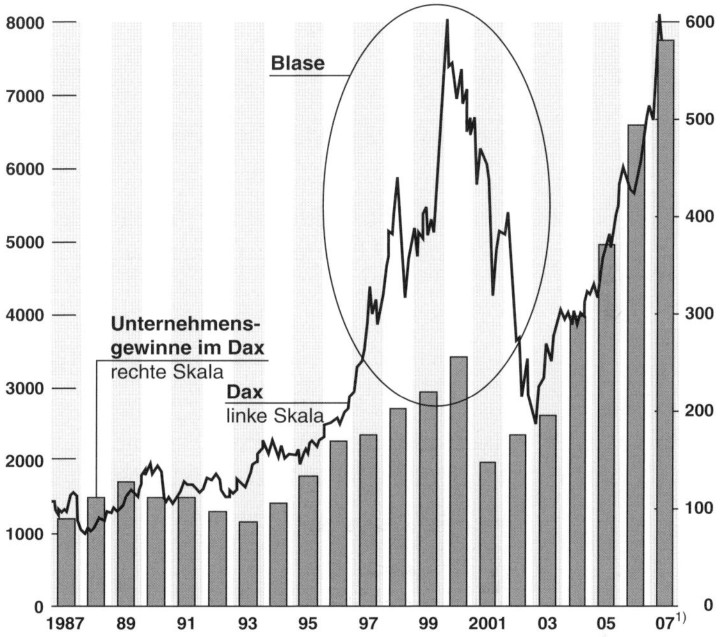

1) 2007: Gewinne geschätzt.

(Quelle: Frankfurter Allgemeine Sonntagszeitung)

Aber nicht nur die Aktienkurse sind mit dem Konjunkturzyklus hoch korreliert, auch die Bondpreise bzw. Renditen folgen einem bestimmten Muster. Während beispielsweise in einem Konjunkturaufschwung die Aktienkurse in der Regel steigen, fallen die Rentenwerte. In einem Abschwung ist der Zusammenhang genau umgekehrt. Dies erklärt sich daraus, dass in einem Aufschwung (Abschwung) die Gewinne und mit ihr die Dividenden steigen (sinken), was die Nachfrage nach Aktien erhöht (senkt), während gleichzeitig die Inflationsrate und mit ihr die Zinsen steigen (fallen), was zu sinkenden (steigenden) Bondpreisen führt. Die nachfolgende Abbildung veranschaulicht diese Zusammenhänge.

Konjunkturzyklus und Vermögenspreise

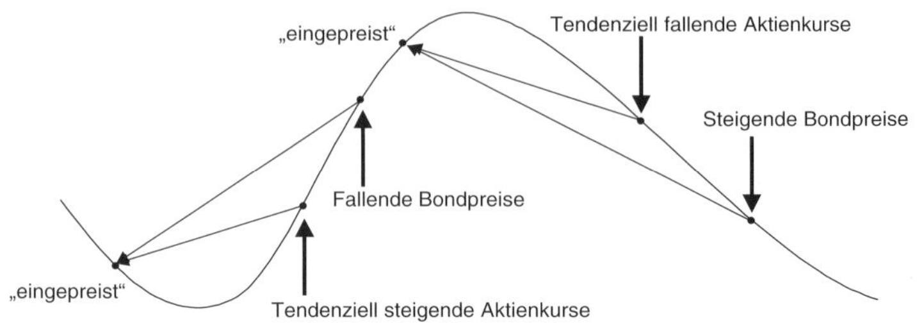

Darüber hinaus muss auch berücksichtigt werden, dass die Marktteilnehmer mit den heutigen Vermögenspreisen zukünftige Erwartungen verbinden. Insofern werden steigende Aktienkurse und fallende Bondpreise in der Regel bereits am Ende eines Abschwungs – den Aufschwung vorwegnehmend – „eingepreist“, und die Aktienkurse beginnen bereits am Ende eines Konjunkturaufschwungs zu fallen bzw. die Bondpreise zu steigen.

Die „Eine-Million-Dollar-Frage“ lautet natürlich, wie sich der Konjunkturzyklus in Zukunft entwickeln wird. Gerade die Prognose von Wendepunkten der Konjunktur hat sich in der Vergangenheit jedoch als sehr schwierig herausgestellt.

Investitionsuhr

Ein Modell, das Konjunkturzyklus und Portfolioentscheidungen zusammenbringt, ist die so genannte „Investitionsuhr“, die die Zeitschrift „Economist“ vorgestellt hat. Die „Investitionsuhr“ zerlegt den Konjunkturzyklus zunächst in die bekannten vier Phasen: Aufschwung, Boom, Abschwung und Rezession. So dann werden die für die Portfolioentscheidungen wichtigen volkswirtschaftlichen Variablen wie das BIP-Wachstum, die Inflationsrate und die Zinsen diesen vier Phasen zugeordnet. Betrachten wir deshalb zunächst den Zusammenhang zwischen den Konjunkturphasen und den volkswirtschaftlichen Variablen, die in der nachfolgenden Abbildung dargestellt werden.

Grundsätzlich ist ein konjunktureller Aufschwung definiert als eine steigende Wachstumsrate des BIP, während der Abschwung mit einer sinkenden Wachstumsrate einhergeht. In einem Boom verläuft das Wachstum oberhalb des volkswirtschaftlichen Produktionspotenzials – also der maximalen Wachstumsrate bei voll ausgelasteten Kapazitäten von Arbeit und Kapital –, während in einer Rezession das Bruttoinlandsprodukt aufgrund einer negativen BIP-Wachstumsrate sogar schrumpft.

Inflationsrate und Zinsen folgen in der Regel dem Verlauf der BIP-Wachstumsrate. Im Aufschwung (Abschwung) steigen Inflationsrate und Zinsen und erreichen im Boom (in der Rezession) ihren Höhepunkt (Tiefpunkt). In der Rezession kann die Inflationsrate sogar negativ werden, d.h. wir haben es mit einer Deflation zu tun, in der das Preisniveau sinkt. Normal ist jedoch eine Disinflation, was bedeutet, dass das Preisniveau nur noch degressiv steigt, die Inflationsrate also sinkt, aber positiv bleibt.

Phasen des Konjunkturzyklus und volkswirtschaftliche Variablen

	BIP-Wachstum	**Inflationsrate**	**Zinsen**
Aufschwung	Steigend	Anziehend	Anziehend
Boom	Oberhalb des Produktionspotenzials	Höhepunkt	Höhepunkt
Abschwung	Abnehmend	Disinflation	Abnehmend
Rezession	Negativ	Disinflation oder Deflation	Tiefpunkt

Die „Investitionsuhr“ argumentiert nun, dass in einem Aufschwung die Investoren auf Aktien setzen werden, weil mit dem anziehenden volkswirtschaftlichen Wachstum auch die Gewinne der Unternehmen steigen und gleichzeitig die Kurse an den Bondmärkten auf Grund steigender Zinsen und Inflationsrate sinken. Exakt das Umgekehrte ist richtig für die Rezession: Nun sinken die Gewinnerwartungen und damit die Aktienkurse, während die Kurse am Anleihenmarkt steigen, weil die Zinsen und die Inflationsrate sinken.

Der konjunkturelle Boom ist durch ein überbordendes realwirtschaftliches Wachstum, eine hohe Inflationsrate und hohe Zinsen gekennzeichnet. In dieser Situation wird es in der Regel eine „Flucht“ in das Sachkapital geben, weil die monetären Aktiva vom Inflationsrisiko betroffen sind. Im Abschwung neigt sich die Waage schließlich zugunsten des Bargeldes, da die Unsicherheit über die zukünftige Entwicklung überwiegt.

Investitionsuhr

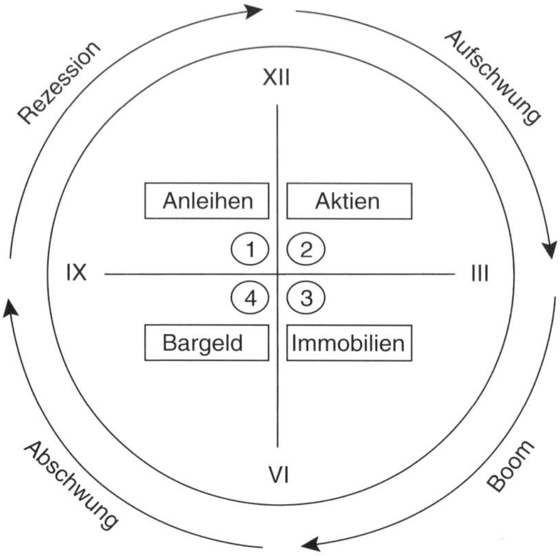

(Quelle: Economist)

Selbstverständlich handelt es sich bei dem Modell „Investitionsuhr" nur um eine grobe Annäherung an die Realität von Portfolioentscheidungen im Konjunkturzyklus. Selbst wenn die „Investitionsuhr" als eine korrekte Entscheidungsgrundlage angesehen wird, bleibt die Frage des „Timings" offen: In welcher Phase befindet sich der Konjunkturzyklus gerade und wann wechselt er in eine neue Phase? Die Antwort auf diese Frage hängt von vielen, in der Regel unvorhersehbaren Entwicklungen ab, so dass sie niemals mit Sicherheit gegeben werden kann. Möglich sind höchstens „Wenn-dann-Aussagen", jedoch keine sichere Prognose über die zukünftige Entwicklung.

4.3 Stagflation und ‚New Economy'

Der klassische Konjunkturzyklus mit seinen Aufs und Abs war nicht für alle Phasen der wirtschaftlichen Entwicklung seit dem Ende des Zweiten Weltkrieges relevant. Es gab mindestens zwei Ausnahmen. Die erste bezieht sich auf die bereits erwähnte **Stagflation** in den meisten westlichen Volkswirtschaften der siebziger Jahre. Dieses Phänomen gleichzeitiger Inflation und wirtschaftlicher Stagnation ist mit der klassischen Konjunkturtheorie, wie wir sie von Keynes kennen, nicht erklärbar. In der klassischen Konjunkturtheorie besteht immer ein gleichgerichteter Zusammenhang von Wirtschaftswachstum und Inflation einerseits sowie Wirtschaftsstagnation und Disinflation bzw. Deflation anderseits. Die Ausnahme der 1970er Jahre erklärt man sich mit dem außergewöhnlichen Ereignis (so genannter **exogener Schock**) der beiden Ölpreiserhöhungen und der sich daran anschließenden Lohn-Preis-Spiralen.

Die jüngere Ausnahme vom klassischen Konjunkturzyklus war die so genannte „**New Economy**", wie sie vor allem in den USA in der zweiten Hälfte der 1990er Jahre beobachtet wurde. Empirisch handelt es sich um den nun fast zehnjährigen Wirtschaftsaufschwung in den USA mit jährlich durchschnittlichen Wachstumsraten von rund 4%, einer historisch niedrigen Arbeitslosigkeit und dies alles – das ist das eigentlich Entscheidende – praktisch ohne Inflation und ohne signifikant steigende Zinsen.

Dementsprechend konnten die Vermögenspreise in den USA, insbesondere die Aktienkurse, in den 1990er Jahren aufgrund steigender Gewinnerwartungen mehr oder minder ungehindert steigen. Man sprach deshalb auch schon euphorisch vom „new paradigm". Damit wollte man nicht nur zum Ausdruck bringen, dass der alte, klassische Konjunkturzyklus tot ist, sondern auch, dass die USA der 1990er Jahre die Stagflation der 1970er Jahre vom Kopf auf die Füße gestellt haben: statt Stagnation und Inflation **Wachstums- und Preisniveaustabilität** bei gleichzeitig **steigenden Vermögenspreisen**.

Grundlage dieser neuen Situation waren die **enormen Produktivitätsschübe**, die in den Vereinigten Staaten in den 1990er Jahren im Zusammenhang mit der **Diffusion der modernen Kommunikations- und Informationstechnologien** realisiert wurden. Das jährlich durchschnittliche Produktivitätswachstum betrug in den 1990er Jahren in den USA rund 3,5%; deutlich mehr als beispielsweise in Deutschland mit durchschnittlich jährlich rund 2,5%.

Eine steigende Produktivität hat viele Vorteile. Der entscheidende ist, dass der Preisdruck und damit auch der Druck auf steigende Zinsen reduziert werden. Wenn pro Outputeinheit der Kapital- und Arbeitseinsatz sinkt, sinken auch die Kapital- und Arbeitskosten pro Outputeinheit. Wenn aber die Kosten sinken, haben die Unternehmen keine Veranlassung, die Preise zu erhöhen, um ihre Gewinnsituation stabil zu halten. Vielmehr steigen ihre Gewinne sogar mit konstanten Preisen.

Man kann auch sagen, dass eine **steigende Produktivität** die **Angebotskapazitäten einer Volkswirtschaft permanent erhöht** und somit einen preistreibenden Nachfragedruck verhindert. Technisch gesprochen verschiebt sich die vertikal verlaufende gesamtwirtschaftliche Kurve des Produktionspotenzials (Y^*) mit steigender Produktivität permanent nach rechts. Dies bedeutet, wie die nachfolgende Abbildung zeigt, dass sich die gesamtwirtschaftliche Nachfragekurve (Y^d) erhöht – im Beispiel von (Y_0^d) auf (Y_1^d) – ohne dass sich das Preisniveau (P) erhöht. Vielmehr bleibt das Preisniveau im Idealfall bei (P_0) konstant, weil die Rechtsverschiebung der Kurve des Produktionspotenzials von (Y_0^*) auf (Y_1^*), ausgelöst durch eine gestiegene Produktivität, die zusätzliche Nachfrage durch ein erhöhtes Güterangebot befriedigen kann.

New Economy und Produktionspotenzial

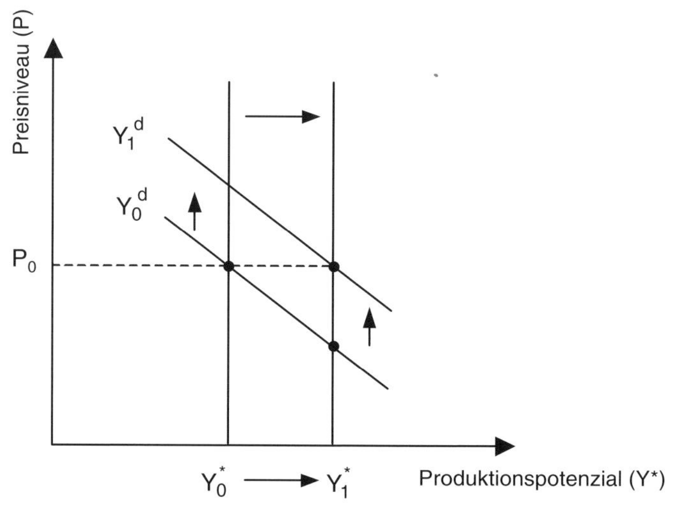

Empirisch wird geschätzt, dass sich das Produktionspotenzial in den USA zwischen 1996 und 1999 um rund 100 Basispunkte auf 3,4% erhöht hat, was allerdings nicht nur auf eine gestiegene Produktivität, sondern auch auf ein zusätzliches Arbeitskraftangebot zurückgeführt werden kann.

Darüber hinaus muss auch die **Entwicklung der Löhne und der Kapitalkosten** berücksichtigt werden. Steigen beide stärker als die Produktivität, sinken die Gewinne und der Preisdruck nimmt zu. Dies war glücklicherweise in den Vereinigten Staaten bis Mitte 2000 nicht der Fall. Trotz einer historisch niedrigen Arbeitslosenquote von 4% am Jahresende 1999 hat der Lohndruck von Seiten der Gewerkschaften und der Arbeitnehmer insgesamt nicht entscheidend zugenommen. Eine wichtige Rolle hat dabei zweifellos der weitestgehend deregulierte und flexibilisierte amerikanische Arbeitsmarkt gespielt. Hinzu kommt, dass eine steigende Produktivität das Lohnforderungskarussell erhöht, da damit die Kosten der Unternehmen sinken. Lohnerhöhungen, die exakt mit der gleichen Rate wie die Produktivität steigen, halten die Lohnkosten für die Unternehmen konstant.

Möglicherweise ist für die zurückhaltende Lohnentwicklung aber auch der enorme **Boom des US-amerikanischen Aktienmarktes** von großer Bedeutung. Da die meisten Arbeitnehmer in den USA über Aktien verfügen, hat sich ihre Vermögensposition in den 1990er Jahren deutlich verbessert. Allein im Jahr 1999 stieg der Dow Jones um rund 25%. Dieser Vermögenssprung hat möglicherweise weitergehende Lohn- und Gehaltsforderungen gebremst. Stattdessen wurde das enorme Konsumwachstum über den steigenden Vermögensbestand finanziert.

4.4 Fundamentale Aktienanalyse

Investoren an den Aktienmärkten stellen sich immer wieder die Frage, ob ausgewählte Aktien oder der Aktienindex fair bewertet sind. Verbunden mit dieser Frage ist aus der Investorenperspektive die Entscheidung zwischen Kaufen, Verkaufen oder Halten und aus der Sicht des Volkswirts das Problem, wie sich der weitere Verlauf des Aktienmarktes auf die Volkswirtschaft im Ganzen zukünftig auswirken wird, von Bedeutung.

Die Aktienanalyse kennt grundsätzlich zwei Methoden, die so genannte Charttechnik und die Fundamentalanalyse, um diese Frage zu beantworten. Die charttechnische Analyse versucht aus dem Verlauf der Kurse selbst im Vergleich zu vergangenen Ereignissen Rückschlüsse auf den weiteren Verlauf in der Zukunft zu ziehen. Demgegenüber versucht die Fundamentalanalyse an Hand so genannter Fundamentaldaten wie dem volkswirtschaftlichen Umfeld sowie Industrie- und Unternehmensspezifika Gründe für den erwarteten Kursverlauf offen zu legen. Aus der volkswirtschaftlichen Sicht werden dabei drei Ebenen unterschieden: die Makroanalyse, die Branchenanalyse sowie die Unternehmensanalyse.

Unter **Makroanalyse** versteht man die volkswirtschaftlichen Einflüsse insbesondere die Konjunktur-, Inflations- und Zinsentwicklung. Hinzu kommt die Analyse der Wirtschaftspolitik, der Währungseinflüsse sowie außergewöhnlicher Ereignisse (so genannte exogene Schocks wie z.B. Kriege oder andere außergewöhnliche Krisen).

Die **Branchenanalyse** (auch Mesoebene genannt) dient dazu, die Einflüsse der Makroebene auf das betrachtete Unternehmen genauer anhand der industriespezifischen Einflüsse zu quantifizieren. Beispielsweise werden von einer Zinserhöhung nicht alle Industrien gleich betroffen. Zinssensitive Industrien, wie beispielsweise der Finanzdienstleistungssektor, werden stärker betroffen sein als Teile des produzierenden Gewerbes, z.B. die Elektroindustrie oder die Werbebranche. Ein anderes Beispiel ist die Abhängigkeit der Entwicklung einer Industrie vom Konjunkturzyklus. Hier sind insbesondere die Konsumwerte wie der Einzelhandel oder die Automobilindustrie stark betroffen.

Die letzte Stufe der volkswirtschaftlichen Fundamentalanalyse bildet die **Mikroebene der Unternehmensanalyse**. Bilanzkennzahlen, Wettbewerbsposition, Wachstumsraten und Wachstumspotenzial, Umsatz- und Margenentwicklung, Diversifikationspotenzial, Personalsituation und Qualität des Managements stehen hier im Vordergrund.

Nimmt man die drei Teile der Fundamentalanalyse zusammen, so lässt sich die volkswirtschaftliche Makro- und die sektorale Branchenanalyse interpretieren als die grundsätzliche Richtung der Anlagepolitik in Aktien, während die Unternehmensanalyse darauf zielt, einzelne Titel zu identifizieren.

Fundamentalanalyse

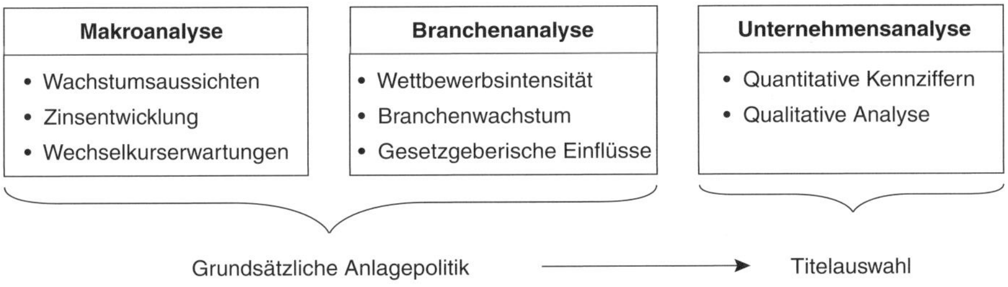

Letztes Ziel der Fundamentalanalyse ist die Bewertung einer Aktie. Grundsätzlich möchte man mit Hilfe der Fundamentalanalyse einen „fairen Preis" („fair value") ermitteln und diesen mit dem aktuellen Kurs vergleichen. Liegt der aktuelle Kurs unterhalb (oberhalb) des fairen Preises, geht man davon aus, dass die Aktie unter- bzw. überbewertet ist. Unterbewertung und Überbewertung dienen dann wiederum als Kauf- bzw. Verkaufssignale.

Fairer Preis und Kurs einer Aktie

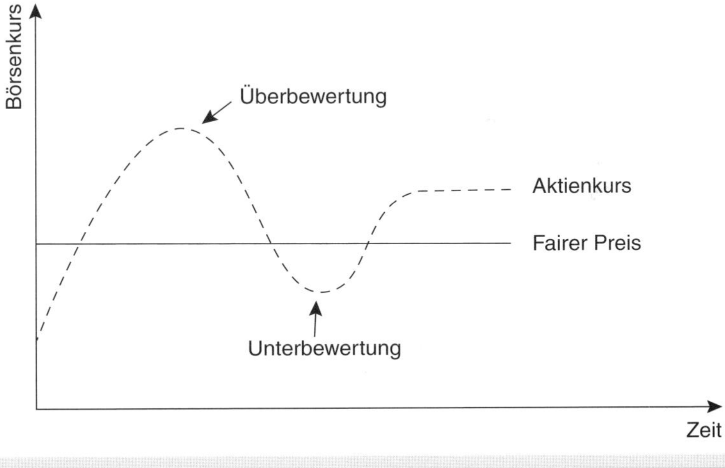

Das Problem dieser Methode liegt natürlich darin, dass wir in der Regel nicht sicher wissen, was der faire Preis – manchmal spricht man auch vom inneren Wert – einer Aktie ist. In der Praxis wird sehr oft zur Ermittlung des „fair value" die Barwertmethode angewandt, d.h. die zukünftigen erwarteten Dividenden – oder Gewinne – eines Unternehmens werden auf die Gegenwart diskontiert. Diskontfaktoren sind dabei der risikofreie Zins – beispielsweise die Umlaufrendite festverzinslicher Staatsanleihen – sowie die Risikoprämie auf Aktien.

Die erwarteten, zukünftigen Dividenden bzw. Gewinne werden berechnet, indem die aktuelle Dividende mit einem angenommen Wachstumsfaktor multipliziert wird. Die Formel für den fairen Preis einer Aktie lautet zusammengefasst:

$$P_E = \frac{D(1+g)}{i+r-g}$$

(P_E) bezeichnet dabei den fairen Preis der Aktie, (D) steht für die aktuelle Dividende, (g) bezeichnet die erwartete zukünftige Wachstumsrate, (i) stellt den risikofreien Zins dar und (r) die Risikoprämie für Aktien.

Wenn der sichere Zins beispielsweise bei 4% steht, die Risikoprämie auf Aktien 3% beträgt und mit einem Dividendenwachstum von ca. 5% bei einer Dividende von 10 EUR pro Aktie gerechnet wird, berechnet sich als fairer Preis dieser Aktie 525 EUR:

$$P_E = \frac{10 \cdot 1{,}05}{0{,}04 + 0{,}03 - 0{,}05} = 525$$

Allgemein sehen wir an der Formel, wann mit einem Anstieg (Sinken) der Aktienkurse im Sinne des fairen Preises zu rechnen ist: wenn die Wachstumsrate der Dividende steigt (sinkt) oder aber die Zinsen und die Risikoprämie sinken (steigen).

Wenn wir nun annehmen, dass der gesamte Gewinn eines Unternehmens an die Aktionäre ausgeschüttet wird, so dass die Dividende pro Aktie dem Gewinn pro Aktie entspricht, lässt sich die Formel zur Berechnung des fairen Preises einer Aktie relativ einfach in das bekannte und in der Praxis häufig gebrauchte Kurs-Gewinn-Verhältnis (KGV) transformieren. Wir brauchen dazu nur die Dividende (D) durch den Gewinn (G) in der Formel zu substituieren und beide Seiten der Gleichung durch (G) zu dividieren. Auf der rechten Seite kürzt sich damit (G) heraus und wir erhalten das gesuchte KGV:

$$KGV = \frac{P_E}{G} = \frac{1+g}{i+r-g}$$

Wie sich leicht berechnen lässt, beträgt in unserem Zahlenbeispiel das KGV des fairen Preises 52,5.

Eine Alternative zum Barwertkonzept um die Attraktivität von Aktien abzuschätzen, ist der Renditevergleich von Aktien und Anleihen als alternative Anlageformen. Beispielsweise zeigt die nachfolgende Abbildung das DAX-KGV im Vergleich zum Anleihe-KGV für Deutschland zum Ausdruck gebracht durch 10-jährige Bundesanleihen und für die USA ebenfalls durch 10-jährige Staatsanleihen.

Auf Grund der Tatsache, dass Aktien deutlich stärker risikobehaftet sind als Staatsanleihen, wird man im Allgemeinen erwarten, dass das KGV von Aktien signifikant niedriger ist als das von Anleihen. Die Differenz beider Werte kann als Risikoprämie für Aktien bewertet werden.

Im Schaubild sehen wird, dass dies in der Realität allerdings erst eindeutig seit den Jahren 2001 und 2002 der Fall ist, also dem Ende der New Economy. In den 90er Jahren hingegen lag das KGV von Staatsanleihen insbesondere in Deutschland oftmals unterhalb des KGVs für Aktien. Dies bedeutet, dass das Risiko von Aktien systematisch unterschätzt worden ist. Das ist insbesondere ausgeprägt sichtbar auf dem Höhepunkt der New Economy zum Ende der 90er Jahre sowohl in Deutschland wie in den USA. In beiden Ländern lag das Aktien-KGV deutlich über dem Anleihen-KGV. Dies ist ein sicheres Anzeichen für eine Überhitzung des Marktes.

Kurs-Gewinn-Verhältnis von Aktien und Anleihen in Deutschland und den USA (1990–2008)

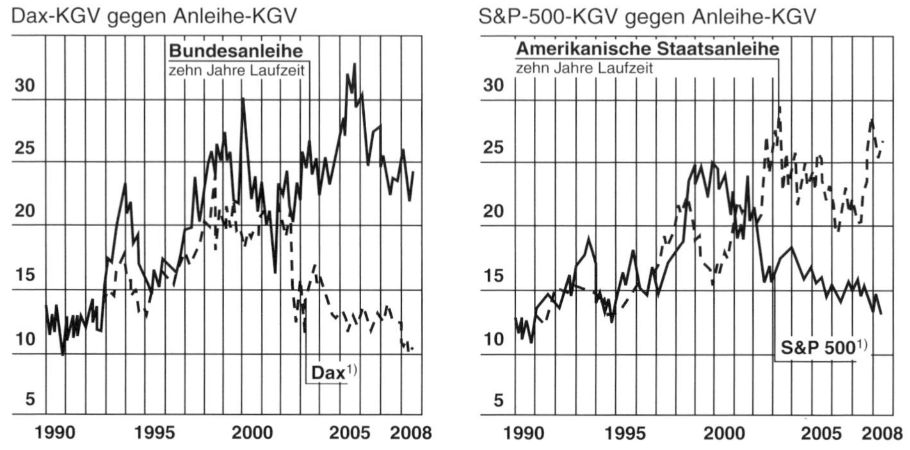

1) Auf Basis der Gewinnschätzungen für die kommenden zwölf Monate.

(Quelle: F.A.Z.)

Andererseits kann auch aus solchen Vergleichen kein Kauf-Verkaufs-Automatismus abgeleitet werden, weil die Vergleiche selbst wiederum auf Erwartungen und damit unsicheren Größen basieren, insbesondere die Gewinn- und Renditeerwartungen. Ein gutes Beispiel hierfür war die Situation im September 2008. Obwohl das Aktien-KGV mit einem Wert von etwa 10 historisch niedrig lag und der Bewertungsaufschlag zum Anleihen-KGV von rund 24 mit fast 60% einmalig hoch war, hat die Nachfrage nach Aktien dennoch weiter nachgelassen – möglicherweise weil den in die KGV Bewertung eingepreisten Gewinnerwartungen kein Vertrauen mehr geschenkt wurde. Außerdem hatte sich die Finanzkrise, die in Kapitel 1 ausführlich beschrieben wurde, noch einmal verschärft.

Spekulative Blasen am Aktienmarkt

Blasen am Aktienmarkt kommen immer wieder vor. Beispielsweise hat die Euphorie, die die New Economy an den Märkten auslöste, die Kurse insbesondere der Technologieaktien binnen eines halben Jahres um mehr als 150% steigen lassen, um dann innerhalb von drei Jahren um 90% zu fallen.

Ursache dieser „irrationalen Übertreibungen", wie es der legendäre Chef der amerikanischen Notenbank, Alan Greenspan, nannte war die Annahme der Marktteilnehmer, es herrsche eine Art „Tugendkreislauf", der etwa wie folgt funktioniert:

Mit der Ausbreitung von Technologieunternehmen erhöht sich die gesamtwirtschaftliche Produktivität, die wiederum das gesamtwirtschaftliche Produktionspotenzial steigert und damit ein quasi inflationsfreies Wachstum ermöglicht, welches wegen der damit verbundenen steigenden Gewinnerwartungen zu steigenden Aktienkursen führt, die ihrerseits über den Vermögens- und Finanzierungseffekt die gesamtwirtschaftliche Nachfrage erhöhen und damit den Konjunkturaufschwung verstärken, der seinerseits wiederum zu neuen Technologieunternehmen führt, womit der Kreislauf von Neuem beginnen kann.

Tugendkreislauf der New Economy

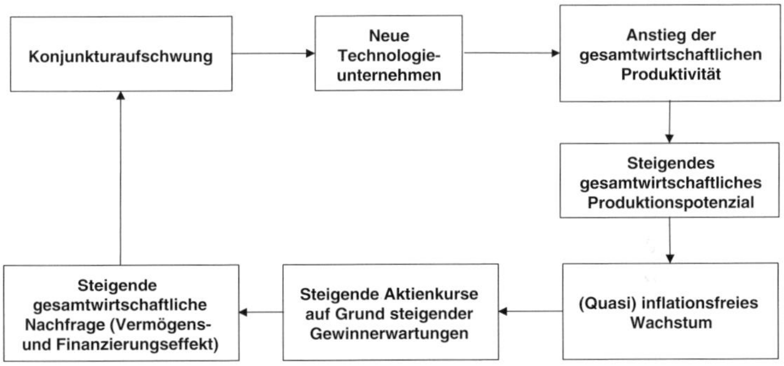

Diese Annahme war offenbar ein Trugschluss. Stattdessen stagnierte die Wirtschaft in den Industrieländern über mehrere Jahre nach dem Ende der „New Economy". In Deutschland hatte der DAX seinen Höhepunkt im März 2000 erreicht, um anschließend drei Jahre nur zu fallen. Mitte 2003 hatte er fast 75% seines höchsten Wertes von fast 8.000 Punkten verloren. Es dauerte weitere vier Jahre bis er diesen Wert im Juli 2007 übertraf. Seit her fallen die Kurse wieder ausgelöst durch die Hypothekenkrise in Verbindung mit einer erwarteten weltweiten Rezession.

Deutscher Aktienindex seit 1990

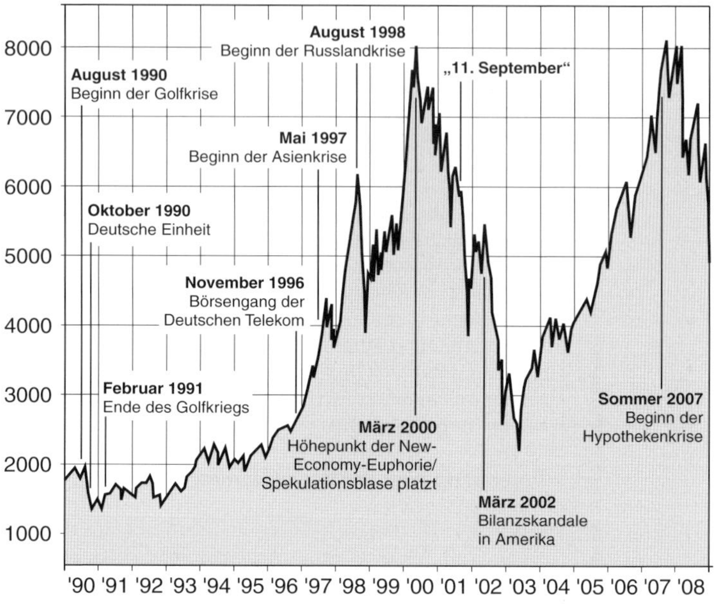

(Quelle: F.A.Z., www.boerse.ARD.de)

Die Episode der New Economy erinnert daran, dass die Geschichte der Aktienmärkte auch eine Geschichte spekulativer Blasen ist. Im Angelsächsischen spricht man von „bubbles" oder von „asset price inflation", also einer Inflationierung finanzieller Vermögenswerte.

Berühmt geworden ist die legendäre Tulpenzwiebelhysterie in Holland in den Jahren 1636/1637, als Tulpenzwiebeln für den Preis eines Hauses gehandelt wurden. Die Blase platzte, als sich trotz fallender Preise kein Käufer mehr fand.

Historisch näher liegt die Weltwirtschaftskrise im letzten Jahrhundert, die im Oktober 1929 durch den Börsencrash an der Wall Street ausgelöst wurde („Schwarzer Freitag"). Wenige Tage vor diesem Crash hatte der angesehene Ökonom Irving Fisher („Fisher-Theorem") noch erklärt, dass neue Erfindungen wie Telefon, Radio, Tonfilm und Fließband ein neues Zeitalter und auch Börsenkurse ein „dauerhaft hohes Niveau" versprächen. Wer fühlt sich da nicht an das Platzen der Blase an den internationalen (Technologie-) Börsen in den letzten beiden Jahren im Zusammenhang mit der New Economy erinnert?

Eine andere Definition – auch als „Abkopplungsthese" bekannt – lautet, dass eine Blase daran zu erkennen sei, dass die Finanzmärkte die Gütermärkte bestimmen und nicht wie üblich umgekehrt. Aber auch diese Definition ist schwer zu verifizieren, da nicht klar ist, mit welchen Indikatoren die Dominanz der Finanzmärkte über die Realwirtschaft und umgekehrt gemessen werden soll.

Grundsätzlich lässt sich festhalten, dass das Platzen einer Blase am Aktienmarkt dadurch gekennzeichnet ist, dass die Kurse, nachdem sie extrem stark angestiegen sind, plötzlich binnen kürzester Zeit ebenso stark oder sogar noch stärker fallen. Eine mögliche Definition einer Blase wäre demnach, dass sich die Vermögenspreise von ihren so genannten „fundamentalen Werten" entfernen. Die Schwierigkeit dieser Definition besteht jedoch darin, dass der „fundamentale Wert" selbst nicht einheitlich definiert ist.

Auf Grund der Schwierigkeiten, die mit der Definition einer Blase am Aktienmarkt verbunden sind, kann man das Vorhandensein einer Blase mit Sicherheit immer erst feststellen, wenn sie schon geplatzt ist, also ex post.

Ähnliche Probleme ergeben sich bei der Analyse, wie überhaupt eine Blase am Aktienmarkt entsteht. Vergleicht man wichtige Indikatoren für die 1920er und die 1990er Jahre des letzten Jahrhunderts, so lassen sich die folgenden Gemeinsamkeiten bei der Entstehung beider „bubbles" feststellen:

- Das reale BIP-Wachstum war jeweils überproportional hoch, verglichen mit den langfristigen Trendwerten. Dementsprechend waren auch die Unternehmensgewinne und mit ihnen die Dividenden historisch hoch.
- Es existierten bestimmte „Boombranchen" (New Economy), die technische Neuerungen verkörperten. In den 1920er Jahren waren dies u.a. das Automobil, in den 1990er die IuK-Technologien. Alte Branchen (Old Economy), in den 1920er Jahren die Eisenbahnindustrie, heute zum Beispiel der Maschinenbau, werden scheinbar verdrängt.
- Mit den neuen Branchen ging eine Art technologischer Revolution einher, die sich makroökonomisch in einer überproportional steigenden Produktivität und damit in einer höheren gesamtwirtschaftlichen Angebotselastizität niederschlug. Die steigende Produktivität hat den Vorteil, dass sich die Lohnstückkosten für die Unternehmen trotz möglicherweise überproportional steigender Nominallöhne nur moderat nach oben entwickeln, weil die steigenden Löhne durch die steigende Produktivität kompensiert werden. Beispielsweise erhöhte sich in den 1920er Jahren die Arbeitsproduktivität um insgesamt 43%, d.h., wären die Nominallöhne um den gleichen Prozentwert gestiegen, wären die Lohnstückkosten für die Unternehmen ceteris paribus konstant geblieben. Tatsächlich sind sie sogar gesunken. Gesamtwirtschaftlicher Vorteil der gestiegenen Produktivität ist, dass die Preise und damit die Inflationsrate nicht stark anziehen und es damit zu einem quasi inflationsfreien Wachstum kommt.

- Hinzu kommen günstige Rahmenbedingungen wie zunehmender Wettbewerb, Deregulierung und Privatisierung, stabile oder gar sinkende Rohstoffpreise und keine importierte Inflation durch einen sinkenden Wechselkurs. Für die Konstanz oder sogar den Anstieg des Wechselkurses ist der US-Dollar in den 1990er Jahren ein Paradebeispiel, das sich daraus erklärt, dass das enorme Leistungsbilanzdefizit der boomenden Wirtschaft in den USA durch einen ebenso enormen Kapitalbilanzüberschuss (Portfolio- und Direktinvestitionen) ausgeglichen oder gar überkompensiert wurde. Die Nachfrage nach Dollars überstieg somit das Angebot.
- Schließlich kam immer auch die Psychologie ins Spiel – wissenschaftlich unter dem Stichwort „behavioral finance" bekannt. Mit steigendem Wachstum, steigenden Gewinnerwartungen und steigenden Aktienkursen wollen immer mehr Investoren von der scheinbar unaufhaltsamen Vermögensvermehrung profitieren. Die Medien wirken hier als Verstärker. Mit Berichten über sagenhafte und rasche Gewinne locken sie neue Anleger an den Markt. Gier, Unwissenheit, Naivität und ökonomische Erkenntnisse werden für das Publikum zu einem gefährlichen Gebräu gemischt. Auch die institutionellen Anleger tragen ihren Teil dazu bei, dass der Zug gefährlich an Fahrt gewinnt und immer schneller wird. Gute Nachrichten sind gefragt, Analysten unterliegen dem Zwang positiver Kursprognosen und Fondsmanager können es sich nicht leisten, dem haussierenden Markt fernzubleiben. Lieber mit allen verlieren, als als einziger nicht gewinnen, lautet die Devise.
- Besonders gefährlich wird die ganze Entwicklung dann, wenn, was die Regel ist, die steigenden Liquiditätsbedürfnisse des privaten Sektors von den Geschäftsbanken mit neuen Krediten, die wiederum mit den gestiegenen Vermögenswerten gesichert sind, befriedigt werden. Dann kann sich der unvermeidliche Crash an den Börsen wie in der Weltwirtschaftskrise und in Japan zu einer realwirtschaftlichen Katastrophe ausweiten: Mit dem plötzlichen Verfall der Vermögenswerte fordern die Banken ihre Kredite zurück. Da diese nicht bezahlt werden können, müssen Privathaushalte und Unternehmen Konkurs anmelden, und Teile des Bankensystems werden selbst illiquide und geraten in Not. Der Wirtschafts- und Finanzierungskreis droht zusammenzubrechen oder bricht tatsächlich zusammen, wie das bereits während der Weltwirtschaftskrise vorkam.

Vergleich wichtiger Indikatoren 1921–1929 und 1991–2000

	1921–1929	1991–Anfang 2000*
Reales Wachstum des BSP	4,2	3,62
Unternehmensgewinne	9,0	9,40
Arbeitslosenquote am Ende	3,2	4,00
Boombranchen	Automobil, Radio, Film, Versorger	Internet, Informations-technologie, Kommunikation
„Überholte" Branchen	Eisenbahnindustrie	Automobil, Maschinenbau, Handel, Versorger
Maximale Wertentwicklung der Aktien	496 (Dow-Jones-Index) August 1921 bis September 1929	504 (S&P-100-Index) Oktober 1990 bis März 2000
Beschleunigungsphase		
Dauer	April 1925–September 1929	Januar 1995–Dezember 1999
Wertentwicklung	215	295
Markt-Kurs-Gewinn-Verhältnis		
Anfang der Hausse	10,0	14,0
Endphase der Hausse	21,0	30,7
Dividendenrendite		
Anfang der Hausse	n.a.	3,70
Endphase der Hausse	3,00–3,50	1,10
Zinsstruktur Hausse-Enphase		
Leitzinsen	6,00	6,00
3-Monate-Restlaufzeit	6,25	6,70 (1991) – 5,30 (1999)
10-Jahre-Restlaufzeit	3,70	7,95 (1991) – 6,40 (1999)
Marktkapitalisierung	110	40 (1991) – 170 (2000)

(Quelle: F.A.Z.)

Was letztlich das Platzen einer Blase auslöst, ist nicht hundertprozentig zu beantworten. Vergleicht man wiederum den „1920er-Jahre-Bubble" mit dem „New-Economy-Bubble", so wurde der Niedergang jeweils mit einer restriktiven Geldpolitik und damit einer monetären Kontraktion, d.h. steigenden Zinsen eingeleitet. Im Jahr 2000 kam noch der stark gestiegene Ölpreis hinzu.

Nach dem Platzen kommt eine gefährliche Spirale in Gang. Durch die Vermögensverluste sinkt der Konsum, und durch die steigenden Finanzierungskosten sinken die Investitionen. Überkapazitäten müssen abgebaut und Fehlinvestitionen abgeschrieben werden. Die Arbeitslosigkeit steigt, und mit ihr sinken Konsum und Investitionen weiter. Bei den Banken kommt es zu Zahlungsausfällen und mit diesen zu einer Kreditklemme, einem so genannten „credit crunch", d.h., die Banken schränken ihre Kreditvergabe drastisch ein, was die private Nachfrage weiter belastet. Eine „Erwartungsrezession" stellt sich beim Publikum ein, die tatsächlich in eine Rezession mündet, weil die schlechten Erwartungen das Wirtschaftswachstum noch weiter bremsen.

4.5 Einfluss der Finanzmärkte auf das Wirtschaftswachstum

Das Beispiel der Auswirkungen von Blasen am Aktienmarkt verdeutlicht, dass zwischen Finanzmärkten und Realwirtschaft eine interdependente, d.h. eine wechselseitig abhängige Beziehung existiert. Mit anderen Worten: Eine Volkswirtschaft beeinflusst die Finanzmärkte, diese wiederum aber auch die Volkswirtschaft.

Bisher hat die Wirkung von volkswirtschaftlichen Einflussgrößen, wie das BIP-Wachstum oder die Inflationsrate, auf die Entwicklung an den Finanzmärkten, d.h. die Kurse von Aktien und Anleihen, im Vordergrund gestanden. Tatsächlich beeinflussen aber auch die Finanzmärkte die Volkswirtschaft – dies gilt insbesondere für den Aktienmarkt – und zwar in den letzten Jahren und Jahrzehnten um so mehr, da die Finanzmärkte immer wichtiger und vor allem auch immer globaler geworden sind. Außerdem hat die Volatilität deutlich zugenommen.

Der prinzipielle Einfluss der Finanzmärkte auf den Konjunkturzyklus liegt zunächst darin – wie in der nachfolgenden Abbildung dargestellt –, dass sowohl auf dem Geld- und Bondmarkt bestimmte kurz- und langfristige Zinsen wie auch Aktienkurse über die Bestimmung der Vermögensposition des privaten Sektors und der Finanzierungskosten des Eigenkapitals die Investitions- und Konsumnachfrage tangieren. Als Regel kann davon ausgegangen werden, dass ein Anstieg (Sinken) der Zinsen oder sinkende (steigende) Kurse an den Aktienmärkten zu einem Rückgang (Anstieg) des Konsums sowie der Investitionen und damit zu einem Konjunkturabschwung (Konjunkturaufschwung) führen. Für den Devisenmarkt – als weiteren Finanzmarkt – gilt, dass die Aufwertung (Abwertung) der inländischen Währung den Außenbeitrag, also die Differenz von Exporten minus Importen, tendenziell senkt (erhöht) und damit die Konjunktur bremst (belebt).

Detailliert wird der Einfluss der Finanzmärkte auf die Volkswirtschaft anhand so genannter Transmissionskanäle beschrieben – ähnlich wie die Transmissionsmechanismen, die wir bei der Geldpolitik kennen gelernt hatten. Im Einzelnen wird zwischen fünf Kanälen unterschieden:

- **Zinskanal**: Dieser besagt, dass steigende (sinkende) Zinsen am Geld- und Kapitalmarkt die Finanzkosten für die privaten Unternehmen und Haushalte erhöhen (senken) und somit die Investitions- und Konsumnachfrage senken (erhöhen).
- **Vermögenseffekt**: Der Vermögenseffekt zielt auf die Höhe der Aktienkurse. Die These ist hier, dass sinkende (steigende) Aktienkurse ebenfalls zu einer sinkenden (steigenden) Konsumnachfrage führen, weil die Konsumenten ihr Konsumniveau nicht nur an der Höhe ihres laufenden Einkommens, sondern auch an der Höhe ihres Vermögensbestandes festmachen.
- **Kreditkanal**: Der Kreditkanal stellt ebenfalls auf die Aktienkurse ab, nun allerdings aus der Unternehmens- und Bankenperspektive. Die Idee ist hier, dass sinkende (steigende) Aktienkurse den Wert einer Unternehmung senken (erhöhen), was in der Folge wiederum zu einer schwierigen (einfacheren) Kreditvergabe von Seiten der Geschäftsbanken führt. Bei ganz niedrigen Kursen kann es sogar zum „credit crunch“ kommen, was bedeutet, dass von der Angebotsseite die Finanzierung der Unternehmen von Seiten der Banken beschränkt wird, mit den entsprechend negativen Folgen für die Investitionen und das Wirtschaftswachstum.

- **Bilanzkanal**: Wiederum geht es um das Eigenkapital. Nun wird über Tobin's (q) argumentiert, dass sinkende (steigende) Aktienkurse zu einem sinkenden (steigenden) (q) führen, was wiederum Desinvestitionen (Investitionen) induziert.
- **Devisenkanal**: Auf dem Devisenmarkt wird der Wechselkurs einer Währung bestimmt, der wiederum auf den Außenbeitrag einer Volkswirtschaft wirkt. Als Wirkungskette wird angenommen, dass ein steigender (sinkender) Wechselkurs den Außenbeitrag senkt (erhöht).

Transmissionskanäle von Finanzmarktimpulsen

Zinskanal	:	Zinshöhe	⟹	Finanzierungskosten	⟹	Investition und Konsum		
Vermögenseffekt	:	Aktienkurse	⟹	Vermögen	⟹	Konsum		
Kreditkanal	:	Aktienkurse	⟹	Firmenwert	⟹	Kreditrisiko	⟹	Investitionen
Bilanzkanal	:	Aktienkurse	⟹	Tobin's (q)	⟹	Investitionen		
Devisenkanal	:	Devisenmarkt	⟹	Wechselkurs	⟹	Außenbeitrag		

Zusammengefasst kann also festgehalten werden, dass steigende (sinkende) Zinsen, sinkende (steigende) Aktienkurse und eine Aufwertung (Abwertung) des Wechselkurses das BIP-Wachstum einer Volkswirtschaft senken (erhöhen). Empirische Untersuchungen haben bestätigt, dass diese Zusammenhänge tatsächlich auch in der Realität beobachtet werden können.

4.6 Economic Research

Praktisch jedes Institut der Finanzdienstleistungsbranche verfügt heute über eine volkswirtschaftliche Abteilung, die regelmäßig Research-Berichte über die wichtigsten volkswirtschaftlichen Indikatoren zur Einschätzung der Kapitalmärkte zu Verfügung stellt. Diese Berichte unterscheiden sich von Haus zu Haus. Allerdings liegt ihnen eine **gemeinsame Analyse- und Indikatorenstruktur** zu Grunde. Die folgende Abbildung fasst die wichtigsten Elemente dieser Struktur zusammen:

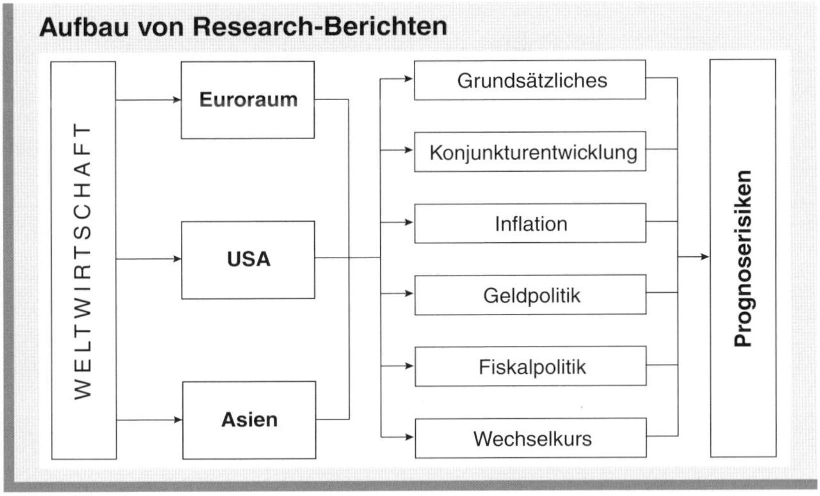

Ausgangspunkt von Research-Berichten ist in der Regel die Einschätzung der **Weltwirtschaft**. Auf der nächsten Untersuchungsebene wird die Weltwirtschaft dann in die drei wichtigsten Währungs- und Anlageräume **Euroraum, USA und Asien** unterteilt. In der Beurteilung dieser Wirtschaftsräume werden wiederum die folgenden **Einzelindikatoren** analysiert:

- Zunächst wird eine **grundsätzliche Einschätzung** abgegeben, beispielsweise für den Euroraum für das Jahr 2008 eine sich eintrübende Konjunktur mit Rezessionsgefahr.

- Es folgt eine detaillierte Darstellung der **Konjunkturentwicklung**. Dabei werden die einzelnen Komponenten der Konjunktur, wie Investitionen, Konsum, Außenbeitrag und Staatsausgaben, untersucht, und es wird auch versucht, den Jahresverlauf zu prognostizieren. Manchmal wird auch auf den Arbeitsmarkt abgestellt, um einzuschätzen, ob es zu Spannungen im Sinne steigender Nominallöhne kommt, oder aber umgekehrt zu weiteren Nachfrageausfällen durch hohe Arbeitslosigkeit.

- An die Konjunkturentwicklung schließt sich die Einschätzung der **Inflationsentwicklung** an. Hierbei werden nicht nur konjunkturelle Einflüsse untersucht, sondern auch außenwirtschaftliche, wie beispielsweise der Ölpreisanstieg oder der Kursanstieg des Euro gegenüber dem US-Dollar. Die beiden letzten Einflüsse wirken über die Importpreise auf die inländische Inflationsrate. Es wird eine Inflationsprognose abgegeben, die in eine **Zinsprognose** mündet.

- Es folgt die Überleitung zur **Geldpolitik**. In Europa steht dabei die Politik der Europäischen Zentralbank im Vordergrund des Interesses. Aufgrund der Inflations- und der Geldmengenentwicklung wird versucht, die Geldpolitik der EZB vorherzusagen. Für das Jahr 2008 beispielsweise standen Spekulationen über bevorstehende Zinsänderungen im Vordergrund.

- Nach der Geldpolitik wird sich in der Regel der **Fiskalpolitik** zugewandt. Hier steht die Entwicklung des staatlichen Budgetdefizits im Vordergrund. Ein sinkendes Defizit wird – vor allem in einem Konjunkturaufschwung und angesichts der Überschuldung der meisten Staaten – positiv interpretiert, denn es bedeutet, Druck von den Kapitalmarktzinsen zu nehmen und die Handlungsfähigkeit des Staates zu erhöhen. Umgekehrt kann aber auch eine expansive Fiskalpolitik, wie sie beispielsweise von der derzeitigen US-amerikanischen Regierung unter Georg W. Bush durch die Steuersenkungen betrieben wird, positiv beurteilt werden, weil sie hilft, die Wirtschaft anzukurbeln.

- Auch der **Wechselkurs** wird beobachtet. Dies ist vor allem wichtig für international orientierte Anleger, da neben dem Markt- und Adressenrisiko nun auch das Währungsrisiko hinzukommt. Dabei wird zwischen kurzfristigen und fundamentalen Faktoren unterschieden. Fundamentale Faktoren für die Wechselkursentwicklung sind die Konjunktursituationen der betrachteten Länder und die sich daraus ergebenden Zinsspreads.

- Abschließend wird meistens auf die **Risiken der getroffenen Einschätzungen** verwiesen. Der Begriff der Risiken ist in diesem Zusammenhang nicht negativ zu verstehen, sondern bezieht sich auf die Eintrittswahrscheinlichkeit alternativer Szenarien, die die getroffenen Prognosen in Frage stellen können.

Research-Berichte

Neben den Research-Berichten aus den einzelnen Instituten existieren auch von internationalen und nationalen Organisationen Berichte, die für das Anlagemanagement von Interesse sind. Hier sind insbesondere zu nennen:

- Der **World Economic Outlook** des **Internationalen Währungsfonds** (**IWF**), der jeweils im Frühjahr und Herbst eines Jahres erscheint und die aktuelle Weltwirtschaftslage einschließlich der Entwicklung auf den Weltkapitalmärkten konzentriert darstellt und prognostiziert (vgl. die folgende Abbildung).
- Der Jahresbericht der **Bank für Internationalen Zahlungsausgleich** (**BIZ**), der ähnlich wie der World Economic Outlook die Weltwirtschaftslage analysiert. Allerdings legt die BIZ ein größeres Gewicht auf die Finanzmärkte (einschließlich der Devisenmärkte) und betont die europäische Situation stärker als die US-amerikanische. Die Entwicklung am Bankenmarkt und den Finanzmärkten wird jeweils aktuell anhand des Quarterly Review dargestellt.
- Für die Analyse der wirtschaftlichen Situation in Europa, insbesondere in der EU und der EWWU, ist die **Europäische Zentralbank** (**EZB**) zuständig. In ihrem Monatsbericht analysiert sie regelmäßig und aktuell die monetäre Entwicklung auf dem Geldmarkt, die Preisentwicklung im Euroraum, die Konjunkturentwicklung sowie die Wechselkursbewegungen des Euro und die Zahlungsbilanz. Darüber hinaus finden sich in den Monatsberichten Sonderaufsätze zu aktuellen, relevanten Fragen, wie beispielsweise dem wachsenden Bondangebot im Euroraum auf Grund der steigenden Unternehmensanleihen.
- Für Deutschland ist der Monatsbericht der **Deutschen Bundesbank** (**BB**) das wichtigste Dokument. Hier finden sich, neben dem Bericht zur internationalen und europäischen Situation, Analysen der Finanzmärkte sowie der Konjunkturentwicklung, einschließlich der Außenwirtschaft und der öffentlichen Finanzen in Deutschland.

Alle genannten Berichte können auch online abgerufen werden, und zwar unter folgenden Adressen:

IWF:	http://www.imf.org
BIZ:	http://www.bis.org
EZB:	http://www.ecb.int
BB:	http://bundesbank.de

Globale Indikatoren 1970–2008

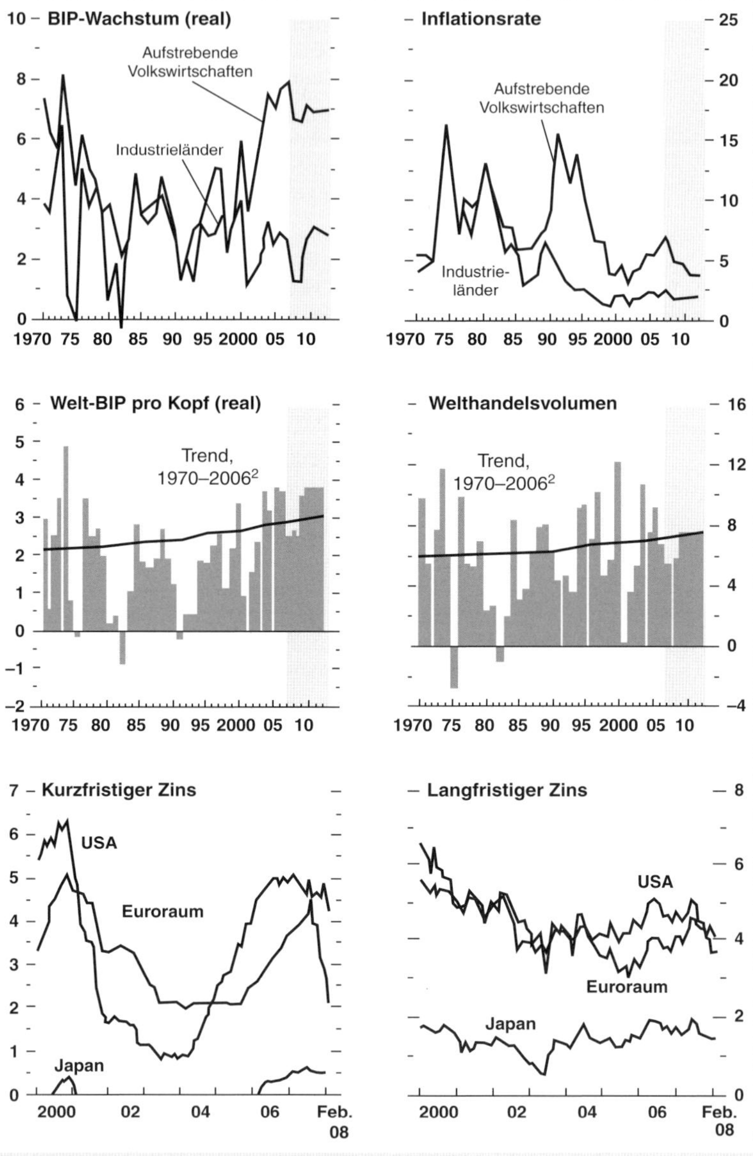

(Quelle: Internationaler Währungsfonds)

4.7 Schlüsselkennzahlen der Finanzmärkte

Unterhalb der Ebene makroökonomischer Daten wie dem BIP-Wachstum, der Inflationsrate oder den Zinsen spielen für die Finanzmärkte noch andere volkswirtschaftliche Indikatoren eine ganz besondere Rolle. Hierzu zählen beispielsweise der Ifo-Geschäftsklimaindex, der Auftragseingang im verarbeitenden Gewerbe sowie der Einkaufsmanagerindex, der US-Arbeitsmarktbericht und die US-Einzelhandelsumsätze.

Allen diesen Indikatoren ist gemeinsam, dass sie in die Zukunft gerichtet sind und somit Prognosen über die zukünftige wirtschaftliche Entwicklung enthalten. Die Reaktionen auf die Veröffentlichung dieser Schlüsselkennzahlen („market movers") verlaufen meist nach dem gleichen Muster. Die Erwartung, die sich der Markt von dem entsprechenden Indikator gebildet hat, wird mit dem veröffentlichten Ist-Wert verglichen. Kommt es zu Abweichungen, löst dies Kauf- bzw. Verkaufsaufträge aus. Oftmals sind die dadurch ausgelösten Kursausschläge jedoch nur ganz kurzfristiger Natur, es sei denn, die Indikatoren signalisieren eine ganze Trendwende und nicht nur eine temporäre Abweichung von den Erwartungen.

Die Wichtigkeit der einzelnen Indikatoren hängt von mehreren Faktoren ab. Einer davon ist eine zeitnahe Veröffentlichung. Beispielsweise wird der Einkaufsmanagerindex bereits am ersten Werktag des Folgemonats veröffentlicht, so dass die von den Einkaufsmanagern getroffenen Einschätzungen auch noch zum Veröffentlichungszeitpunkt relevant sind. Würde der Veröffentlichungszeitpunkt deutlich später liegen, hätte der Indikator automatisch einen geringeren Wert für die Marktteilnehmer. Allgemein gilt, dass die Aussagekraft eines Indikators umso geringer ist, je größer die Zeitspanne zwischen Datenerhebung und Datenveröffentlichung.

Ein zweites Kriterium ist die Korrekturanfälligkeit eines Indikators. Grundsätzlich gilt hier: je höher die Korrekturanfälligkeit eines Indikators, umso geringer seine Aussagekraft für die Finanzmärkte. Vor allem „hard facts" wie beispielsweise die Industrieproduktion, aber auch der Auftragseingang, sind von nachträglichen Korrekturen betroffen. Weiche Daten hingegen, die aus Umfragen hervorgehen, sind überhaupt nicht korrekturanfällig, weil sie auf subjektiven Einschätzungen basieren.

Ein drittes Kriterium dafür, wie wichtig die Finanzmärkte einen bestimmten Indikator nehmen, ist der Einfluss der Zentralbanken. Beispielsweise bedeutete die Neuausrichtung der geldpolitischen Strategie der EZB gegenüber der Bundesbank, dass die Geldmenge als Indikator an Bedeutung eingebüßt hat, während umgekehrt das Produzenten- und Konsumentenvertrauen sowie Lohnkosten und Importpreise an Bedeutung gewonnen haben. Dies hängt unmittelbar damit zusammen, dass diese Indikatoren aufgrund der Zwei-Säulen-Strategie für die EZB selbst einen hohen Stellenwert bei der Ausrichtung ihrer Geldpolitik haben.

Wenden wir uns nun den einzelnen Indikatoren selbst zu:

- Der **Ifo-Geschäftsklimaindex** ist ein vielbeachteter Frühindikator für die konjunkturelle Entwicklung in Deutschland. Jeden Monat befragt das Ifo-Institut über 7.000 Unternehmen zu ihrer Einschätzung der konjunkturellen Lage („Geschäftslage“) und ihrer kurzfristigen Planung („Geschäftserwartungen“). Der Index fasst beide Befragungen in einer Zahl zusammen. Gegenstand der Befragung ist das verarbeitenden Gewerbes und der Groß- und Einzelhandel.

  In den vergangenen 30 Jahren erwies sich der Ifo-Geschäftsklimaindex als recht treffsicherer Indikator der konjunkturellen Entwicklung, einschließlich der konjunkturellen Wendepunkte. Zum Beispiel kündigt ein mehrmaliger Rückgang des Indexes bereits etliche Monate zuvor eine Verlangsamung oder gar einen Rückgang des Wirtschaftswachstums an. Allerdings war die Trefferquote bei der Vorhersage eines Abschwungs in der Vergangenheit meistens besser als bei der Vorhersage eines Aufschwungs.

  Im August 2008 beispielsweise war der Index zum dritten Mal hintereinander gefallen, ein sicheres Anzeichen eines konjunkturellen Abschwungs. Die befragten Unternehmen beurteilen sowohl ihre augenblickliche Geschäftslage wie auch die Aussichten für das nächste halbe Jahre schlechter als im Vormonat. Zuvor war der Index durchweg seit dem Jahr 2005 gestiegen.

Ifo-Geschäftsklimaindex in West- und Ostdeutschland 1996 – August 2008

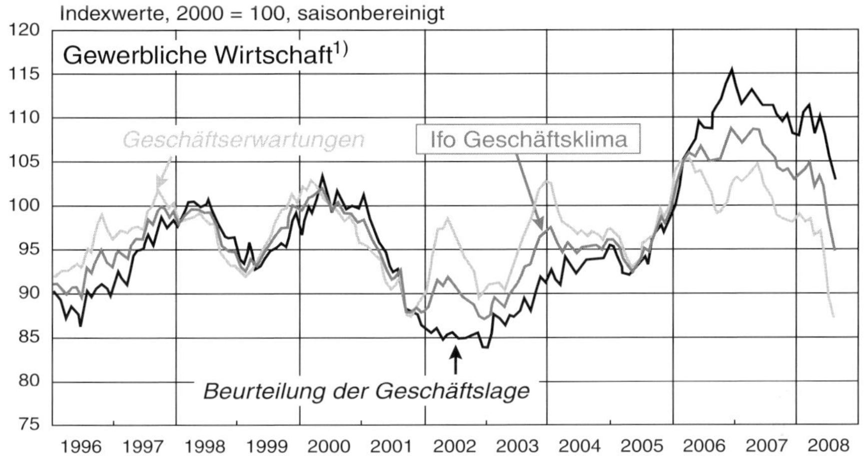

1) Verarbeitendes Gewerbe, Bauhauptgewerbe, Groß- und Einzelhandel.

(Quelle: Ifo-Institut)

- Auch die Zahlen zum **Auftragseingang** im verarbeitenden Gewerbe liefern aufschlussreiche Erkenntnisse über die zukünftige Wirtschaftsentwicklung in Deutschland. Dabei kommt der Investitionsgüternachfrage eine besondere Bedeutung zu, weil steigende (fallende) Bestellungen im Investitionsgüterbereich bedeuten, dass die Unternehmen ihre Kapazitäten ausweiten (einschränken), was wiederum auf eine steigende (sinkende) allgemeine Nachfrage und damit einen Konjunkturaufschwung (Abschwung) schließen lässt. Der vom Statistischen Bundesamt regelmäßig einmal im Monat veröffentlichte Index zeigte beispielsweise für das zweite Quartal 2008 eine Stagnation des Auftragseingangs in der Investitionsgüterindustrie an, was zu den erwähnten Ergebnissen des Ifo-Geschäftsklimaindexes passt.

- In den USA ist der **Einkaufsmanagerindex** schon seit vielen Jahrzehnten ein beliebter Indikator an den Finanzmärkten. Jedoch auch in Europa gewinnt er immer mehr an Bedeutung, insbesondere seit dem Start der Europäischen Währungsunion. Der Index selbst beruht ebenfalls auf Umfrageergebnissen aus dem verarbeitenden Gewerbe. Der Index findet deshalb eine so hohe Beachtung, weil er, wie entsprechende Zeitreihen insbesondere für die USA deutlich belegen, eine relativ enge Korrelation zwischen Indexstand und zukünftiger wirtschaftlicher Entwicklung aufweist.

Der Aufbau des europäischen Einkaufsmanagerindex (EMI), der von Reuters erhoben wird, folgt dem amerikanischen Beispiel und befragt rund 350 verantwortliche Mitarbeiter, die für Einkauf und Logistik in führenden europäischen Unternehmen zuständig sind. Die Befragung richtet sich auf fünf Komponenten – den Auftragseingang, die Produktion, die Lieferzeiten im Einkauf, die Lagerbestände sowie die Beschäftigtenzahl –, aus denen dann der Index konstruiert wird.

- Die Daten des US-**Arbeitsmarktberichts** sind eine der wichtigsten Schlüsselkennzahlen für die Finanzmärkte. Sie werden an jedem ersten Freitag eines Monats für den Vormonat vom US-Arbeitsministerium veröffentlicht. Im Gegensatz zum Ifo-Geschäftsklimaindex und zum EMI haben wir es hier mit harten Fakten und nicht mit Umfragen zu tun.

  Drei Zahlen stehen im Mittelpunkt des Berichts: Die Arbeitslosenquote, die Zahl der neu geschaffenen Stellen und der Anstieg der Stundenlöhne. Insbesondere die Zahl der neu geschaffenen Stellen gibt wichtige Anhaltspunkte über die zukünftigen Verbraucherausgaben. Neue Arbeitsplätze bedeuten zusätzliches Einkommen und damit auch zusätzlichen Konsum. Gleichzeitig ist der Anstieg der Stundenlöhne ein wichtiger Frühindikator für mögliche Inflationsgefahren. Steigen die Stundenlöhne stärker (schwächer) als die Produktivität, ist mit einem Anstieg (Rückgang) des Preisniveaus zu rechnen.

  Eine Traumkonstellation, wie wir sie oft in den Zeiten der New Economy Ende der 1990er Jahre erlebt haben, ist eine sinkende Arbeitslosenquote und eine steigende Anzahl neu geschaffener Arbeitsplätze bei Stagnation der Stundenlöhne. Solche Zahlen signalisieren, dass der Aufschwung weitergeht und nicht von steigenden Inflationsraten und Zinsen gebremst wird. Im Herbst 2008 hingegen war es genau umgekehrt: Die Arbeitslosenquote stieg und die Anzahl der neu geschaffenen Stellen sank – ein untrügliches Zeichen zurückgehenden Wachstums oder gar Rezession.

- Der Konsum ist mit einem Anteil von fast 70% am US-BIP einer der Hauptkräfte der Konjunktur in den USA. Zum Vergleich: In Deutschland macht der Konsum weniger als 60% am BIP aus. Da die Einzelhandelsumsätze in den USA wiederum rund 50% der Konsumausgaben ausmachen, ist ihre Entwicklung für den gesamten US-Konjunkturverlauf von hoher Bedeutung. Insofern spielen auch Daten zu den US-**Einzelhandelsumsätzen** eine wichtige Rolle in der Einschätzung der Finanzmärkte über die zukünftige Konjunkturentwicklung. Die Daten werden in den USA jeweils zur Mitte des Folgemonats vom Handelsministerium veröffentlicht. Doch sie waren im Herbst 2008 stark rückläufig.

Auch in Deutschland und Europa werden mittlerweile Einzelhandelsumsätze systematisch erhoben und veröffentlicht, u.a. von der EZB. Allerdings erfolgt in Europa und Deutschland die Veröffentlichung nicht so zeitnah wie den USA, so dass die Bedeutung der europäischen und deutschen Zahlen im Vergleich zu den USA eher gering ist.

Prognosen und Szenarien

Der Gegenwartspreis von Vermögenswerten ist – wie in diesem Kapitel erläutert – vor allem auf Erwartungen über zukünftige Entwicklungen aufgebaut. Da die Zukunft unsicher ist, sind die Preise finanzieller Vermögenswerte ebenfalls mit einer hohen Unsicherheit behaftet. Im schlimmsten Fall können Vermögenswerte sogar völlig vernichtet werden.

Dieser Unsicherheit versucht man mit **Prognosen** über zukünftige Entwicklungen beizukommen. Prognosen verringern das Ausmaß der Unsicherheit über die zukünftige Entwicklung und stellen somit die unverzichtbare Basis für jede Entscheidung eines ökonomisch rational handelnden Anlegers dar.

Allerdings weisen grundsätzlich alle Prognoseverfahren – ob qualitativ oder quantitativ – Grenzen auf, über die man sich bewusst sein sollte, wenn man Prognosen als Entscheidungsgrundlage verwendet. Prognosen basieren immer auf einer **aktuell gegebenen Informationsmenge**. Alle Informationsmängel pflanzen sich somit in der Prognose fort. Insofern verbessert eine Prognose zwar die Einschätzung der Zukunft. Sicherheit jedoch, schon gar nicht im Sinne vollständiger Sicherheit, kann sie nicht liefern. Ein Restrisiko bleibt immer. Es wird jedoch umso kleiner, je umfangreicher und exakter die Informationen über die Zukunft sind.

Grundsätzlich sollten **vier Prognoseregeln** beachtet werden:

- **Regel 1**: Finanzmarktprognosen müssen auf einer soliden fundamentalen Basis, also auf möglichst zutreffenden Konjunktur- und Inflationsprognosen aufbauen. Dies ist im Grunde genommen eine Selbstverständlichkeit. Allerdings gibt es immer wieder Beispiele – man denke nur an die New Economy oder die US-amerikanische Hypothekenkrise –, in denen irrationale Übertreibungen und Hysterie die Prognosen beherrschen.

- **Regel 2**: Marktprognosen müssen Faktoren wie Herdentrieb, Marktübertreibungen und Stimmungsschwankungen einbeziehen – ohne aber vor ihnen zu kapitulieren! Damit wird gesagt, dass beispielsweise Aktienkurse nicht allein aufgrund der Fundamentalanalyse bestimmt werden können. Vielmehr müssen auch die marktpsychologischen Momente berücksichtigt werden. Aktuelles Marktgeschehen und Fundamentalanalyse müssen also in ein gutes Verhältnis gebracht werden.
- **Regel 3**: Prognostiker müssen beachten, dass in informationseffizienten Märkten eine Prognose nur dann gut ist, wenn sie gemessen an der Benchmark gut ist. Informationseffiziente Märkte haben die Eigenschaft, dass alle verfügbaren Informationen schon in den aktuellen Preisen enthalten sind. Mit anderen Worten: Wer eine vom Durchschnitt abweichende Prognose vertritt, muss die vorhandenen Informationen anders interpretieren als der Markt. In der Praxis zeigt sich, dass die Durchschnittsprognosen letztlich immer zu schlagen sind.
- **Regel 4**: Gute Prognosen wird auf Dauer nur machen, wer selbstkritisch immer wieder die eigenen Fehler analysiert. Diese Fehler betreffen vor allem die Annahme, selten die Theorie, mit deren Hilfe die Annahme in eine Prognose gegossen wird.

Der Unsicherheit von Prognosen versucht man mit der so genannten Szenariotechnik beizukommen. Bei dieser werden bestimmten Ereignissen bestimmte Eintrittswahrscheinlichkeiten zu geordnet. Beispielsweise kann prognostiziert werden, dass die Aktienkurse im nächsten halben Jahr mit einer Wahrscheinlichkeit von 20% stiegen, mit einer Wahrscheinlichkeit von 70% fallen und mit einer verbleibenden Wahrscheinlichkeit von 10% gleich bleiben.

Ein anderes Beispiel ist die Prognose des Internationalen Währungsfonds (IWF) für das Wachstum des Welt-Bruttoinlandsproduktes. Der IWF hat eine so genannte „basline forecast“, also eine Art Basisprognose und quantifiziert darauf aufbauend so genannte Konfidenzintervalle, die angeben mit welcher Wahrscheinlich bestimmte Wachstumsraten eintreten.

Beispielsweise zeigt das nachfolgende Schaubild, dass der IWF im April 2008 davon ausgegangen ist, dass das Welt-Bruttoinlandsprodukt im Jahr 2008 mit knapp 4% wachsen wird. Allerdings wird diese Aussage dadurch relativiert, dass Wachstumsraten von 3% bis etwas oberhalb 4% nur ein Konfidenzintervall von 50% zugeordnet wird. Das bedeutet, dass die Wahrscheinlich, dass die Wachstumsrate im genannten Bereich liegt, nur mit 50% vom IWF angenommen wird.

Höher ist die Wahrscheinlichkeit – nämlich 70% –, dass die Wachstumsrate zwischen 2,5% und 4,5% liegen wird. Gar 90% ist sie, wenn von einer Spanne der Wachstumsrate zwischen unter 2% und knapp 5% ausgegangen wird.

Dass die Wahrscheinlichkeiten mit größeren Spannbreiten der Wachstumsraten steigen, ist selbstverständlich, denn offenbar muss die Chance, dass die tatsächliche Wachstumsrate im angegebenen Intervall liegt um so höher (niedriger) sein, je größer (kleiner) die Spannbreite der Wachstumsrate.

Allerdings nimmt auch mit der Spannbreite des Vorhersageintervalls auch dessen Bedeutung als Prognoseinstrument ab, da die Genauigkeit nicht mehr gegeben wird. Je genauer also eine Prognose, umso höher die Wahrscheinlichkeit, dass sie nicht eintritt.

Prognoseszenarium des IWF für das Wachstum des Welt-BIP 2008

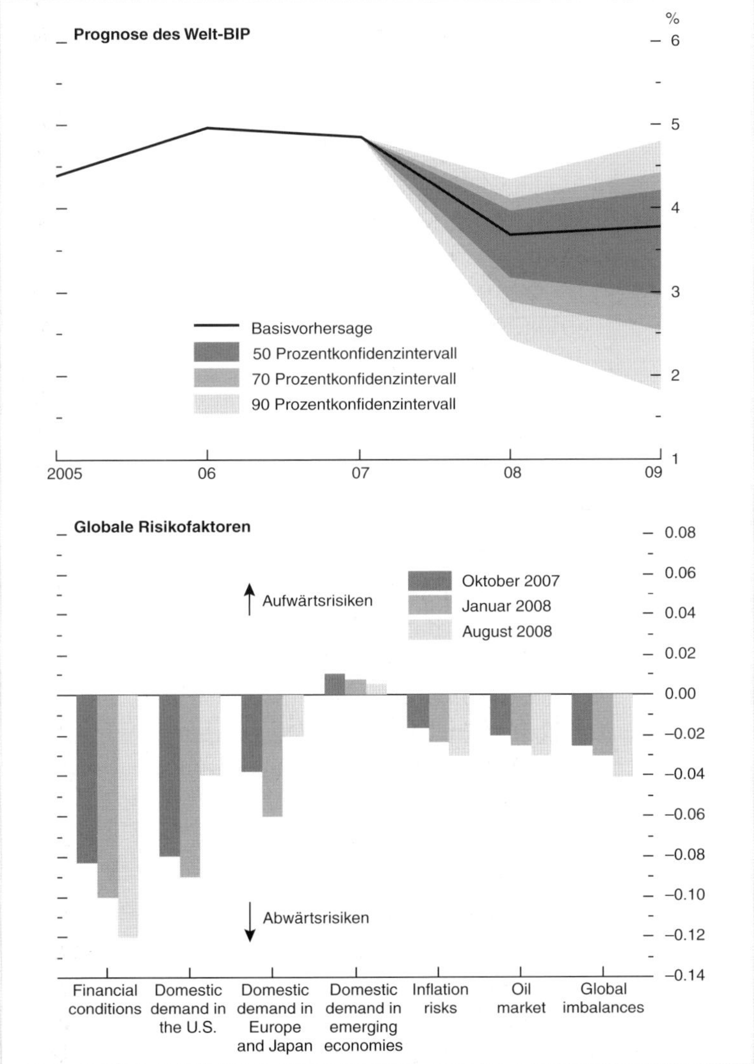

(Quelle: Internationaler Währungsfonds)

4.8 Zusammenfassung

Das Wichtigste im Karteikartenformat:

Grundsätzlich sind Finanzmärkte und Konjunkturzyklus interdependent. Dies bedeutet, dass volkswirtschaftliche Variablen wie das BIP-Wachstum oder die Inflationsrate die Bildung der Vermögenspreise an den Finanzmärkten genauso beeinflussen wie umgekehrt die Vermögenspreise den Konjunkturzyklus.

Konjunkturzyklus: Der Konjunkturzyklus ist definiert als die Schwankungen des Bruttoinlandsproduktes einer Volkswirtschaft um das Produktionspotenzial, das ihrerseits als die maximal mögliche Produktionsmenge einer Volkswirtschaft bei Vollbeschäftigung der Produktionsfaktoren Arbeit und Kapital definiert ist. Gemessen wird der Konjunkturzyklus durch die Produktionslücke, die die Differenz zwischen dem Produktionspotenzial und dem tatsächlichen Wachstum des Bruttoinlandsproduktes beschreibt. Der Konjunkturzyklus zerfällt in vier Phasen: Aufschwung, Boom, Abschwung, Rezession. Ausnahmen von diesem Muster ist die so genannte Stagflation, die einen Zustand stagnierenden Wachstums bei hoher Inflationsrate beschreibt und die „New Economy" in der umgekehrt hohe Wachstumsraten mit niedrigen Inflationsraten einhergehen.

Vermögenspreise: Die beiden wichtigsten Determinanten der Vermögenspreise wie Aktien und Anleihen, der in Zukunft erwartete Einkommensstrom und der Zinssatz sind abhängig vom Konjunkturzyklus. Als Regel kann man festhalten, dass in einem Konjunkturaufschwung mit steigenden Inflationsraten, steigenden Zinsen und steigenden Gewinnerwartungen tendenziell die Aktienkurse steigen und die Bondpreise fallen, während in einem Konjunkturabschwung aus den umgekehrten Gründen die Aktienkurse fallen und die Bondpreise steigen. Allerdings muss dabei ein time lag berücksichtigt werden, d. h., die heutigen Vermögenspreise spiegeln die Erwartungen der Marktteilnehmer über die zukünftige Entwicklungen wider, so dass steigende Aktienkurse und fallende Bondpreise bereits im Abschwung bzw. fallende Aktienkurse und steigende Bondpreise im Aufschwung beobachtet werden können.

Fundamentale Aktienanalyse: Aus einer volkswirtschaftlichen Perspektive versteht man hierunter die Analyse des Einflusses der Konjunktur auf die Aktienkurse. Dabei werden drei Analyseebenen unterschieden: die Makro- (Konjunkturentwicklung), die Meso- (die jeweilige Industrie oder Branche) und die Mikroanalyse (das Unternehmen). Während die Makro- und Mesoanalyse die grundsätzliche Anlagepolitik festlegt, werden in der Mikroanalyse einzelne Titel identifiziert. Mit dem Barwertkonzept und der damit verwandten Berechnung des Kurs-Gewinn-Verhältnisses einer Aktie, wird versucht, den so genannten „Fair value" der Aktien zu bestimmen mit den entsprechenden Entscheidungssignalen: Kaufen, Verkaufen oder Halten. Eine Alternative zum KGV-Konzept ist der Vergleich von Aktien- und Anleiherenditen. Grundsätzlich sind regelmäßig so genannte Blasen am Aktienmarkt zu beobachten, die auf erhöhte Kurse hinweisen. Ursache hierfür ist zumeist eine zu hohe Liquidität in der Wirtschaft in Verbindung mit dem Herdentrieb, der alle Marktteilnehmer in die gleiche Richtung kaufen oder verkaufen lässt.

Transmissionskanäle: Um den Einfluss von Aktien und Anleihen auf den Konjunkturzyklus zu analysieren, werden so genannte Transmissionskanäle untersucht, ähnlich den Transmissionsmechanismen der Geldpolitik. Fünf Kanäle stehen im Vordergrund. Der Zinskanal beschreibt den Einfluss der Zinsen auf die Haushalts- und Unternehmensnachfrage. Der Vermögenseffekt beschreibt, wie sich die Nachfrage der Haushalte am Gütermarkt verändert, wenn sich die Vermögenspreise ändern. Der Kreditkanal stellt auf den Zusammenhang von Unternehmensfinanzierung und Aktienkursen ab. Der Bilanzkanal analysiert den Einfluss der Aktienkurse auf das Eigenkapital einer Unternehmung und damit verbunden dessen Investitionsentscheidungen. Der Devisenkanal schließlich zeigt, wie eine Veränderung des Wechselkurses den Außenbeitrag einer Volkswirtschaft verändert.

Economic Research: Economic Research ist die Anwendung volkswirtschaftlicher Zusammenhänge und Indikatoren auf die Finanzmärkte. Von besonderem Interesse ist hier die Analyse der weltwirtschaftlichen Entwicklung, der Inlandskonjunktur sowie der Geld- und Fiskalpolitik sowie die dazugehörige Risikoanalyse.

Schlüsselkennzahlen der Finanzmärkte: Volkswirtschaftliche Prognosen sind sehr wichtig für die Finanzmärkte, da Vermögenspreise auf Erwartungen über zukünftige Entwicklungen aufbauen. Grundsätzlich muss beachtet werden, dass Prognosen immer unsicher sind, unabhängig davon, wie effizient die vorhandenen Informationen verarbeitet wurden. Unvorhersehbare Veränderungen sind für die Volkswirtschaft und die Finanzmärkte eher die Regel denn die Ausnahme. Die Szenariotechnik ist eine Möglichkeit, die Unsicherheit von Prognosen durch die Zuordnung von Wahrscheinlichkeiten zu dokumentieren. An den Finanzmärkten finden bestimmte Prognoseindikatoren besondere Beachtung. Solche Schlüsselkennzahlen sind beispielsweise der Ifo-Geschäftsklimaindex, der Auftragseingang im verarbeitenden Gewerbe, der Einkaufsmanagerindex sowie für die USA der Arbeitsmarktbericht und die Einzelhandelsumsätze.

5 Wirtschafts- und Konjunkturpolitik

„Zu Beginn der Legislaturperiode stellte die Politik mit der mutigen und richtigen ‚Rente mit 67' die Demografiefestigkeit der gesetzlichen Rentenversicherung sicher und verringerte die Blockaden im föderalen Entscheidungsgefüge, setzte insofern also den Kurs der Vorgängerregierung fort. In der Folge ging die noch im Koalitionsvertrag angelegte langfristige Orientierung der Wirtschafts- und Sozialpolitik an den zentralen Problemfeldern der deutschen Volkswirtschaft und der Verbesserung der Wachstumsperspektiven zunehmend verloren und wich klientelorientierten wirtschafts- und sozialpolitischem Aktionismus. Maßnahmen, die vor einigen Jahren noch als dringend erforderlich gegolten und auch Eingang in Parteitagsbeschlüsse gefunden hatten, verschwanden von der politischen Agenda. Stattdessen wurden unter dem Stichwort ‚Weiterentwicklung' Optionen diskutiert, mit denen mühsam durchgesetzte Reformmaßnahmen im Ergebnis eingeschränkt oder zurückgenommen würden. Da sich dieser Befund in unterschiedlicher Ausprägung auf vielen Politikfeldern findet, besteht die Gefahr, die Reformdividende wieder zu verspielen. Zudem zeigte sich – wie die Diskussion um ausländische Staatsfonds und Finanzinvestoren belegt – eine Tendenz, unerwünschte Ergebnisse des Wirtschaftsprozesses durch interventionistische Staatseingriffe direkt lösen zu wollen, ohne die systematische Abhängigkeit der dazu neu eingeführten und der bereits vorhandenen Instrumente zu berücksichtigen. Insgesamt fällt daher das Urteil über die zuletzt oder bereits beschlossenen Maßnahmen aus der ersten Halbzeit dieser Legislaturperiode eher durchwachsen aus."

(Quelle: Sachverständigenrat, Jahresgutachten 2007/2008, S. 9)

Lernziele:

- Zwischen den einzelnen Bereichen der Wirtschaftspolitik differenzieren,
- Steuerungsinstrumente der Angebots- und Nachfragepolitik unterscheiden,
- theoretische Konzepte und gesetzliche Grundlagen der Konjunkturpolitik kennen lernen,
- moderne volkswirtschaftliche Konjunkturanalyse skizzieren,
- die aktuelle Wirtschaftspolitik in Deutschland verstehen.

5.1 Wirtschaftspolitik in der Marktwirtschaft

Wirtschaftspolitik ist für die Finanzmärkte von Bedeutung, weil sie die Rahmenbedingungen des Wirtschaftens bestimmt. Man unterscheidet grundsätzlich **vier Bereiche** der Wirtschaftspolitik:

- Die **Wettbewerbs**- oder **Ordnungspolitik**, die im Wesentlichen auf die optimale Allokation der Märkte abstellt wie in der Telekommunikation, der Bahn und der Energieversorgung (deswegen alternativ auch als Allokationspolitik bezeichnet). Auch die Ökosteuer, mit der versucht wird – in der Sprache der Volkswirte – externe Effekte zu internalisieren, d.h. die Umweltverschmutzung durch Preiserhöhungen zu reduzieren, ist Teil der Allokationspolitik. Beispiele für ordnungspolitische Maßnahmen sind die Privatisierung staatlicher Unternehmen und die Deregulierung staatlich regulierter Märkte wie im Telekommunikations- und im Verkehrsbereich.
- Während sich die Allokationspolitik mikroökonomisch orientiert, ist die **Konjunkturpolitik** rein makroökonomisch ausgerichtet. Sie hat den Anspruch, mit staatlichen und geldpolitischen Eingriffen den Konjunkturzyklus zu stabilisieren, d.h., eine Unter- oder Überauslastung der vorhandenen gesamtwirtschaftlichen Produktionskapazitäten zu verhindern.

  Das bekannteste Gesetz in Deutschland ist in diesem Zusammenhang das so genannte Stabilitäts- und Wachstumsgesetz, oft auch als „magisches Viereck“ bezeichnet, wegen seiner Forderung nach angemessenem Wachstum, Vollbeschäftigung, Preisniveaustabilität und einem Außenhandelsgleichgewicht. In der Europäischen Währungsunion gilt darüber hinaus der „Stabilitäts- und Wachstumspakt", der nur noch eine bestimmte Höhe der jährlichen Nettoneuverschuldung des Staates – maximal 3% des BIP – und damit auch nur noch eine eingeschränkte Bildung von Haushaltsdefiziten erlaubt.

- Die **Struktur**- und **Wachstumspolitik** ist ebenfalls makroökonomisch orientiert, im Gegensatz zur Konjunkturpolitik ist sie aber langfristig angelegt. Während sich die Konjunkturpolitik an der Kapazitätsauslastung orientiert, zielt die Wachstums- und Strukturpolitik auf die Ausweitung der Kapazitäten und damit des Produktionspotenzials selbst. Hier geht es um die Verbesserung des Humankapitals wie auch um die Förderung von Innovation und technischem Fortschritt. Mit entsprechenden politischen Maßnahmen in diese Richtung sollen die langfristigen wirtschaftlichen Wachstumskräfte in Deutschland gestärkt werden.
- Schließlich kennt die Wirtschaftspolitik die **Einkommenspolitik** im Sinne einer staatlich gelenkten Umverteilung, beispielsweise durch das Leistungsfähigkeitsprinzip in der Steuerpolitik und den daraus folgenden progressiven Steuertarif. Im Vordergrund der Einkommenspolitik stehen jedoch hauptsächlich die Sozialversicherungssysteme (Stichwort „Soziale Marktwirtschaft"). Aktuelles wirtschaftspolitisches Beispiel ist hier die schrittweise Umstellung der Rentenversicherungen vom Umlagen- auf das Kapitaldeckungsverfahren.

Wirtschaftspolitik lässt sich aber nicht nur sachlich unterscheiden. Es existieren auch inhaltliche Unterschiede, vor allem zwischen **Angebots-** und **Nachfragepolitik**. Grundsätzlich lässt sich sagen, dass die Angebotspolitik in ihrem Schwerpunkt auf die **Verbesserung der Angebotsbedingungen für die Unternehmen** abzielt, während die Nachfragepolitik an den **Nachfragekomponenten Konsum und Investitionen** mittels staatlicher Fiskalpolitik ansetzt.

Die wichtigsten Unterschiede dieser beiden Konzepte sind die Folgenden:

- Die **Angebotspolitik** geht von der Prämisse aus, dass sich die privat organisierten Güter- und Faktormärkte über den Preismechanismus selbst langfristig immer wieder in ein effizientes

Gleichgewicht bringen. Staatliche Interventionen, die über die Ordnungspolitik hinausgehen, werden daher sehr skeptisch, wenn nicht ablehnend, beurteilt. Für die Fiskalpolitik wird ein ausgeglichener Haushalt auch in der kurzen Frist verlangt. Die Geldpolitik soll streng potenzialorientiert sein, d.h. sich ausschließlich am geschätzten Wachstum des realen Bruttoinlandsprodukts und damit am Produktionspotenzial orientieren und nicht der Konjunkturpolitik dienen.

Für die Lohnpolitik wird zur Erreichung einer Vollbeschäftigungssituation eine kostenneutrale, produktivitätsorientierte Lohnpolitik empfohlen, d.h. die Nominallöhne sollen im gleichen Ausmaß wie die Arbeitsproduktivität steigen. In Zeiten der Arbeitslosigkeit sollen die Löhne und Gehälter langsamer als die Produktivität steigen, um von der Kostenseite Anreize für mehr Beschäftigung zu schaffen.

- Im Gegensatz zur Angebotspolitik geht die **Nachfragepolitik** von der Prämisse aus, dass die privat organisierten Märkte nicht vollkommen sind, zumindest nicht kurzfristig. Vielmehr existierten in der Realität so genannte Lohn- und Preisrigiditäten, die die Anpassungen bei Störungen des Gleichgewichts verzögerten, wenn nicht gar verhinderten. Preise und Löhne sind demnach also nicht vollkommen flexibel. Ungleichgewichte auf dem Güter- und Arbeitsmarkt bleiben damit bestehen und werden durch den Preismechanismus nicht beseitigt.

  Die Nachfragepolitik bedient sich aktiv der Fiskal- und der Geldpolitik. Bei nicht ausgelastetem Produktionspotenzial, also beim Bestehen einer Produktionslücke oder eines Output-gaps, soll der Staat mit zusätzlicher Nachfrage direkt oder über Steuersenkungen die gesamtwirtschaftliche Nachfrage erhöhen oder die Geldpolitik soll mit niedrigen Zinsen die Investitionsnachfrage stärken. Ein Budgetausgleich wird nur für den Konjunkturzyklus insgesamt und nicht für das Rechnungsjahr verlangt.

  Für die Geldpolitik wird damit neben der Preisniveaustabilität auch eine Orientierung an der allgemeinen Wirtschaftslage verlangt. Schließlich werden Löhne und Gehälter nicht nur als Kosten, sondern auch als nachfragewirksames Einkommen gesehen. Eine produktivitätsorientierte Lohnpolitik soll daher auch in Zeiten der Unterbeschäftigung gelten.

Für die **Finanzmärkte** besteht die **Gefahr einer reinen Nachfragepolitik** in einer hohen Inflationsrate, steigender Staatsverschuldung und damit relativ hohen Zinsen verbunden mit Inflationserwartungen.

Andererseits kann es aber auch **gefährlicher** sein, wenn ein Staat oder eine Zentralbank **in einer Konjunkturkrise keine aktive Fiskal- und Geldpolitik** betreibt. In schlechten Zeiten erwarten die Finanzmärkte häufig ein öffentliches Stabilitätssignal, wie beispielsweise sinkende Zinsen oder sinkende Steuern. Bleibt dies aus oder wird sogar – wie in der Weltwirtschaftskrise von 1929 – sogar eine restriktive Politik betrieben, können die Finanzmärkte zu dem Schluss kommen, die Geld- und Fiskalpolitik sei an einer Stabilisierung nicht interessiert, was die Krise noch weiter verschärfen könnte. Die Finanzkrise des Jahres 2008 ist ein beredtes Beispiel hierfür.

In der Praxis der Wirtschaftspolitik findet man heute zumeist einen „policy mix" aus beiden Konzepten wobei allerdings in den letzten 20 Jahren ein klarer Trend hin zur Angebotspolitik festzustellen ist, während zuvor die Nachfragepolitik dominierte. Es steht zu erwarten, dass staatliche Eingriffe und Nachfragepolitik durch die aktuelle Krise wieder Auftrieb erhalten.

5.2 Stabilitätspolitik

Die Stabilitäts- oder Konjunkturpolitik ist jener Teil der staatlichen Wirtschaftspolitik, der auf die Stabilisierung der gesamtwirtschaftlichen, aggregierten Nachfrage zielt.

Gesetzliche Grundlage in der Bundesrepublik Deutschland ist das 1967 vom Deutschen Bundestag verabschiedete Stabilitäts- und Wachstumsgesetz, in dem das „magische Viereck" (Preisniveaustabilität, hoher Beschäftigungsstand, außenwirtschaftliches Gleichgewicht sowie stetiges und angemessenes Wirtschaftswachstum) als Ziele der Wirtschaftspolitik festgeschrieben wurde. Das Stabilitäts- und Wachstumsgesetz findet im Grundgesetz in Art. 109 Abs. 2 seine Entsprechung, in dem ein Eingriff des Staates bei einer „Störung des gesamtwirtschaftlichen Gleichgewichts" verlangt wird.

Allerdings begrenzt Art. 115 des Grundgesetzes gleichzeitig die Höhe der jährlichen Nettokreditaufnahme des Bundes auf die Summe der im Haushaltsplan veranschlagten Ausgaben für Investitionen. Dieser Zusammenhang zwischen Nettoverschuldung einerseits und staatlichen Investitionsausgaben andererseits wird auch als „goldene Regel“ bezeichnet.

Seit Beginn der Europäischen Währungsunion am 01.01.1999 gilt im Eurosystem, d.h. in den Mitgliedstaaten der Europäischen Währungsunion, der europäische Stabilitäts- und Wachstumspakt. Er sieht vor, dass Mitgliedstaaten bei einem unbegründeten staatlichen Budgetdefizit von mehr als 3% eine zinslose Einlage bei der Europäischen Kommission von maximal bis zu 0,5% des BIP hinterlegen müssen (siehe nachfolgende Abbildung). Begründet ist ein solches Defizit hingegen unter anderem dann, wenn sich die Volkswirtschaft in einer Rezession befindet oder Katastrophen ausgesetzt ist. Der Stabilitäts- und Wachstumspakt hält die Staaten der Währungsunion an, ihre Defizite kontinuierlich zu reduzieren und einen ausgeglichenen Haushalt vorzulegen.

Grundsätzlich dient der Stabilitäts- und Wachstumspakt dazu, eine stabilitätsorientierte Geldpolitik auch fiskalpolitisch zu unterstützen. Eine zu expansive Fiskalpolitik beschwört nämlich aufgrund der wachsenden Verschuldung des Staates die Gefahr steigender Zinsen herauf. Dies wiederum kann zu Forderungen an die Geldpolitik führen, die Geldmenge stärker als notwendig auszuweiten, um den fiskalpolitisch induzierten Zinsanstieg zu konterkarieren. Insofern ist eine stabilitätsorientierte Geldpolitik komplementär zu einer stabilitätsorientierten Fiskalpolitik.

Zum anderen reflektiert der Stabilitäts- und Wachstumspakt die Lehren der Vergangenheit, insbesondere in Kontinentaleuropa und auch in Deutschland. Die antizyklische Fiskalpolitik wurde von der Politik de facto dazu genutzt um mehr oder minder ungezügelt die Staatsschulden steigen zu lassen in der Hoffnung, wirtschaftliche Schwächephasen mit höheren Staatsausgaben überwinden zu können, unabhängig davon, ob die Schwäche tatsächlich mit einer mangelnden gesamtwirtschaftlichen Nachfrage zu tun hatte. In der Krise wurden jeweils die Schulden erhöht, im Aufschwung aber nicht wieder – wie die Theorie der antizyklischen Fiskalpolitik eigentlich vorsieht – abgebaut. Eine solche Politik erhöht kurzfristig auch die Wahlchancen.

Defizitverfahren der Europäischen Union

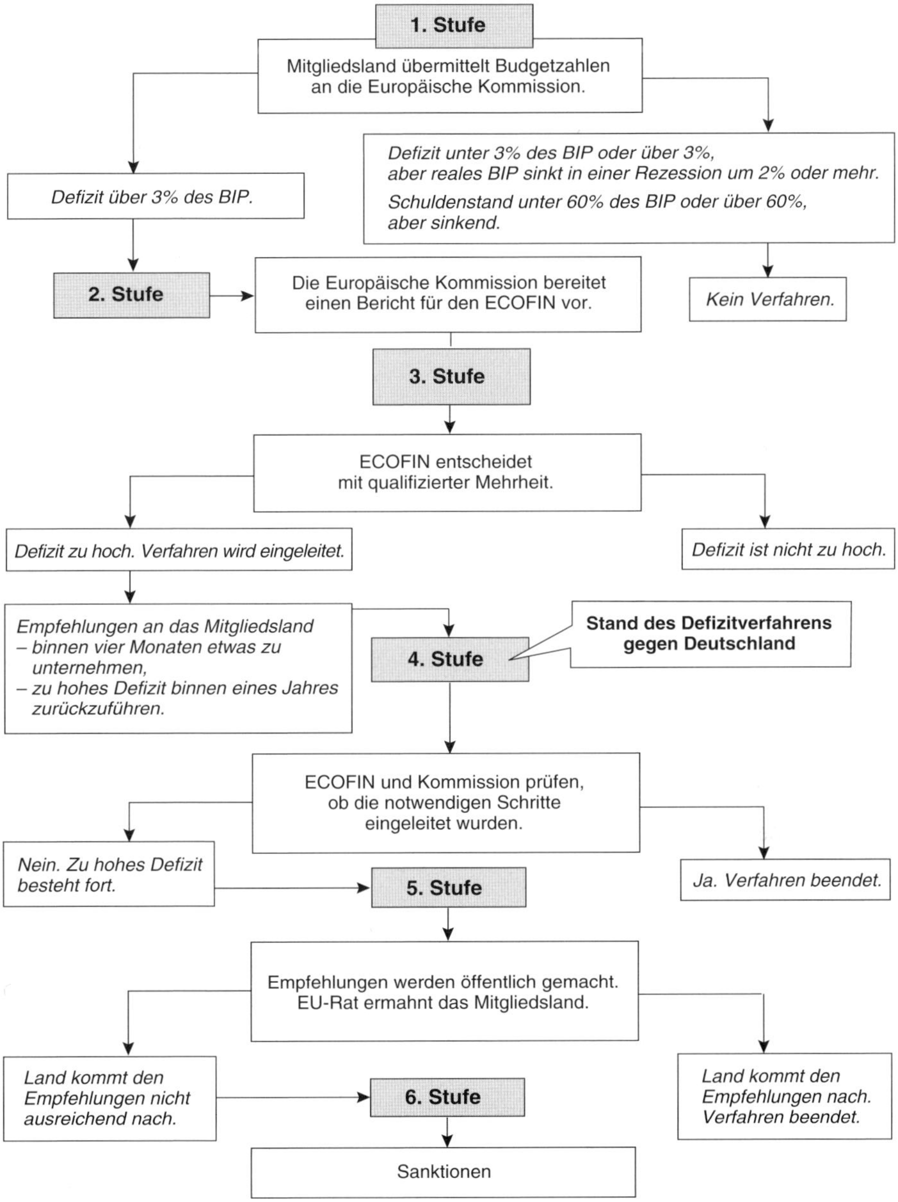

(Quelle: F.A.Z.)

Es sollte jedoch nicht unerwähnt bleiben, dass der Stabilitäts- und Wachstumspakt mit seiner Obergrenze von 3% Nettoneuverschuldung auch nicht unumstritten ist. Dies hängt damit zusammen, dass diese Obergrenze mehr oder weniger unabhängig von der wirtschaftlichen Situation definiert wurde. In einem Aufschwung beispielsweise ist das 3-%-Kriterium zwar leicht zu erfüllen, in einem Abschwung jedoch kommt es automatisch zu Problemen, weil die Staatseinnahmen sinken, während gleichzeitig wegen der steigenden Arbeitslosigkeit die Staatsausgaben steigen. Hier ist eine höhere Flexibilität in der Interpretation des Stabilitäts- und Wachstumspakts geboten, ohne das mittelfristige Ziel eines ausgeglichenen Staatshaushaltes aufzugeben. Ein Haushaltsdefizit, das unabhängig von der Konjunktur berechnet ist, nennt man auch strukturelles Defizit.

Tatsächlich existiert ein enger Zusammenhang zwischen Staatsverschuldung und Konjunkturzyklus. Die nachfolgende Abbildung zeigt die Defizitquoten, d.h. die Nettoneuverschuldung des Staates, der Euro-Staaten für 2005 bis 2007. Auf Grund der guten Konjunktur ist deutlich erkennbar, dass die Nettoneuverschuldung signifikant im Betrachtungszeitraum gesunken ist. Deutschland hat für das Jahr 2007 sogar einen ausgeglichenen Haushalt hingelegt, für das Jahr 2008 wurde sogar mit einem leichten Überschuss gerechnet wie es angesichts einer guten Konjunktur auch angemessen gewesen wäre. Allerdings steht zu erwarten, dass die finanziellen Verpflichtungen, die der Staat in der Finanzkrise eingegangen ist, dieser Prognose einen Strich durch die Rechnung machen wird.

Defizitquote (Nettoneuverschuldung) der Euro-Staaten (2005–2007) in % des BIP

	2005	2006	2007
Euroraum	−2,5	−1,5	−0,8
Belgien	−2,3	0,4	−0,3
Deutschland	−3,4	−1,6	0,0
Irland	1,2	2,9	0,5
Griechenland	−5,1	−2,5	−2,7
Spanien	1,0	1,8	1,8
Frankreich	−2,9	−2,5	−2,4
Italien	−4,2	−4,4	−2,4
Luxemburg	−0,1	0,7	1,0
Niederlande	−0,3	0,6	−0,4
Österreich	−1,6	−1,4	−0,7
Portugal	−6,1	−3,9	−3,0
Slowenien	−1,5	−1,2	−0,6
Finnland	2,7	3,8	4,5

(Quelle: Europäische Zentralbank)

Neben der Nettoneuverschuldung wird im Euro-Raum auch die Bruttoverschuldung des Staates beobachtet. Die Bruttoverschuldung zeigt gemessen in Prozent des Bruttoinlandsprodukts die Gesamtverschuldung eines Staates an. Als kritischer Wert gilt hier 60%.

Die nachfolgende Statistik macht deutlich, dass dieser Wert im Euro-Raum nur von Irland, Spanien, Luxemburg, Österreich, Slowenien und Finnland nicht überschritten wird. Spitzenreiter ist Italien mit einem Wert von 105% im Jahr 2007. Dies bedeutet, dass die Staatsverschuldung höher ist als das Bruttoinlandsprodukt. Deutschland nähert sich mit 65% langsam der 60-%-Benchmark.

Gesamtschulden des Staates

	2005	2006	2007
Euroraum	70,3	68,6	66,7
Belgien	92,2	88,2	84,6
Deutschland	67,8	67,5	65,0
Irland	27,4	25,1	25,1
Griechenland	98,0	95,3	93,4
Spanien	43,0	39,7	36,2
Frankreich	66,7	64,2	64,2
Italien	106,2	106,8	105,0
Luxemburg	6,2	6,6	6,9
Niederlande	52,3	47,9	46,8
Österreich	63,4	61,7	59,9
Portugal	63,7	64,8	64,4
Slowenien	27,4	27,1	25,6
Finnland	41,4	39,2	35,3

(Quelle: Europäische Zentralbank)

5.3 Fiskal- und Geldpolitik

Fiskal- und Geldpolitik sind die Kernelemente der Konjunkturpolitik. Fiskalpolitik bezeichnet im engen Sinne die Veränderung der Staatsausgaben, in einem weiteren Sinne auch die Veränderung der Steuern. Von einer expansiven Fiskalpolitik wird gesprochen, wenn der Staat seine Ausgaben erhöht bzw. die Steuern senkt, von einer restriktiven, wenn er staatliche Nachfrage aus dem Markt nimmt bzw. die Steuern erhöht.

Im Regelfall wird man annehmen, dass der Staat seine zusätzlichen Ausgaben mit einer Zunahme seiner Nettoneuverschuldung und nicht durch Steuererhöhungen finanziert. Dies ist deshalb anzunehmen, weil Steuererhöhungen den privaten Konsum bzw. die privaten Investitionen belasten, so dass die expansive Wirkung der zusätzlichen Staatsausgaben geschmälert wird.

Monetaristen und Keynesianer

In der Konjunkturpolitik ist man sich oft nicht einig, welches die richtige Politik ist. Der Hintergrund hierfür ist nach wie vor der Gegensatz zwischen Monetaristen und Keynesianisten, die ihre Begründer in dem amerikanischen Ökonomen Milton Friedman und dem britischen Ökonomen John Maynard Keynes haben.

Die Grundunterschiede zeigen sich am deutlichsten in der Beurteilung der Wirkung expansiver Geld- und Fiskalpolitik. Während die klassischen Keynesianer vor allem der Fiskalpolitik eine expansive Wirkung zusprechen (deshalb: Fiskalisten), sehen die Monetaristen die Geldpolitik als die entscheidende Kraft an (deshalb: Monetaristen).

Von der Fiskalpolitik halten die Monetaristen demgegenüber wenig; sie verursache immer ein Crowding-out, d.h. privater Konsum und private Investitionen werden durch staatliche Ausgaben verdrängt. Der Marktmechanismus selbst – so die Monetaristen – führe langfristig zu einem volkswirtschaftlichen Gleichgewicht, das die Vollbeschäftigung aller Faktoren, auch der Arbeit, garantiere. Staatliche Eingriffe würden dabei nur stören.

Die Betonung der Bedeutung der Geldpolitik oder allgemein des Geldes für das Wachstum des nominalen Bruttoinlandsproduktes einer Volkswirtschaft bedeutet nicht, dass die Monetaristen Anhänger einer expansiven Geldpolitik sind. Ganz im Gegenteil, betonen sie in quantitätstheoretischer Tradition die Gefahren, die mit dem Geld für die Inflationsentwicklung verbunden sind. Positiv verlangen sie eine so genannte regelgebundene, ausschließlich an der Geldmenge orientierte Geldpolitik, was bedeutet, dass die von der Zentralbank gesteuerte Geldmenge möglichst über mehrere Jahre mit einer konstanten und allen Wirtschaftsteilnehmern bekannten Rate wachsen sollte.

Auch in der Geldpolitik befinden sich die Monetaristen somit im Gegensatz zu den Keynesianern, deren moderne Vertreter eine flexible, an den Geldmarktzinsen orientierte Geldpolitik bevorzugen. Für die Keynesianer ist zwar auch die Inflationsbekämpfung wichtig, aber für ebenso bedeutsam halten sie die Bekämpfung schwachen Wirtschaftswachstums und hoher Arbeitslosigkeit. Von Altbundeskanzler Helmut Schmidt stammt beispielsweise der Satz: „Lieber 5% Inflation als 5% Arbeitslosigkeit.“

Ob direkte staatliche Ausgabenpolitik oder indirekte Steuerpolitik größere Effekte auf die Wirtschaft ausüben, kann a priori nicht gesagt werden, dies hängt ganz von der Situation ab. In Zeiten schwerer Rezessionen, in denen Konsum- und Investitionsneigung rückläufig sind, können direkte staatliche Ausgaben möglicherweise hilfreicher sein. Allerdings stellt sich in diesem Fall die Frage, wie nachhaltige die staatlichen Ausgaben sind. Bleiben Sie nur ein Strohfeuer oder stimulieren sie tatsächlich die Ausgaben von Haushalten und Unternehmen? Dies hängt ganz davon ab, ob die staatlichen Ausgaben als Initialzündung wirken oder nicht.

Am wenigsten expansiv wirkt sicherlich, wenn zusätzliche Staatsausgaben mit höheren Steuern finanziert werden. Dann wird die Wirkung zusätzlicher Nachfrage durch den Staat gewissermaßen konterkariert durch eine niedrigere Nachfrage der Haushalte und Unternehmen aufgrund höherer Steuern. Allerdings kann es auch in diesem Fall zu einer expansiven Wirkung kommen, genau dann nämlich, wenn die Haushalte und Unternehmer weniger sparen und damit zumindest einen Teil der höheren Steuern nicht von ihren Einkommen finanzieren. Dies lässt die private Nachfrage nicht so stark einbrechen wie sich die Staatsausgaben erhöhen.

In der heutigen Praxis der Fiskalpolitik ist diese vor allem Steuerpolitik. Eine solche Interpretation von Fiskalpolitik ist immer genau dann angezeigt, wenn man davon ausgeht, dass beispielsweise niedrigere Steuern für Bürger und Unternehmer zu einer höheren privaten Konsum- bzw. Investitionsnachfrage führt. Das ist nicht unbedingt gegeben, und zwar deshalb, weil die Bürger das zusätzliche Geld – zumindest zum Teil – auch sparen können, was insbesondere in Krisenzeiten der Fall sein wird. In diesem Fall verpufft die Maßnahme. Das gleiche ist richtig für die Unternehmen, die ihre Investitionsentscheidungen vor allem von den zukünftigen Gewinnerwartungen der Investitionen abhängig machen. Die Steuerhöhe ist dabei nur ein Teil der Überlegungen.

Auch kann Steuer- und Ausgabenpolitik kombiniert werden. Beispielsweise kann eine Steuersenkung bei gleichzeitigem Rückgang der Staatsausgaben expansiv wirken; genau dann nämlich, wenn sich durch Steuererleichterungen der private Konsum erhöht oder aber durch staatlichen Schuldenabbau der Kapitalmarktzins sinkt. Damit würden Investitionen für die Unternehmen preiswerter, oder die Haushalte und Unternehmen würden die Sparbemühungen des Staates mit einem gesteigerten Vertrauen in die Wirtschaftsentwicklung verbinden und ihre Ausgabenneigung erhöhen.

Unter Geldpolitik versteht man die Veränderung der Geldmenge bzw. der Geldmarktzinsen durch eine Zentralbank. Theoretisch ist die Wirkung von Geldmengenpolitik auf die gesamtwirtschaftliche Nachfrage und damit auch ihre Funktion als Konjunkturinstrument nicht in jedem Fall eindeutig. Vor allem ist schwer nachvollziehbar, über welche Wege genau eine Geldmengen- bzw. Zinsänderung auf die Gesamtnachfrage wirkt. Im 3. Kapitel hatten wir dieses Problem bereits unter dem Begriff des Transmissionsmechanismus angesprochen. Aus der Erfahrung weiß man jedoch, dass in aller Regel die Geldpolitik in der angesprochenen Richtung wirkt: Geldmengenexpansion erhöht die gesamtwirtschaftliche Nachfrage, Geldmengenkontraktion vermindert sie. Allerdings existiert ein deutlicher Timelag von bis zu 15 Monaten.

Geldpolitik ist vor allem als Feinsteuerung der Konjunktur gedacht. Fiskalpolitik hingegen kommt eher in schweren Krisen wie Rezessionen mit negativen Wachstumsraten und hoher Arbeitslosigkeit zum Einsatz.

Darüber hinaus geht man heute davon aus, dass Geldpolitik wirkungsvoller als Fiskalpolitik ist. Dies hängt mit zwei Überlegungen zusammen. Zum einen führt eine steigende Kapitalnachfrage des Staates am Kapitalmarkt um die höheren Staatsausgaben zu finanzieren ceteris paribus zu steigenden Kapitalmarktzinsen und damit zu einer Verteuerung der privaten Investitionen. Dieses zinsbedingte Crowding-out bremst die expansive Wirkung staatlicher Fiskalpolitik. Hinzu kommt, dass die Schulden der meisten Staaten bereits hoch sind.

Der zweite Vorbehalt gegenüber der Fiskalpolitik betrifft den Umstand, dass moderne Volkswirtschaften im höchsten Maße offene Volkswirtschaften sind. Dies bedeutet, dass ein Anstieg der inländischen Nachfrage, ausgelöst durch steigende Staatsausgaben, zum Teil dem Ausland in Form einer höheren inländischen Importnachfrage zugute kommt.

Darüber hinaus kann ein steigendes inländisches Wachstum ausgelöst durch eine steigende Staatsnachfrage auch zu einem Anstieg des Wechselkurses oder zumindest zu Aufwertungserwartungen führen. Das wird vor allem bei international stark verflochtenen Finanzmärkten der Fall sein, wenn international mobiles Kapital aufgrund von steigenden Renditeerwartungen ins Inland fließt und somit die Nachfrage nach der inländischen Währung steigt.

Die Folge hiervon wird sein, dass der Außenbeitrag aufgrund steigender Exportpreise und sinkender Importpreise in Folge einer Aufwertung der inländischen Währung sinkt. Das Wachstum, das durch die zusätzliche staatliche Nachfrage für das inländische BIP gewonnen wurde, geht somit durch den sinkenden Außenbeitrag wieder verloren.

In der volkswirtschaftlichen Theorie sind diese Zusammenhänge steigender Staatsnachfrage bei gleichzeitig sinkendem Außenbeitrag auch als Mundell-Fleming-Modell bekannt.

Deficit Spending und Multiplikator

Um zu begründen, warum es in konjunkturellen Abschwüngen richtig sein kann, schuldenfinanziert die Staatsausgaben zu erhöhen (deficit spending), wurde der so genannte Multiplikator entwickelt, der begründet warum zusätzliche Staatsausgaben eine Initialzündung sein können, die ihrerseits auch die private Nachfrage erhöhen, um so die Konjunktur wieder hoch zu fahren. Dieser Gedanke soll im Folgenden formal und inhaltlich näher erläutert werden. Dabei wollen wir der Einfachheit halber von einer geschlossenen Volkswirtschaft ausgehen, in der es kein Ausland gibt.

In einer geschlossenen Volkswirtschaft ist das Bruttoinlandsprodukt nur noch durch Konsum (C), Investitionen (I) und die Staatsausgaben (G) bestimmt:

$$Y = C + I + G$$

Der Konsum selbst hängt wiederum vom Bruttoinlandsprodukt ab, da dieser ja gleichbedeutend ist mit dem gesamtwirtschaftlichen Einkommen, dem so genannten Volkseinkommen. Formal können wir sagen, (C) ist eine Funktion von (Y):

$$C = C\,(Y)$$

Dieser Zusammenhang kann weiter spezifiziert werden. So wird man annehmen, dass sich der Konsum in einem Intervall zwischen Null und Eins in der gleichen Richtung wie das Bruttoinlandsprodukt verändert. Bei Null beispielsweise verändert sich die Konsumnachfrage nicht, wenn sich das Bruttoinlandsprodukt verändert. Beim Wert Eins hingegen verändert sie sich genauso stark wie das Bruttoinlandsprodukt. Werte zwischen Null und Eins müssen also bedeuten, dass ein Teil des zusätzlichen Volkseinkommens bzw. Bruttoinlandsproduktes gespart und der Rest konsumiert wird. Dies ist eine realistische Annahme.

Man quantifizierte diese Beziehung zwischen Konsum- und Volkseinkommensveränderung mit der so genannten marginalen Konsumneigung (C'), die formal die erste Ableitung der Konsumfunktion darstellt, d.h. die Veränderung des Konsums (dC) im Verhältnis zur Veränderung des Einkommens (dY). Formal können wir schreiben:

$$1 < \frac{dC}{dY} = C' < 0$$

Die Konsumfunktion lautet nun:

$$C\,(Y) = C' \cdot Y$$

Schließlich wollen wir annehmen, dass so etwas wie ein autonomer, d. h. vom Einkommen unabhängiger Konsum existiert (C_a). Beispielsweise kann dieser durch Entsparen zu Stande kommen. Wir erhalten dann als gesamte Konsumfunktion:

$$C(Y) = C_a + C' \cdot Y$$

Die Konsumfunktion, die auch als keynesianische Konsumfunktion bekannt ist, setzen wir nun für (C) die in erste Gleichung des Bruttoinlandsproduktes ein und erhalten:

$$Y = C + I + G = C_a + C' \cdot Y + I + G$$

Diese Gleichung lässt sich einfach nach dem Bruttoinlandsprodukt (Y) auflösen. Zuerst bringen wir alle (Y) auf eine Seite:

$$Y - C' \cdot Y = C_a + I + G,$$

so dann klammern wir (Y) aus:

$$Y (1 - C') = C_a + I + G,$$

um schließlich die Gleichung durch (1 – C') zu dividieren:

$$Y = \frac{1}{1 - C'} (C_a + I + G).$$

Diese Gleichung bezeichnen wir auch als Gleichgewichtseinkommen des Bruttoinlandsproduktes. Sie lässt sich im Übrigen sehr leicht mit konkreten Zahlen berechnen. Wenn wir beispielsweise annehmen, die marginale Konsumneigung betrage 0,5, der autonome Konsum 50 und die Investitions- und Staatsnachfrage jeweils 100, so errechnet sich leicht, dass das Gleichgewichtseinkommen 500 Einheiten beträgt.

Der Ausdruck (1/1 – C') in der Gleichung hat eine ganz besondere Bedeutung. Wenn beispielsweise die Investitionsnachfrage von 100 auf 200 steigt, erhöht sich das Gleichgewichtseinkommen von 500 auf 700, also um 100 Einheiten mehr als der Anstieg der Investitionsnachfrage.

Der Grund ist offenbar der Quotient (1/1 – C'), der in der makroökonomischen Theorie auch als elementarer Multiplikator (m) bekannt ist (nicht zu verwechseln mit dem Geldschöpfungsmultiplikator im 3. Kapitel):

$$m = \frac{1}{1 - C'}$$

Der Multiplikator wirkt offenbar umso stärker (schwächer), je größer (kleiner) die marginale Konsumneigung ist. Erhöht sich beispielsweise (C') in unserem Beispiel von 0,5 auf 0,8, so nimmt der Multiplikator statt 2 schon den Wert 5 an, und eine Erhöhung der Investitionsnachfrage um 100 Einheiten erhöht das Volkseinkommen um 500 Einheiten und nicht bloß wie im ersten Beispiel um 200 Einheiten.

Ganz allgemein kann eine Veränderung des Bruttoinlandsproduktes bzw. Volkseinkommens, die wir mit (dY) abkürzen wollen, durch eine Veränderung der Nachfragekomponenten, z. B. der Investitionsnachfrage aber natürlich auch der Staatsnachfrage, die wir mit (dG) ausdrücken wollen, für einen gegebenen Multiplikator berechnet werden nach der Formel:

$$dY = m \cdot dG.$$

Grundsätzlich ist der Multiplikator immer größer Eins, weil die marginale Konsumneigung zwischen Null und Eins liegt. Das genau macht den Anreiz für das „deficit spending" in der Fiskalpolitik aus. Das Volkseinkommen wächst stärker als die Erhöhung der Staatsausgaben:

$$m > 1 \Rightarrow dY > dG.$$

Der ökonomische Grund für diese überproportionale Wirkung der Staatsausgaben liegt im Konsum. Die zusätzlichen Staatsausgaben erhöhen nämlich nicht nur unmittelbar das Volkseinkommen, sondern durch diese Erhöhung wird auch wiederum der Konsum gesteigert, der – wie wir gesehen haben – weitgehend von der Höhe des Volkseinkommens abhängt. Mit steigenden Konsumausgaben steigt aber auch wiederum das Volkseinkommen und damit wieder die Konsumnachfrage usw.

Ausgelöst durch die steigende Staatsnachfrage kommt offenbar ein Kreislauf in Gang, der sukzessive das Volkseinkommen bzw. das Bruttoinlandsprodukt nach oben treibt. Höhere Einkommen und höhere Beschäftigung ist die Folge. Die Erhöhung der Staatsausgaben hat offenbar als eine Initialzündung gewirkt, um die Wirtschaft aus einem Konjunkturtal zu befreien.

Allerdings ist die Wirkung des Multiplikators für steigende Staatsausgaben umstritten. So muss beispielsweise, wie bereits erwähnt, berücksichtigt werden, dass in der Regel wegen der höheren Staatsverschuldung auch die Zinsen am Kapitalmarkt steigen, was private Investitionen verdrängt. Auch kommt die Tatsache der offenen Volkswirtschaft hinzu, die bewirkt, dass ein Teil der zusätzlich geschaffenen inländischen Nachfrage dem Ausland über eine erhöhte inländische Importnachfrage zu Gute kommt.

Schließlich wird die marginale Konsumneigung, d. h. die Erhöhung des Konsums bei Erhöhung des Volkseinkommens in einer Rezession eher schwach ausfallen, da auf Grund von Unsicherheit über die zukünftige wirtschaftliche Entwicklung die Bürger eher viel sparen. Je niedriger aber die marginale Konsumneigung, umso geringer auch der Multiplikator und damit die Wirkung steigender Staatsausgaben.

Neuere empirische Studien des Internationalen Währungsfonds bestätigen indes, dass der Multiplikator zumindest in entwickelten Staaten den Wert 1 annimmt, d. h. das Volkseinkommen wächst um genausoviel wie die Staatsausgaben.

5.4 Neue Makroökonomik

Theoretische Grundlage der modernen Konjunkturpolitik ist die so genannte „Neue Makroökonomik". Das Spezifische dieser Theorie ist die Hypothese, dass in der Realität nicht nur die Löhne, sondern auch die Preise inflexibel sind. In der Tat existiert eine Reihe von empirischen Belegen, die auf solche Preisrigiditäten schließen lassen, insbesondere, wenn es, was für die Konjunkturpolitik der relevante Fall ist, um Preissenkungen geht.

Warum sind die Preise nicht vollkommen flexibel und damit die Preisniveauanpassungen sehr langsam und zäh? Zum einen hat die Realität in der Regel nichts mit den vollkommenen Märkten der Lehrbücher zu tun, sondern oft mit oligopolistischen Strukturen und Unvollkommenheiten; d.h. dass die Unternehmen keine Preisnehmer, sondern Preissetzer sind. Zum anderen ist eine ganze Anzahl von Preisen nicht dem Marktmechanismus unterworfen, sondern staatlich reguliert, wie z.B. die Preise des Agrarbereichs. Last, not least entspricht es auch auf vollkommenen Wettbewerbsmärkten oft der ökonomischen Rationalität, wenn Unternehmen ihre Preise bei einem Angebotsübergang nicht unmittelbar senken. Man spricht in diesem Zusammenhang von so genannten „Menü-Kosten" und meint damit nicht nur die Kosten der Preisumstellung, sondern auch die Unsicherheit, die mit einer Preissenkung verbunden ist. Es ist ja gar nicht ausgemacht, dass Preissenkungen die Nachfrage für die eigenen Produkte erhöhen, denn dies hängt ceteris paribus auch davon ab, wie sich die Mitwettbewerber verhalten. Zudem ist der Preis ein Marketinginstrument und insofern ungeeignet für eine Stop-and-go-Politik.

Die Inflexibilität des Preismechanismus hat erhebliche Auswirkungen auf den Konjunkturzyklus. Bei flexiblen Preisen führt ein Ungleichgewicht von Angebot und Nachfrage zu neuen Preisen und die neuen Preise zu einem neuen Gleichgewicht von Angebot und Nachfrage. Bei inflexiblen, starren Preisen jedoch passen sich die Mengen an. Dies bedeutet z.B., dass bei einem Nachfragedefizit nicht die Preise bzw. das Preisniveau sinkt, sondern die Angebotsmenge. Zwar kommt es dann wiederum zu einem Gleichgewicht, aber auf niedrigerem Niveau als bei steigender Nachfrage durch sinkende Preise. Die nachfolgende Abbildung erläutert diesen Zusammenhang und zeigt die Konsequenzen für die Konjunkturpolitik.

Gütermarkt-Ungleichgewicht

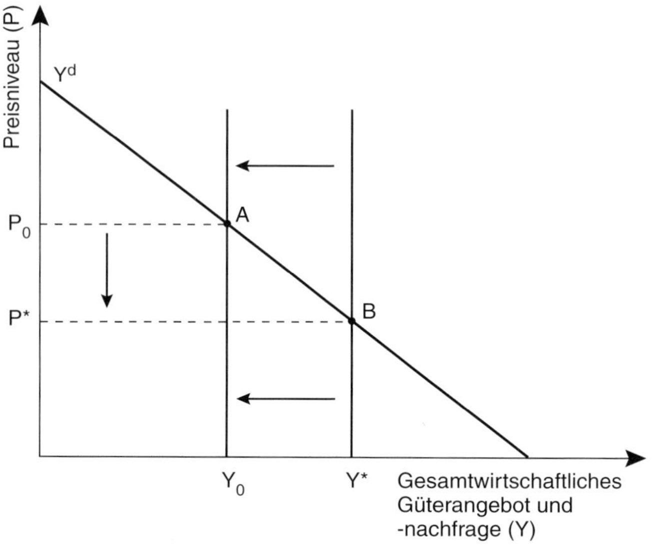

Die Abbildung demonstriert den aggregierten, volkswirtschaftlichen Gütermarkt. Auf den Achsen ist das gesamtwirtschaftliche Güterangebot bzw. die gesamtwirtschaftliche Güternachfrage (Y) sowie das Preisniveau (P) abgetragen. Die gesamtwirtschaftliche Nachfragekurve – mit (Y^d) abgekürzt – ist in einem solchen Diagramm eine fallende Kurve (nicht notwendigerweise eine Gerade), da davon ausgegangen werden kann, dass mit einem sinkenden (steigenden) Preisniveau die aggregierte Nachfrage steigt (sinkt), weil die Kaufkraft – in der volkswirtschaftlichen Theorie spricht man auch von der Realkasse – höher (niedriger) ausfällt.

Zwei Niveaus des gesamtwirtschaftlichen Güterangebots sind zu beachten: (Y^*) steht für das Vollbeschäftigungsniveau, d.h. Arbeit und Kapital sind voll ausgelastet wie in einem konjunkturellen Boom. (Y_0) hingegen stellt ein Angebotsniveau dar, bei dem unausgelastete Kapazitäten und Arbeitslosigkeit existieren, also eine Rezession. Für die eingezeichnete Gütermarktnachfragekurve ergeben sich somit zwei mögliche Gleichgewichte: im Punkt (B) das Vollbeschäftigungsgleichgewicht und im Punkt (A) das Unterbeschäftigungsgleichgewicht.

Bei vollkommen flexiblen Preisen würde man erwarten, dass das Unterbeschäftigungsgleichgewicht (A) nicht von Dauer sein kann, da das Preisniveau von (P_0) auf (P*) sinken würde und damit die Nachfrage so lange steigt, bis das Vollbeschäftigungsgleichgewicht in (B) erreicht wird.

Nicht so bei inflexiblen Preisen: Sinkt das Preisniveau bei einer zu geringen Güternachfrage nicht oder nur ungenügend, passt sich das gesamtwirtschaftliche Güterangebot an, d.h. es wird nicht mehr das Vollbeschäftigungsniveau (Y*) angeboten, sondern eine geringere Menge, im schlechtesten Fall nur noch die Menge (Y_0). Die Nachfrage bestimmt somit das Angebot, nicht umgekehrt; die Wirtschaft gerät in eine Rezession.

Die Neue Makroökonomik nennt eine solche Situation wegen der zu geringen Nachfrage „keynesianische Arbeitslosigkeit". In diesem Fall hilft nur eine expansive Geld- oder Fiskalpolitik, die die privaten Investitionen und den privaten Konsum ankurbeln oder direkt über zusätzliche staatliche Nachfrage die gesamtwirtschaftliche Nachfrage erhöhen.

Neben der keynesianischen Arbeitslosigkeit kennt die Neue Makroökonomik auch die so genannte klassische Arbeitslosigkeit. Hier sind Geld- und Fiskalpolitik nicht wirkungsvoll. Vielmehr führen sie zu einem Crowding-out, also zu einer Verdrängung privater durch staatliche Nachfrage, weil die Ursache der unausgelasteten Kapazitäten nicht eine zu geringe Nachfrage, sondern beispielsweise zu hohe Arbeitskosten (Löhne und Gehälter) sind. In diesem Fall helfen nur institutionelle Reformen, die den Arbeitsmarkt marktwirtschaftlicher gestalten und zu Arbeitskosten führen, die den Arbeitsmarkt räumen. Dazu gehören natürlich auch sinkende Lohnnebenkosten.

Die nachfolgende Abbildung zeigt diesen Fall. Auf der x-Achse ist die Anzahl der Arbeitskräfte (N) abgetragen, auf der y-Achse die realen Arbeitskosten als Quotient aus Nominallöhnen (w) und Preisniveau (P). In einem solchen Diagramm ist die Arbeitsangebotskurve (N^s) der Arbeitnehmerhaushalte eine steigende Kurve, weil davon auszugehen ist, dass steigende Reallöhne in der Regel auch zu einem höheren Arbeitsangebot führen. Die Arbeitsnachfrage der Unternehmen (N^d) hingegen fällt, weil die Arbeitgeber ceteris paribus umso mehr Beschäftigte einstellen, je geringer deren Kosten sind.

Die von der Neuen Makroökonomik so bezeichnete klassische Arbeitslosigkeit lässt sich in einem solchem Diagramm als ein Reallohn (w/P) darstellen, der oberhalb des gleichgewichtigen, d.h. den Arbeitsmarkt räumenden Reallohns (w/P)* liegt. Die daraus entstehende Arbeitslosigkeit ergibt sich aus der Differenz von ($N^d{}_0$) und ($N^s{}_0$) beim Lohn $(w/P)_0$: Die Unternehmen benötigen weniger Arbeitskraft als die Haushalte anbieten, weil die Arbeitskosten zu hoch sind. Hier hilft nur die Senkung der Reallöhne, Geld- und Fiskalpolitik sind wirkungslos oder sogar schädlich.

Nicht geräumter Arbeitsmarkt

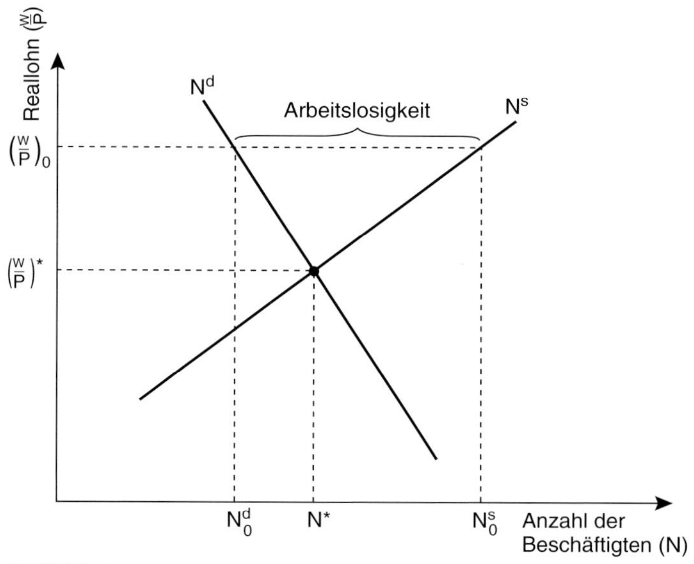

Saysches Theorem

Ein Gleichgewicht auf dem Gütermarkt, d.h. ein Ausgleich von Angebot und Nachfrage und Gütern und Dienstleistungen, bedeutet nicht notwendigerweise, dass auch Vollbeschäftigung in einer Volkswirtschaft herrscht. Dazu muss neben dem Gütermarkt auch der Arbeitsmarkt geräumt sein. Theoretisch ist ein Gleichgewicht auf dem Gütermarkt identisch mit Vollbeschäftigung, wenn das so genannte Saysche Theorem, benannt nach seinem Begründer Jean Baptiste Say, gilt.

Das Saysche Theorem besagt, dass es auf gesamtwirtschaftlich aggregiertem Niveau keinen Ausfall an Güter- und damit auch an Arbeitsnachfrage geben kann. **Jedes Angebot schafft sich seine Nachfrage**, so das Credo von Say.

Das Saysche Theorem folgt einem recht einfachen Gedanken. Wenn es richtig ist, so das Argument, dass der Wert der gesamtwirtschaftlichen Produktion dem Niveau des Volkseinkommens entspricht, muss es auch richtig sein, dass das Volkseinkommen wieder für den Kauf der produzierten Güter und Dienstleistungen verwendet wird. Ein Nachfrageausfall und damit eine Diskrepanz von Produktionspotenzial und gesamtwirtschaftlicher Nachfrage sind aus dieser Perspektive ausgeschlossen.

Die vor allem von **Keynes** angestoßene wirtschaftswissenschaftliche Diskussion hat jedoch deutlich gemacht, dass die Hypothese von Say nur beschränkt Gültigkeit hat und in der Realität auch nur beschränkt gültig ist, sonst gäbe es ja keine konjunkturellen, nachfragebedingte Krisen, die es in der Tat aber immer wieder gibt.

Der Grund für die **Schwäche des Sayschen Theorems** ist darin zu sehen, dass geschaffenes Einkommen nicht immer verwendet wird und verwendet werden muss, um Güter oder Dienstleistungen zu kaufen. In der Tat haben die privaten Haushalte auch die Möglichkeit, einen Teil ihres Einkommens zu sparen.

Der damit verbundene Nachfrageausfall am Gütermarkt kann theoretisch durch steigende Investitionen der Unternehmen, der zweiten privaten Nachfragekomponente, ausgeglichen werden. Entspricht also die Höhe der gesamtwirtschaftlichen Ersparnis – abgekürzt mit (S) – dem Niveau der gesamtwirtschaftlichen Investitionen (I), so gilt wieder das Saysche Theorem, vorausgesetzt die beiden anderen Komponenten der gesamtwirtschaftlichen Nachfrage, Staatsausgaben und Außenbeitrag, bleiben auf dem gleichen Niveau wie zuvor. Formal ausgedrückt muss also gelten:

$$S = I$$

Angesichts der hohen Volatilität des Investitionsverhaltens der Unternehmen macht es keine große Mühe zu erkennen, dass diese Gleichung unmöglich zu jedem Zeitpunkt erfüllt sein kann. Tatsächlich beobachten wir sehr oft, in Deutschland praktisch seit 1992 ununterbrochen, dass das Investitionsniveau zu niedrig ist, um das Produktionspotenzial auszulasten und damit konjunkturelle Vollbeschäftigung sicherzustellen. Allerdings ist umstritten, was die Ursache dieser **Investitionschwäche** darstellt. Handelt es sich eher um ein Nachfrage- oder ein Angebotsproblem?

Darüber hinaus muss beachtet werden, dass ex-post, d.h. im nachhinein, Ersparnisse und Investitionen immer ausgeglichen sind. In der volkswirtschaftlichen Gesamtrechnung, der Bilanz einer Volkswirtschaft, wird beispielsweise die Differenz zwischen Ersparnis und Investitionen als so genannte „Lagerinvestitionen" gebucht, um sicherzustellen, dass die Bilanz auch ausgeglichen ist. Worauf es vielmehr ankommt ist, dass die Pläne von Haushalten und Unternehmen in einer bestimmten Periode kompatibel sind, d.h. die Unternehmen müssen mindestens genauso viel planen zu investieren wie die Haushalte beabsichtigen zu sparen. Dann kann es zu keinem Nachfrageausfall kommen.

Ist dies nicht der Fall und kommt es zu einem Nachfrageausfall wird das Saysche Theorem gewissermaßen auf den Kopf gestellt: Nicht das Angebot bestimmt die Nachfrage, sondern umgekehrt die Nachfrage das Angebot. Und in der Tat ist die empirische Evidenz dieser an Keynes orientierten Betrachtung eines gesamtwirtschaftlichen Nachfrageausfalls hoch. Wenn Unternehmen – einzelwirtschaftlicher Rationalität folgend – Kapazitäten und Arbeitsplätze abbauen, was wir in Rezessionen auf breiter Front immer wieder beobachten, bedeutet dies nichts anderes, als das gesamtwirtschaftliche Angebot an die reduzierte, gesamtwirtschaftliche Nachfrage anzupassen.

So entsteht in der Realität oft eine gefährliche **konjunkturelle Abwärtsspirale**: Weil die Nachfrage zu gering ist, schränken die Unternehmen ihr Angebot ein, und weil das Angebot eingeschränkt wird, sinkt die gesamtwirtschaftliche Nachfrage noch weiter. Von den Unternehmen deshalb zu verlangen, sie sollten ihr Angebot nicht einschränken bzw. Kapazität abzubauen, ist insofern naiv, weil die Unternehmen auf diese Weise gezwungen sind, Kosten einzusparen, um Verluste zu begrenzen oder erst gar nicht in die Verlustzone zu gelangen. Was mikroökonomisch also rational und nachvollziehbar ist, wirkt auf makroökonomischer, gesamtwirtschaftlicher Ebene oftmals verheerend. Das ist der Grund, warum die Keynesianer nach dem Staat rufen.

5.5 Theorie realer Konjunkturzyklen

Traditionell werden Konjunkturzyklen entweder mit einer zu geringen gesamtwirtschaftlichen Nachfrage (Keynesianismus) oder mit Schwankungen der Geldmenge (Monetarismus) begründet. In den letzten Jahren hat sich in der volkswirtschaftlichen Theorie eine Richtung entwickelt, die so genannte Theorie realer Konjunkturzyklen (real business cycle theory), die die Ursache von Konjunkturzyklen weder in dem einen noch in dem anderen sieht. Vielmehr ist die Hypothese, dass Konjunkturzyklen durch so genannte technologische Schocks ausgelöst werden. Unter dem Begriff „Schock" ist dabei ganz allgemein ein unvorhersehbares Ereignis zu verstehen, das die Entwicklung der Volkswirtschaft verändert.

Praxisrelevanz hat diese Theorie insbesondere durch den Aufstieg und Fall der New Economy und die damit verbundene Diffusion der Informations- und Kommunikationstechnologie erhalten. Grundsätzlich jedoch muss es sich bei einem „Schock" nicht unbedingt um abrupte technologische Veränderungen handeln. Denkbar sind alle Arten positiver oder negativer Angebotsschocks wie Ölpreisschocks, Natur- und Umweltkatastrophen, Kriege, Terroranschläge oder Finanzkrisen.

Betrachten wir zum besseren Verständnis der Theorie das folgende Beispiel: In einer Volkswirtschaft verbreite sich rasch und umfassend eine neue Technologie wie beispielsweise Mitte der 90er Jahre die Informations- und Kommunikationstechnologie. Dieses Ereignis wurde weder in seinen quantitativen noch in seinen qualitativen Dimensionen von Wirtschaftsteilnehmern vorhergesehen. Eine dieser Dimensionen war der sprunghafte Anstieg der Arbeitsproduktivität, was sich als ein positiver technologischer Schock für die Wirtschaft interpretieren lässt.

Eine Folge der Produktivitätserhöhung wird sein, dass der gesamtwirtschaftliche Output bei konstantem Arbeits- und Kapitaleinsatz steigt. In der nachfolgenden Grafik wird dies durch eine Rechtsverschiebung der gesamtwirtschaftlichen Güterangebotskurve von ($Y^s{}_0$) auf ($Y^s{}_1$) zum Ausdruck gebracht. Die Grafik trägt auf der horizontalen Achse das gesamtwirtschaftliche Güterangebot und die gesamtwirtschaftliche Güternachfrage – abgekürzt mit (Y^s) und (Y^d) – und damit das in der betrachteten Volkswirtschaft erwirtschaftete reale Volkseinkommen (Y) ab. Auf der vertikalen Achse wird die Kapitalverzinsung (r), definiert als Verzinsung des Realkapitals dargestellt. Diese Verzinsung stimmt im volkswirtschaftlichen Gleichgewicht mit dem im zweiten Kapitel bestimmten Realzins als Differenz von Nominalzins und Inflationsrate überein.

Neben dem Angebotsschub löst der positive Technologieschock simultan auch eine Erhöhung der gesamtwirtschaftlichen Nachfrage aus, grafisch zum Ausdruck gebracht ebenfalls durch eine Rechtsverschiebung der gesamtwirtschaftlichen Nachfragekurve (Y^d) von ($Y^d{}_0$) auf ($Y^d{}_1$). Die Nachfrageerhöhung entsteht, weil die neue, produktivere Technologie für die Unternehmen einen Anreiz darstellt, ihre Investitionsnachfrage als Teil der gesamtwirtschaftlichen Nachfrage zu steigern. Durch den gleichzeitigen Anstieg des gesamtwirtschaftlichen Angebots und der gesamtwirtschaftlichen Nachfrage steigt das Volkseinkommen insgesamt von (Y_0) auf (Y_1), den jeweiligen Schnittpunkten der Angebots- und Nachfragekurve.

Technologieschock und Volkseinkommen

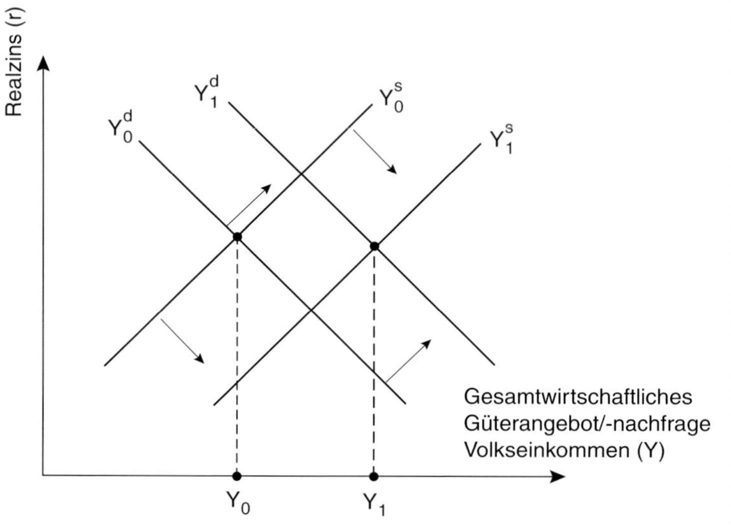

Die Erklärung des Konjunkturzyklusses durch die Theorie realer Konjunkturzyklen ergibt sich nun durch die Fallunterscheidung, ob die gesamtwirtschaftliche Nachfrage stärker als das gesamtwirtschaftliche Angebot oder aber umgekehrt das Angebot stärker als die Nachfrage auf den Schock reagiert. Im ersten Fall haben wir es offenbar mit einem Aufschwung oder konjunkturellen Boom zu tun, denn die Normalauslastung der Kapazitäten wird übertroffen, während im zweiten Fall, der Nachfragezuwachs hinter dem Angebotszuwachs zurückbleibt, ein Abschwung oder gar eine Rezession auf Grund der unausgelasteten Kapazitäten stattfindet.

In der Realität wird sich diese Fallunterscheidung insbesondere durch die Einschätzung der Unternehmen ergeben, ob der Technologieschock als dauerhaft oder nur als temporär angesehen wird. Neigt die Mehrheit der investierenden Unternehmen zu der Ansicht, dass der positive Schock einer steigenden Produktivität dauerhaft anhält, so wird auch die Investitionsnachfrage und damit die gesamtwirtschaftliche Nachfrage überproportional zulegen und einen konjunkturellen Boom auslösen. Im umgekehrten Fall der Einschätzung einer nur kurzfristig positiven Wirkung, werden die Investitionsnachfrage und die gesamtwirtschaftliche Nachfrage mit hoher Wahrscheinlichkeit hinter dem steigenden Angebot zurückbleiben, was in einen Abschwung führt.

Interessant ist in diesem Zusammenhang auch die Erkenntnis, dass die Kapitalverzinsung – wie die beiden nachfolgenden Abbildungen zeigen – in beiden Fällen unterschiedlich reagiert. Wächst nämlich die gesamtwirtschaftliche Nachfrage stärker als das gesamtwirtschaftliche Angebot steigt die Verzinsung des Realkapitals – von (r_0) auf (r_1) in unserem Beispiel –, während sie im umgekehrten Fall sinkt. Dies passt gut zu der Beobachtung, dass die Gewinne auf das Realkapital im Aufschwung steigen, während sie im Abschwung sinken.

Technologieschocks und Konjunkturentwicklung

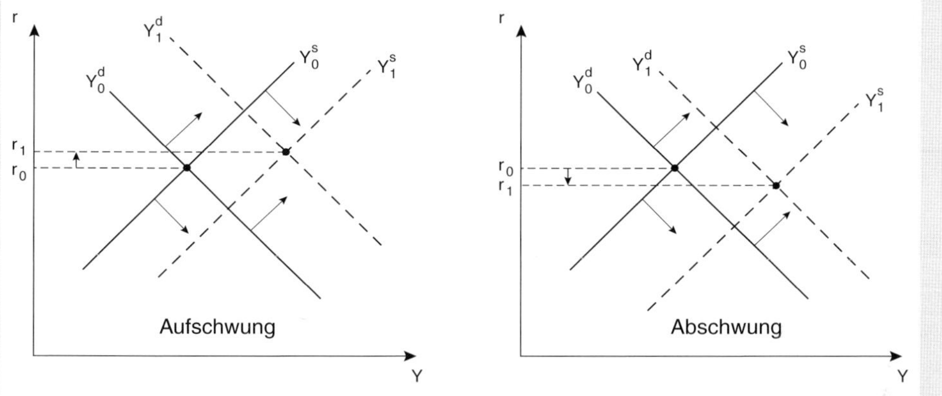

Für die Relevanz technologischer Schocks in der Realität spricht vor allem die Bedeutung der so genannten totalen Faktorproduktivität, auch als neutraler technischer Forschritt bezeichnet. Hiermit sind Produktivitätserhöhungen gemeint, die unabhängig von der durchschnittlichen Kapitalintensität, d.h. dem Verhältnis der Menge an Arbeit und Kapital mit dem der gesamtwirtschaftliche Output in einer Volkswirtschaft produziert wird, anfallen. Man schätzt, dass rund zwei Drittel des volkswirtschaftlichen Wachstums auf diese Form des Produktivitätsfortschritts zurückgehen.

Totale Faktorproduktivität bedeutet, dass neues Kapital, das in der Produktion eingesetzt wird, eine höhere Produktivität ermöglicht als das alte, substituierte Kapital. Einleuchtende Beispiele hierfür sind die Verdrängung der Schreibmaschine durch den PC oder die Abwicklung von Transaktionen über das Internet statt per Telefon.

Für die Konjunkturpolitik folgern die Theoretiker des realen Konjunkturzyklus, dass sie nicht notwendig ist, da die Schocks weder vorhersehbar noch mit Fiskal- oder Geldpolitik geheilt werden können. Vielmehr wird ausschließlich auf die Kräfte des Marktes vertraut.

5.6 Wirtschaftspolitik in Deutschland

Die Wirtschaftspolitik in Deutschland der letzten Jahre war im Wesentlichen geprägt durch die Umsetzung der so genannten Agenda 2010, die weit reichende Reformen auf den Feldern Besteuerung, Arbeitsmarkt und soziale Sicherung vorsah. Insbesondere die Reformen am Arbeitsmarkt – Stichwort „Hartz IV“ – sowie der Aufbau kapitalgedeckter Ergänzungssysteme in der Rentenversicherung in Verbindung mit der schrittweise Verlängerung der Lebensarbeitszeit – Stichwort „Rente mit 67“ –, haben die Öffentlichkeit bewegt. Tatsächlich wurde damit ein Stück des Sozialstaates wie er sich in Deutschland seit dem Ende des Zweiten Weltkrieges und nicht zuletzt seit der deutschen Wiedervereinigung entwickelt hat, abgebaut und dem Wettbewerb der Märkte mehr Raum gegeben.

Die Agenda 2010 setzte insbesondere angebotspolitische Ideen um: Es sollten Anreize für die Wirtschaft gesetzt werden, neue Arbeitsplätze zu schaffen, beispielsweise durch Förderung des Mittelstandes, Lockerung des Kündigungsschutzgesetzes, Senkung der betrieblichen Lohnnebenkosten und die Zulassung von Betriebsgründungen auch ohne Meisterbrief.

Agenda 2010

Die wichtigsten Maßnahmen der Agenda 2010 waren:

- **Bereich Ausbildung**
  - Besondere Ausbildungsangebote für Jugendliche
  - Berufsausbildung durch fachlich geeignete, erfahrene Gesellen in den Betrieben.
- **Bereich Bildungspolitik**
  - Erhöhung der Bildungsausgaben innerhalb von fünf Jahren um 25%, BAföG-Reform, um mehr studienbereiten jungen Menschen eine Hochschulausbildung zu ermöglichen.
  - Investition von 4 Mrd. EUR zur Förderung von Ganztagsschulen, um Schüler länger und intensiver zu betreuen und auszubilden.

- **Bereich Arbeitsmarkt**
  - Die Auszahlung des prozentual an die Höhe des Einkommens der letzten Monate gekoppelten Arbeitslosengeldes wird auf 12 Monate beschränkt bzw. gekürzt, unabhängig vom Einzahlungszeitraum in die Arbeitslosenversicherung. Für Menschen ab 55 Jahre gilt eine Verkürzung der Bezugsdauer auf 18 Monate (vorher 32 Monate). Die Arbeitslosenhilfe wird abgeschafft. Nach Ablauf der Arbeitslosengeld-Zahlung können Arbeitslose das Arbeitslosengeld II in Höhe des Sozialhilfesatzes beantragen; die Zahlung ist allerdings an die so genannte Bedürftigkeit gekoppelt, d.h. Zahlungen werden nur gewährt, wenn das Vermögen bestimmte (niedrige) Grenzen nicht überschreitet und das Einkommen der so genannten Bedarfsgemeinschaft nicht zu hoch ist (z.B. ca. 1.200 EUR netto monatlich für eine dreiköpfige Familie). Empfänger des Arbeitslosengeldes II müssen in vollem Umfang ihre Vermögensverhältnisse offen legen, einschließlich der Rücklagen für die Altersvorsorge und der Kindersparbücher. Hier gibt es jedoch einen Freibetrag in Höhe von 4.850 EUR, bis zu dem die Sparbücher geschützt sind. Sinn dieser Regelung ist es, zu verhindern, dass das gesamte Vermögen der Eltern dem Kind übertragen wird, um es so vor der Offenlegung zu „verstecken".
  - Freibeträge: Pro Lebensjahr 150 EUR und zusätzlich 250 EUR pro Lebensjahr für Gelder aus der Altersvorsorge, die erst nach Rentenantritt ausgezahlt werden. Werden diese Grenzwerte überschritten, erfolgt keine Auszahlung des Arbeitslosengeldes II, bis das Privatvermögen abzüglich der Freibeträge verbraucht ist.
  - Die Regelungen zur Zumutbarkeit für Arbeitsangebote wurden verschärft. Jede Arbeit, die nicht sittenwidrig ist, gilt als zumutbar, außer wenn der Arbeitsuchende aus gesundheitlichen Gründen nicht dazu in der Lage ist, wenn die künftige Ausübung seiner ursprünglichen Tätigkeit wesentlich erschwert würde, wenn die Erziehung der Kinder oder die Pflege eines Angehörigen gefährdet würde. Hierbei spielt es keine Rolle, ob die formale Qualifikation des Arbeitslosen wesentlich höher liegt als die für die Stelle notwendige oder ob die angebotene Stelle einen existenzsichernden Lohn garantiert. Bei Nichtannahme zumutbarer Tätigkeiten werden die finanziellen Leistungen gekürzt.
  - Bislang Sozialhilfe beziehende Arbeitsfähige erhalten durch die Zuordnung zum Arbeitslosengeld II Zugang zu den Förderungsmaßnahmen der Agentur für Arbeit.

- **Bereich Krankenversicherung**
  - Verabschiedung und Umsetzung des Gesetzes zur Modernisierung der Gesetzlichen Krankenversicherung (GKV)
  - Viele bisher gewährte Leistungen wurden aus dem Katalog der GKV gestrichen.
  - Einführung eines Selbstkostenanteils von 2% des Bruttojahreseinkommens, bei chronisch Kranken 1%. Je Quartal sind beim Hausarzt und Zahnarzt je 10 EUR Praxisgebühr fällig, die Zuzahlung bei Medikamenten wurde erhöht. Nachträglich wurde die Notaufnahmegebühr (ebenfalls 10 EUR) von der Praxisgebühr abgekoppelt.
  - Zahnersatz und Krankengeld sollen in Zukunft nicht mehr paritätisch, sondern alleine durch Beiträge der Versicherten abgesichert werden. Ziel ist, den Durchschnittsbeitrag der Gesetzlichen Krankenversicherung auf etwa 13% des Einkommens zurückzuführen. Damit sollen die Lohnnebenkosten unmittelbar gesenkt werden.
- **Bereich Gesetzliche Rentenversicherung**
  - Ergreifen von Maßnahmen, welche die Rentenversicherungsbeiträge für die derzeitigen Beitragszahler konstant auf 19,5% des Bruttolohns halten sollen.
  - Ergänzung der Rentenformel um den Nachhaltigkeitsfaktor, um einen weiteren Anstieg der Rentenversicherungsbeiträge zu dämpfen. Reduzierung der versicherungsfremden Leistungen.
- **Bereich Familienpolitik**
  - Verstärkte Investitionen für die Betreuung von Kindern unter drei Jahren, Ausbau von Ganztagsschulen,
  - Einführung von Steuervergünstigungen für die Kinderbetreuung und für die Einstellung von Haushaltshilfen im Privathaushalt.

Die Resultate dieser Reform sind weitestgehend positiv, wenngleich einzelne Bestandteile der Agenda im nach hinein wieder geändert wurden. Für diese Beurteilung spricht zum Beispiel die Entwicklung der finanzpolitischen Indikatoren wie in der nachfolgenden Tabelle dargestellt. So ist der Finanzierungssaldo, d.h. die Differenz zwischen Staatseinnahmen und -ausgaben, im Jahr 2007 auf Null gesunken, d.h. ein ausgeglichener Haushalt wurde erreicht nach einem Minussaldo von noch 4% im Jahre 2003.

Auch die Schuldenstandsquote, d.h. die Gesamtverschuldung des Staates im Vergleich zum Bruttoinlandsprodukt ist im Jahr 2007 auf 64,6% gefallen nach einem Höhepunkt von 67,8% im Jahr 2005. Für 2008 wird ein Wert unter 65% erwartet.

Eine sinkende Tendenz weisen auch die Staatsquote, die definiert ist als die Ausgaben des Staates im Verhältnis zum nominalen Bruttoinlandsprodukt, sowie die Abgabenquote, d.h. die Gesamtsumme aller Abgaben aus Steuern und Sozialversicherungen von Haushalten und Unternehmen im Verhältnis zum nominalen Bruttoinlandsprodukt, auf. Beide zusammen genommen bedeuten, dass der Staat weniger aktiv war in der Wirtschaft – was auf einen höheren Liberalisierungs- und Deregulierungsgrad schließen lässt – und Bürger und Unternehmer im Verhältnis zu den Einkommen weniger zahlen mussten. Weiterhin steigend ist allerdings die Steuerquote.

Finanzpolitische Kennziffern Deutschlands 2001–2007

	2001	2002	2003	2004	2005	2006	2007
Finanzierungssaldo	−2,8	−3,7	−4,0	−3,8	−3,4	−1,5	0,0
Schuldenstandsquote	58,8	60,3	63,8	65,6	67,8	67,5	64,6
Staatsquote	47,6	48,1	48,5	47,1	46,9	45,4	44,0
Abgabenquote	40,4	39,9	40,0	39,1	39,1	39,6	39,9
Steuerquote	23,3	22,8	22,8	22,2	22,4	23,3	24,4

(Quelle: Sachverständigenrat)

Darüber hinaus ist das Wachstum in Deutschland im Vergleich zu den anderen EU-Staaten überproportional gestiegen in den letzten Jahren (siehe nachfolgende Tabelle): War Deutschland im Jahr 2004 noch Schlusslicht bei der Wachstumsrate, ist es im Jahr 2007 mit einem Wachstum von 2,6% im Euro-Raum immerhin auf Platz 8 geklettert bei einer moderaten Inflationsrate von 2,2%. Die Arbeitslosenrate war mit 8,3% im Jahr 2007 aber immer noch eine der höchsten in der gesamten Europäischen Union.

Wirtschaftsdaten der Europäischen Union (2004–2007)

Land/Ländergruppe	Bruttoinlandsprodukt				Verbraucherpreise				Arbeitslosenquote			
	2004	2005	2006	2007	2004	2005	2006	2007	2004	2005	2006	2007
Belgien	3,0	1,1	3,2	2,6	1,9	2,5	2,3	1,5	8,4	8,4	8,2	7,6
Deutschland	**1,1**	0,8	2,9	**2,6**	1,6	2,0	1,7	2,2	**9,7**	10,7	9,8	**8,3**
Finnland	3,7	2,9	5,0	4,2	0,1	0,8	1,3	1,7	8,8	8,4	7,7	6,8
Frankreich	2,5	1,7	2,0	1,9	2,3	1,9	1,9	1,4	9,6	9,7	9,5	8,4
Griechenland	4,7	3,7	4,3	3,8	3,0	3,5	3,3	2,8	10,5	9,8	8,9	8,2
Irland	4,4	6,0	5,7	4,8	2,3	2,2	2,7	2,8	4,5	4,3	4,4	4,8
Italien	1,2	0,1	1,9	1,8	2,3	2,2	2,2	1,9	8,0	7,7	6,8	5,8
Luxemburg	4,9	5,0	6,1	5,4	3,2	3,8	3,0	2,3	5,1	4,5	4,7	4,7
Niederlande	2,2	1,5	3,0	2,6	1,4	1,5	1,7	1,5	4,6	4,7	3,9	3,1
Österreich	2,3	2,0	3,3	3,3	2,0	2,1	1,7	1,9	4,8	5,2	4,7	3,9
Portugal	1,5	0,5	1,3	1,8	2,5	2,1	3,0	2,3	6,7	7,6	7,7	8,1
Slowenien	4,4	4,0	5,2	5,3	3,7	2,5	2,5	3,3	6,3	6,5	6,0	4,6
Spanien	3,3	3,6	3,9	3,7	3,1	3,4	3,6	2,5	10,6	9,2	8,5	7,9
Euro-Raum	**2,0**	**1,5**	**2,8**	**2,6**	**2,1**	**2,2**	**2,2**	**2,0**	**8,9**	**8,9**	**8,3**	**7,3**
Dänemark	2,1	3,1	3,5	1,9	0,9	1,7	1,9	1,4	5,5	4,8	3,9	3,5
Schweden	4,1	2,9	4,2	3,3	1,0	0,8	1,5	1,5	6,3	7,4	7,1	6,1
Vereinigtes Königreich	3,3	1,8	2,8	3,0	1,3	2,1	2,3	2,3	4,7	4,8	5,3	5,3
EU-16	**2,3**	**1,6**	**2,8**	**2,7**	**2,0**	**2,1**	**2,2**	**2,0**	**8,1**	**8,2**	**7,7**	**6,9**
Bulgarien	6,6	6,2	6,1	6,0	6,1	6,0	7,4	7,2	12,0	10,1	9,0	6,6
Estland	8,3	10,2	11,2	8,5	3,0	4,1	4,4	6,2	9,7	7,9	5,9	5,2
Lettland	8,7	10,6	11,9	10,5	6,2	6,9	6,6	9,4	10,4	8,9	6,8	5,5
Litauen	7,3	7,9	7,7	8,0	1,2	2,7	3,8	5,5	11,4	8,3	5,6	4,2
Malta	0,1	3,1	3,2	2,8	2,7	2,5	2,6	0,3	7,4	7,3	7,3	6,2
Polen	5,3	3,6	6,1	6,5	3,6	2,2	1,3	2,3	19,0	17,7	13,8	9,4
Rumänien	8,5	4,1	7,7	6,3	11,9	9,1	6,6	4,7	8,1	7,2	7,3	6,7
Slowakei	5,4	6,0	8,3	8,8	7,5	2,8	4,3	1,7	18,2	16,3	13,4	11,2
Tschechische Republik	4,5	6,4	6,4	5,6	2,6	1,6	2,1	2,4	8,3	7,9	7,1	5,4
Ungarn	4,8	4,1	3,9	2,2	6,8	3,5	4,0	7,7	6,1	7,2	7,5	7,2
Zypern	4,2	3,9	3,8	3,9	1,9	2,0	2,2	1,9	4,6	5,2	4,6	3,6
Europäische Union	**2,4**	**1,8**	**3,0**	**2,9**	**2,1**	**2,2**	**2,2**	**2,1**	**9,1**	**9,0**	**8,2**	**7,0**

(Quelle: Sachverständigenrat)

Allerdings weist die Arbeitslosenquote, d.h. das Verhältnis von Arbeitslosen zu den zivilen Erwerbspersonen, einen klar fallenden Trend auf. Auf dem Höhepunkt im Jahr 2005 waren mehr als 10% der Menschen arbeitslos, im August 2008 waren es nur noch 7,6%. In absoluten Zahlen bedeutet dies, dass rund 2 Millionen Menschen mehr Arbeit hatten als noch im Jahr 2005.

Im nachfolgenden Schaubild, das die Entwicklung der Arbeitslosenquote seit 1948 zeigt, ist gut die langfristige wirtschaftliche Entwicklung Deutschlands zu sehen. Bis Ende der 60er Jahre ging es praktisch immer aufwärts – Stichwort „Wirtschaftswunder“ – mit

Vollbeschäftigung in den 60er Jahren. Die erste Krise war 1967 mit einem Anstieg der Arbeitslosenquote auf rund 2%. Es folgten in den 70er Jahren zwei Ölpreisschocks, d.h. der plötzliche starke Anstieg der Ölpreise, der die Arbeitslosigkeit auf ca. 8% anstiegen ließ, ein Wert der sich in den 80er Jahren verfestigte.

Erst mit Wiedervereinigungsboom ist die Arbeitslosenquote kurzfristig wieder gesunken, um dann im weiteren Verlauf der neunziger Jahre bis auf ca. 10% anzusteigen. In der New Economy kurz vor der Jahrtausendwende senkte sie sich dann wieder unter 10%, um nach deren Ende den erwähnten Höchststand zu erreichen. Seit dem fällt die Arbeitslosenqoute auf mittlerweile Werte, die die besten seit fast 20 Jahren sind. Die Rezession der Weltwirtschaft, die sich im Herbst 2008 ankündigte, dürfte diesen Trend wieder umkehren.

Arbeitslosenquote in Deutschland (1948–2007)

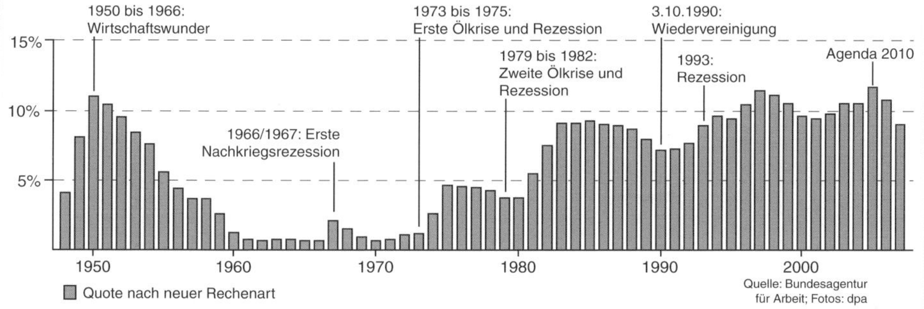

Bis zu den neunziger Jahren wurde die Arbeitslosenquote als Anteil an den abhängigen zivilen Erwerbspersonen errechnet. Heute steht meist eine andere Quote im Zentrum der Diskussion: Der Anteil der Arbeitslosen an allen zivilen Erwerbspersonen, zu denen auch Selbstständige gehören.

(Quelle: Spiegel)

Vor der Finanzkrise war damit zu rechnen, dass sich die Dominanz der Angebotspolitik fortsetzen würde. Dies betrifft insbesondere die weitere Reduzierung der Staatsquote und die Staatsverschuldung sowie die fortzuführende Reform der Systeme der Sozialen Sicherung, insbesondere der Gesetzlichen Krankenversicherung. Allerdings hat sich die Lage durch die Finanzkrise in der Wirtschaftspolitik dramatisch gewandelt. Eingriffe des Staates finden ein deutlich positiveres Echo, was für die Zukunft eine stärker staatlich gesteuerte Nachfrage- und Fiskalpolitik erwarten lässt. Die Angebotspolitik dürfte wieder ins Hintertreffen geraten.

5.7 Zusammenfassung

Das Wichtigste im Karteikartenformat:

Wirtschaftspolitik: Sachlich kann die Wirtschaftspolitik in vier Bereiche unterteilt werden: die Wettbewerbs- und Ordnungspolitik, die Konjunktur- und Stabilitätspolitik, die Struktur- und Wachstumspolitik sowie die Einkommens- und Sozialpolitik.

Angebots- und Nachfragepolitik: Bezüglich der wirtschaftspolitischen Positionen ist zwischen Angebots- und Nachfragepolitik zu unterscheiden. Während die Angebotspolitik das Schwergewicht auf die Verbesserung der Angebotsbedingungen legt, fokussiert die Nachfragepolitik auf die Stabilisierung der Nachfrage.

Konjunkturpolitik: Insbesondere die Konjunktur- und Stabilitätspolitik steht im Zentrum des Interesses. Hier ist zwischen Fiskal- und Geldpolitik zu unterscheiden. In der Regel geht man heute davon aus, dass Geldpolitik staatlicher Fiskalpolitik vorzuziehen ist.

Neue Makroökonomik: Theoretische Grundlage der Konjunkturpolitik ist die so genannte neue Makroökonomik, die konjunkturelle Unterbeschäftigung mit inflexiblen Preis- und Lohnanpassungen erklärt und zwischen keynesianischer und klassischer Arbeitslosigkeit unterscheidet. Dabei ist Erstere als Arbeitslosigkeit auf Grund zu geringer gesamtwirtschaftlicher Nachfrage und letztere als Arbeitslosigkeit auf Grund zu hoher Löhne definiert.

Monetarismus und Keynesianismus: Die zwei Hauptrichtungen der Konjunkturpolitik sind der Monetarismus und der Keynesianismus. Während Letztere der Fiskalpolitik den Vorzug geben, setzen Erstere auf die Geldpolitik. Allerdings sprechen die Monetaristen der Geldpolitik nur kurzfristig eine reale Wirkung auf das Volkseinkommen und die Beschäftigung zu und lehnen die Fiskalpolitik grundsätzlich ab. Dabei berufen Sie sich auf die langfristige Gültigkeit des so genannten Sayschen

Theorems, das behauptet, dass sich jedes Angebot auch seine Nachfrage schafft. Umgekehrt lehnen die Keynesianer dieses Theorem ab und begründen die Wirksamkeit von Fiskalpolitik mit dem so genannten Multiplikator. Dieser kann zumindest theoretisch zeigen, dass eine Erhöhung der Staatsausgaben das Volkseinkommen um mehr als nur die Staatsausgaben erhöht, was bedeutet, dass höhere Staatsausgaben auch zu höheren privaten Ausgaben führen.

Reale Konjunkturzyklen: Eine neue Richtung in der Konjunkturforschung ist die Theorie realer Konjunkturzyklen, die behauptet, dass die Ursache der Schwankungen des Bruttoinlandsproduktes in so genannten exogenen Schocks zu suchen ist, wie beispielsweise die Einführung neuer Technologien und anderes. Konjunkturpolitik wird in diesem Szenario für überflüssig gehalten, da weder Fiskal- noch Geldpolitik einen Einfluss auf die Schocks ausüben können. Vielmehr wird darauf vertraut, dass die Märkte selbst wieder in ein Gleichgewicht finden.

Deutschland: In der aktuellen wirtschaftspolitischen Diskussion in Deutschland dominieren nach wie vor die Umsetzung bzw. Reform der so genannten Agenda 2010, die tief greifende Reformen auf den Feldern Arbeitsmarkt und soziale Sicherungssysteme angestoßen hat. Bisher ist die Wirkung der Reform positiv zu beurteilen. Das zeigt sich an finanzpolitischen Kennziffern wie der Staats- und Abgabenquote genauso wie in den steigenden Wachstumsraten und der sinkenden Arbeitslosigkeit. Angesichts der Finanzkrise ist in Zukunft mit einem Schwenk zur Nachfragepolitik zu rechnen.

6 Globalisierung und Wechselkurse: Die neue Ordnung der Weltwirtschaft

„Asien trumpft auf, China und Indien wachsen zu neuen ‚Masters of the Universe' heran. Der Westen droht zum Verlierer der Globalisierung zu werden. Die Arbeitskraft der Europäer wird entwertet – millionenfach."

Spiegel online, 11.09.2006

Lernziele:

- Wichtige Konzepte der volkswirtschaftlichen Außenwirtschaftslehre verstehen und lernen.
- Aktuelle Zusammenhänge der Weltwirtschaft kennen lernen.
- Ursachen und Folgen der Globalisierung für die Weltwirtschaft erkennen.
- Arten, Bedeutung und Auswirkungen von Wechselkursen verstehen.
- Den Dollarverfall einordnen können.

6.1 Was bedeutet Globalisierung?

Seit dem Zusammenbruch der Planwirtschaften nach 1989 hat sich die Ordnung der Weltwirtschaft grundlegend gewandelt. Zum einen beobachten wir eine zunehmende Vernetzung der nationalen Volkswirtschaften zu einer einheitlichen Weltwirtschaft, zum anderen hat das relative Gewicht Asiens, insbesondere Chinas und Indiens, im Vergleich zu den USA und Europa deutlich zu genommen.

Grundsätzlich lassen sich drei Zustände einer nationalen Volkswirtschaft in ihren Beziehung zur Außenwelt unterscheiden:

- Von einer geschlossenen Volkswirtschaft sprechen wir immer dann, wenn keine oder nur wenige wirtschaftliche Austauschbeziehungen zu anderen nationalen Volkswirtschaften bestehen – ein Zustand, der heute nur noch für ganz wenige Volkswirtschaften, wie z. B. Nordkorea, Kuba oder dem Irak, Bedeutung hat.

- Eine offene Volkswirtschaft ist demgegenüber eine Volkswirtschaft, die regelmäßig Güter und Dienstleistungen ex- und importiert. Gemessen wird dies am so genannten Offenheitsgrad, definiert als die Summe aus Exporten und Importen in Relation zum Bruttoinlandsprodukt. In Deutschland beispielsweise betrug dieser Wert im Jahr 2007 rund 75%, d.h. der Wert aller Exporte und Importe im Jahr 2007 betrug drei Viertel des deutschen Bruttoinlandsproduktes (BIP) – besonders für eine große Volkswirtschaft ein sehr hoher Wert. Die USA und Japan liegen beispielsweise bei nur rund 30%, China dagegen bringt es bereits auf 60%. Aus dieser Perspektive sind Deutschland und China weit offenere Volkswirtschaften als beispielsweise die USA.
- Globalisierung bedeutet die zunehmende Integration der offenen Volkswirtschaften zu einer interdependenten, d.h. von einander abhängigen einheitlichen Weltwirtschaft, die insbesondere auch die so genannten Schwellenländer und Transformationsstaaten in Osteuropa und Asien erfasst. Selbst in Afrika, jahrzehntelang weltwirtschaftlich quasi nicht vorhanden, zeigen sich zunehmend Integrationstendenzen in die Weltwirtschaft, insbesondere seit China die politische und ökonomische Bedeutung des Kontinents vor allem als Lieferant knapper Rohstoffe entdeckt hat.

WTO und Doha-Runde

Die Regeln des Welthandels werden von der World Trade Organization (WTO) mit Sitz in Genf festgelegt. Die WTO hat heute ca. 150 Mitgliedsstaaten, deren Repräsentanten im Konsens entscheiden müssen. So unscheinbar die WTO auch erscheinen mag, ihre Vorschriften bestimmen unser wirtschaftliches Leben. Sie regeln zum Beispiel die internationalen Arbeitsmärkte, die Importe und Exporte, befassen sich mit Textilien, Landwirtschaft, Dienstleistungen und Patentschutz und bestimmen Vorschriften zu den internationalen Steuern. Darf beispielsweise amerikanisches, genmanipuliertes Rindfleisch in die EU eingeführt werden? Dürfen internationale Chemiekonzerne ihre Patente derart schützen, dass für AIDS-Patienten in der Dritten Welt eine angemessene medizinische Versorgung zu teuer wird? Darf die EU Airbus Staatshilfen gewähren? Solche und ähnliche Fragen versucht die WTO einheitlich für die Welt zu lösen. Meist geht es dabei um den Grundkonflikt zwischen den reichen Industriestaaten und den ärmeren Ländern der Dritten Welt.

Ein typisches Beispiel hierfür ist die kürzliche gescheiterte so genannte Doha-Runde. Im Kern ging es bei den Verhandlungen darum, dass die Industriestaaten, insbesondere die USA und die EU ihre Subventionen in ihren Agrarsektoren senken, damit Länder der Dritten Welt eine höhere Chance auf Agrarexporte in die Industriestaaten haben. Umgekehrt sollten die Länder der Dritten Welt ihre Grenzen stärker für Dienstleistungen der Industriestaaten öffnen. Insbesondere der Konflikt zwischen den USA und der EU über die Höhe der jeweiligen Subventionskürzungen haben letztlich einen Kompromiss verhindern. In beiden Regionen ist die Lobby der heimischen Landwirtschaft stark ausgeprägt. Mittlerweile wird sogar von einem Agrarsubventionskartell gesprochen.

Ob das Scheitern der Doha-Runde dauerhaft ist und ob negative Auswirkungen auf den Welthandel und damit die Globalisierung folgen, bleibt abzuwarten. Es steht zu erwarten, dass nun die relevanten Handelsblöcke eine Art Flucht nach vorne antreten und den Anschluss von bilateralen und regionalen Handelsabkommen – statt eben der globalen der WTO – forcieren werden. Der Nachteil solcher bilateraler Handelsblöcke liegt auf der Hand: Ausgeschlossen bleiben Dritte, so dass die Wohlstandseffekte des Freihandels nur beschränkt wirksam werden.

Es sind vor allem vier Trends, die die Tendenz zur Weltwirtschaft vorantreiben:

- Der technologische Fortschritt insbesondere in den Informations- und Kommunikationstechnologien – Stichwort: Internet –, der die weltwirtschaftliche Integration überhaupt erst auf dem jetzigen Niveau ermöglichte und durch sinkende Transaktionskosten signifikant beschleunigt hat.

- Die Entkoppelung der weltweiten Finanzmärkte von der Realwirtschaft, die sich einerseits in der zunehmenden Dominanz der internationalen Kapitalmärkte und andererseits in der dramatischen Zunahme der Direktinvestitionen zeigt. Die internationalen Kapitalströme dominieren den Güterverkehr und nicht mehr umgekehrt.

  In Deutschland beispielsweise beliefen sich die Umsätze im Wertpapierverkehr mit dem Ausland im Jahr 2007 auf rund 700% in Relation zum Bruttoinlandsprodukt – das ist bald 15-mal soviel wie noch 1990. Auf den Weltmaßstab bezogen wachsen Wertpapieranlagen sehr viel schneller als das Weltinlandsprodukt. Im Jahr 2006 beispielsweise sind die weltweiten Anlagen in Aktien, Anleihen und Bankeinlagen um 167% gewachsen, das nominale, nicht preisbereinigte Weltinlandsprodukt jedoch nur um knapp 50%. Auch langfristig wachsen Finanzanlagen deutlich schneller als die Produktionsleistung wie die nachfolgende Tabelle verdeutlicht. Insgesamt beträgt der Wert der Finanzanlagen heute das rund 3,5-fache des Weltinlandsproduktes. 1980 war es nur das rund 2-fache.

Durchschnittliches jährliches Wachstum des nominalen Weltinlandsprodukt und der monetären Anlagen (1980–2006)

Weltinlandsprodukt (nominal)	+ 5,7%
Wert aller Finanzanlagen	+ 9,1%
Davon: Aktien	+ 10,4%
Davon: Unternehmensanleihen	+ 10,7%
Davon: Staatsanleihen	+ 6,8%
Davon: Bankeinlagen	+ 7,8%

(Quelle: McKinsey)

Ähnlich die Steigerungsraten bei den so genannten Direktinvestitionen, die in der überwiegenden Zahl der Fälle Fusionen und Übernahmen zwischen in- und ausländischen Unternehmen sind – so genannte M&As. Durchschnittlich wachsen jährlich seit 1990 die Direktinvestitionen um rund 15%, deutlich stärker als der Welthandel und das reale Weltinlandsproduktes. Die Folge von Direktinvestitionen ist die Entstehung und Ausbreitung globaler Unternehmen mit entsprechend globaler Produktion und Faktoreinsatz von Arbeit und Kapital.

- Drittens beobachten wir die Beschleunigung des Welthandels, also der Exporte und Importe, die auch im Jahr 2007 mit einem Wachstum von knapp 8% rund 300 Basispunkte über der Wachstumsrate des realen Weltbruttoinlandsproduktes lag.

  Nach wie vor ist Deutschland Exportweltmeister. Allein im Jahr 2007 exportierte Deutschland Waren und Dienstleistungen von fast 1 Bio. EUR, immerhin rund 40% des gesamten, realen Bruttoinlandproduktes. Auf dem zweiten Platz rangiert schon China, das in absoluten Werten Deutschland im Jahr 2008 ablösen dürfte.

- Abschließend ist die neue Weltwirtschaft durch den Aufstieg und die Wirtschaften Asiens insbesondere Chinas und Indiens gekennzeichnet. So wird geschätzt, dass Asien im Jahr 2015 einen Anteil von rund 44% des weltweiten, realen Bruttoinlandsproduktes ausmachen wird, mehr als Europa (17%) und die USA (20%) zusammen. 20% davon werden alleine von China gestellt, dass Deutschland als drittgrößte Volkswirtschaft der Welt bereits im Jahr 2008 ablösen dürfte.

Geschätzte Anteile am Weltinlandsprodukt 2015

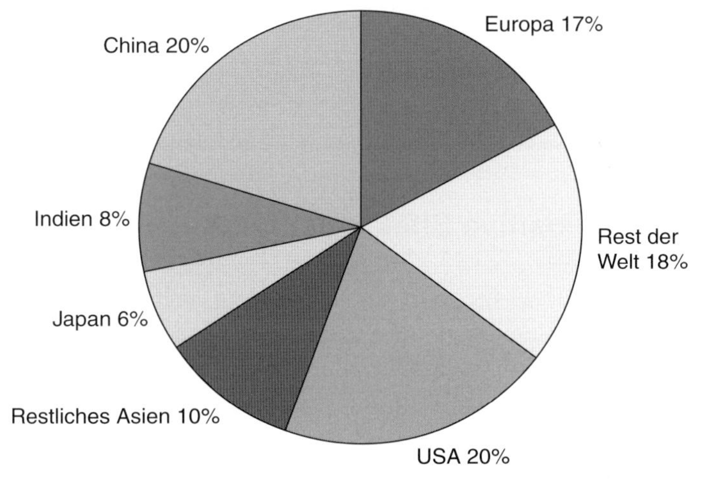

Insgesamt sind die so genannten „emerging markets", also die aufstrebenden Volkswirtschaften oder Schwellenländer, die wir nicht nur in Asien sondern auch in Osteuropa finden, auf dem Vormarsch, während das Gewicht der Industriestaaten wie der USA, der EU und Japans abnimmt. Im Jahr 2006 beispielsweise betrug der Anteil der Industriestaaten am weltweiten Wachstum nur noch rund 1%, während die aufstrebenden Volkswirtschaften über 4% beisteuerten, davon allein China 2%.

Anteil am Weltwirtschaftswachstum (1970–2006)

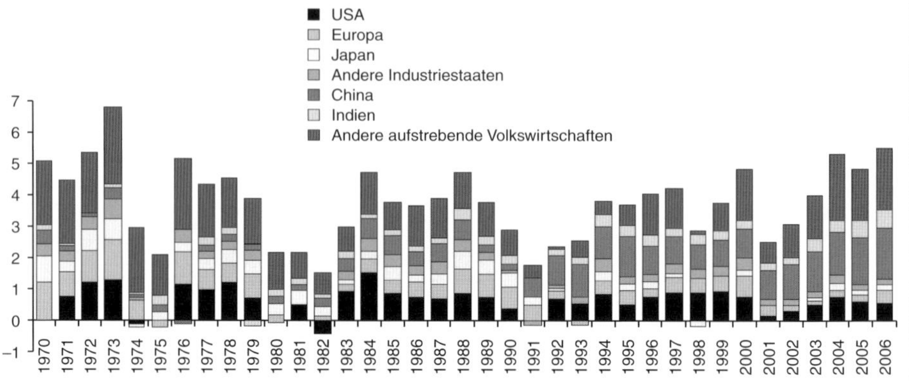

(Quelle: Internationaler Währungsfond)

6.2 Positive Effekte der Globalisierung

Die Folgen der Globalisierung, d.h. der Vernetzung der nationalen Volkswirtschaften zu einem einheitlichen Markt, sind umstritten. Die volkswirtschaftliche Theorie prognostiziert positive Effekte der Globalisierung gleich auf drei Ebenen.

- Zunächst einmal behauptet die Theorie der so genannten komparativen Kostenvorteile, dass wachsender Außenhandel, der sich auf die Produktionsstärken des jeweiligen Landes konzentriert – z.B. in Deutschland auf den Export von Maschinen und den Import von Textilien, und umgekehrt in China auf den Export von Textilen und dem Import von Maschinen – den Wohlstand der beteiligten Volkswirtschaften erhöht. Diese Behauptung ist intuitiv einsichtig, vorausgesetzt Deutschland hat einen komparativen Kostenvorteil in der Maschinenproduktion, d.h. die Produktivität in der Produktion von Maschinen ist höher als in der Textilproduktion. Dann nämlich kann Deutschland mit den exportierten Maschinen mehr Textilien importieren als wenn es die Textilien statt der Maschinen im Inland selbst produzieren würde. Das gleiche ist richtig für China nur mit umgekehrten Vorzeichen.
- Hinzu kommen so genannte „economies of scale and scope“, also Massenproduktionsvorteile und Netzwerkeffekte. Eine Vergrößerung der Märkte, wie sie unvermeidlich mit dem Übergang zu Weltmärkten verbunden ist, führt zu Massenproduktionsvorteilen

durch Fixkostendegression, d.h. der Fixkostenblock der unabhängig vom Aktivitätsniveau eines Unternehmens besteht, kann auf mehr Produkte verteilt werden, womit die durchschnittlichen Kosten pro Produkt sinken – ein für Verbraucher wie Unternehmen vorteilhaftes Resultat.

Netzwerkeffekte haben vor allem in den Informations- und Kommunikationsprozessen eine herausragende Bedeutung. Je größer beispielsweise ein Netz – Internet, Telefon usw. –, umso höher der Nutzen für die Benutzer. Globalisierung erhöht also auch bestehende Netzwerkeffekte.

- Last but not least führt der intensivere Wettbewerb, der mit der Globalisierung verbunden ist, zu Effizienzgewinnen der Unternehmen und zu einer rascheren Ausbreitung des technologischen Wissens. Das wiederum lässt die Produktvielfalt steigen, und die Produktpreise sinken.

In der Tat werden die theoretischen Behauptungen der Volkswirtschaftslehre in der Realität weitestgehend bestätigt. So zeigt beispielsweise das nachfolgende Schaubild, dass nicht nur seit Beginn der 90er Jahre des letzten Jahrhunderts die Wachstumsrate des realen Weltinlandsprodukts gestiegen ist, sondern, weitaus wichtiger, dass auch die Wachstumsraten pro Kopf deutlich gewachsen sind.

Weltinlandsprodukt: Absolut und Pro-Kopf in Prozent (1970–2010)

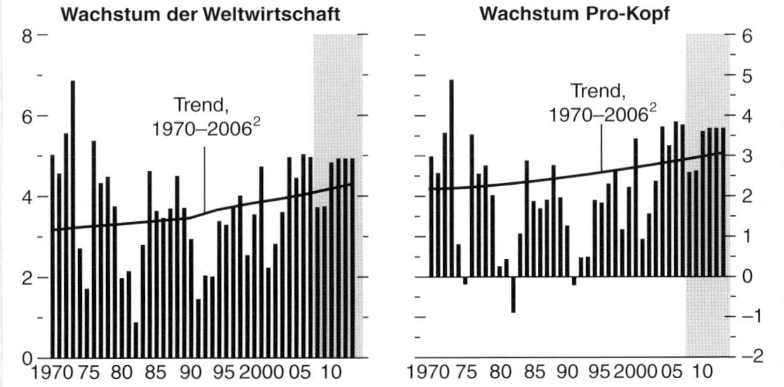

(Quelle: Internationaler Währungsfonds)

Insbesondere in den Schwellenländern und Transformationsstaaten hat der Wohlstand nachhaltig zugenommen. Seit Beginn der jüngsten Globalisierungswelle sind die Wachstumsraten in den aufstrebenden Volkswirtschaftlichen nachhaltig höher als in den Industriestaaten.

Wachstum in Industriestaaten und aufstrebenden Volkswirtschaften (1990–2006)

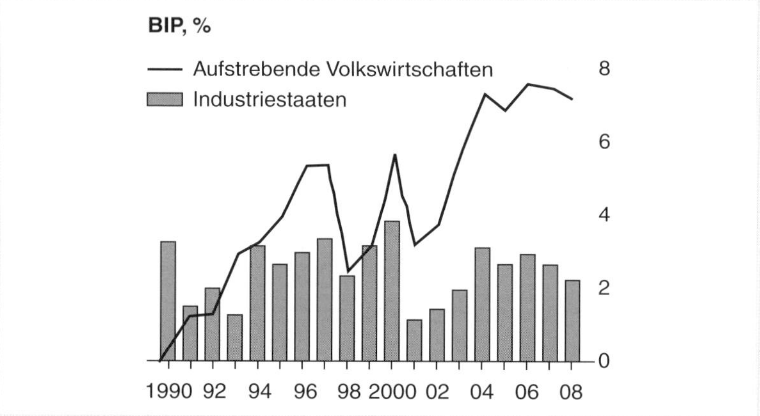

(Quelle: Economist)

Die Folgen sind überaus positiv. Nehmen wir China als Beispiel: In den letzten 25 Jahren sind sage und schreibe mehr als 400 Mio. Menschen oder rund ein Drittel der gesamten Bevölkerung der Armut entflohen, definiert als ein Tageseinkommen unter 1 USD. In der Welt insgesamt haben allein in den letzten fünf Jahren rund 135 Mio. diese Armutsgrenze überwunden, mehr als das 1,5-fache der Bevölkerung in Deutschland.

Auch andere Indikatoren zeigen in diese Richtung. So war die Kindersterblichkeit 2007 das erste Mal unterhalb der 10 Millionengrenze weltweit und auch die Fähigkeit des Lesens und Schreibens hat in den letzten Jahrzehnten zugenommen. 90% der Weltbevölkerung können heute lesen und schreiben, vor 25 Jahren waren es nur 75%.

Diese und andere Daten zeigen, dass kein Zweifel bestehen kann, dass die Globalisierung den Wohlstand der Welt insgesamt erhöht hat, insbesondere durch die Erhöhung des Wohlstandes in den aufstrebenden Volkswirtschaften.

Standortwettbewerb

Das Zusammenwachsen der Weltwirtschaft hat auch zu einem so genannten Standortwettbewerb zwischen den beteiligten Volkswirtschaften und Ländern geführt. Während man bisher nur den Wettbewerb zwischen den Unternehmen auf nationaler und internationaler Ebene betrachtet hat, ist in den letzten zehn bis 15 Jahren der Wettbewerb zwischen den Volkswirtschaften stetig wichtiger geworden. Dabei geht es insbesondere um die Attraktivität einer Volkswirtschaft als Investitionsstandort für Direktinvestitionen. Im Prinzip gilt: Je besser ein Land im Standortwettbewerb abschneidet, um so höher die ausländischen Direktinvestitionen und mit ihnen Wachstum und Beschäftigung.

Es existieren mittlerweile verschiedene internationale Standortrankings. Das bekannteste stammt vom World Economic Forum (WEF). Im Kern werden dabei über zehntausend, internationale Wirtschaftsführer nach verschiedenen Kriterien befragt, u.a. nach der Innovationsfähigkeit eines Landes, dem Schutz der Eigentumsrechte, der Qualität des Rechtssystems und der Infrastruktur, der Regulierung des Arbeitsmarktes sowie der Höhe der Steuern und dem Einfluss der Bürokratie.

Deutschland hat beispielsweise in den letzten zwei Jahren zwei Plätze gut gemacht und liegt mittlerweile von 131 Staaten auf dem 5. Platz, nach den USA, der Schweiz, Dänemark und Schweden. Deutschland schneidet vor allem bei der Ausbildung, der Rechtssicherheit und der Infrastruktur sehr gut ab, während die hohe Regulierung des Arbeitsmarktes eher negativ bewertet wird.

Im gleichen Ranking liegen beispielsweise China und Indien, also zwei Volkswirtschaften, die wohl die größte Aufmerksamkeit in den letzten Jahren auf sich gezogen haben, nur auf den Plätzen 34 bzw. 48, was zeigt, dass noch ein langer Weg für beide bis an die Weltspitze zu gehen ist.

6.3 Herausforderungen der Globalisierung

Wo Licht ist, ist auch Schatten. Dies betrifft bezüglich der Globalisierung insbesondere zwei Gebiete. Das eine ist der Verlust an Arbeitsplätzen in den Industriestaaten, das andere die Zunahme der Ungleichheit der Einkommensverteilung in Industrie- wie Schwellenländern.

Grundsätzlich gilt, dass der Produktionsfaktor Arbeit mit dem Übergang zur Weltwirtschaft deutlich reichhaltiger für die Unternehmung zur Verfügung steht. Der globale Arbeitsmarkt ist schlicht größer als der nationale. Allein aus China und Indien sind in den letzten zwei Jahrzehnten rund 1 Mrd. Arbeitskräfte hinzugekommen. Auch die Öffnung und Integration Südosteuropas hat neue Arbeitskräfte für die alten Industriestaaten zugänglich gemacht.

Über kurz oder lang gilt auch auf dem Arbeitsmarkt das Gesetz von Angebot und Nachfrage, wenn gleich möglicherweise nicht so streng und so unmittelbar wie auf den Gütermärkten auf Grund staatlicher Eingriffe und Regulierungen wie beispielsweise dem Kündigungsschutzgesetz oder dem Mindestlohn. Erhöht sich das Arbeitskräfteangebot und bleibt die Arbeitsnachfrage gleich, muss der Preis der Arbeit sinken, um weiterhin Vollbeschäftigung zu garantieren. Geschieht dies nicht oder nicht ausreichend, ist die Folge, dass nicht mehr das ganze Angebot vom Markt angenommen wird, d.h. Arbeitskräfte werden freigesetzt und Arbeitslosigkeit entsteht, und zwar unabhängig von der jeweiligen konjunkturellen Lage, d.h. der volkswirtschaftlichen Nachfrage. Selbst also bei guter Konjunktur kann Arbeitslosigkeit bestehen bleiben, wenn die Löhne und Gehälter höher sind als sie für einen Ausgleich von Angebot und Nachfrage auf dem Arbeitsmarkt sein dürften. So genannte „Langzeitarbeitslosigkeit“ ist ein typisches Phänomen hierfür.

Dies betrifft in Industriestaaten wie Deutschland mit ihren relativ hohen Bruttolöhnen, d.h. Nettolöhne plus Steuern und Abgaben für Arbeitnehmer und Arbeitgeber, vor allem Geringqualifizierte, weil es insbesondere diese Gruppe von Menschen ist, die im Wettbewerb mit den gleichfalls Geringqualifizierten aus den Schwellenländern stehen, die i.d.R. sehr gering bezahlt werden.

Andererseits entstehen aber auch neue Arbeitsplätze in den Industriestaaten beispielsweise in Deutschland in der Export- und der High-Tech-Industrie. Von den Fakten her ist nicht klar auszumachen, ob die Globalisierung mehr Arbeitsplätze schafft oder aber in den Industriestaaten vernichtet. Wir wissen zum Beispiel, dass in den letzten eineinhalb Jahren rund 1,5 Mio. Menschen weniger in Deutschland arbeitslos sind, und das trotz voranschreitender Globalisierung. Sicher ist jedoch, dass die Globalisierung nicht nur Gewinner produziert. Die Verlegung der Produktion von Nokia von Bochum nach Rumänien im Jahr 2008 ist ein Beispiel hierfür.

Aus einer wirtschaftspolitischen Perspektive folgt hieraus, dass für entwickelte Volkswirtschaften wie Deutschland eine nachhaltige Sicherung der Arbeitsplätze nur durch eine breite Qualifikations- und Bildungsoffensive möglich ist. Qualifikation ist der entscheidende Wettbewerbsvorsprung von Arbeitsnehmern in so genannten „Hochlohnlohnländern“. Einfache und geringer qualifizierte Arbeit wird über kurz oder lang in Niedriglohnländer abwandern.

Neben Problemen auf dem Arbeitsmarkt führt die Globalisierung auch zu größeren Verteilungsunterschieden des Einkommens, also einer Zunahme der Ungleichverteilung. Von den Zahlen her kann kein Zweifel bestehen, dass die Ungleichverteilung der Einkommen in den letzten 20 Jahren deutlich zugenommen hat. Dies gilt insbesondere für die Industriestaaten.

Üblicherweise wird die Verteilung des Einkommens mit dem so genannten Gini-Koeffizient gemessen. Dieser ist leicht anhand des nach folgenden Schaubilds zu verstehen. Es zeigt ein Quadrat auf deren Horizontalen das gesamte Einkommen einer Volkswirtschaft aufsummiert und in Prozent ausgedrückt wird, während auf der Vertikalen die Anzahl der privaten Haushalte aussummiert wird.

Es ist leicht zu sehen, dass am Punkt (A) beispielsweise die Einkommen gleich verteilt sind: 50% des Volkseinkommens fällt auf 50% der Haushalte. Grundsätzlich gilt: In einem solchen Diagramm sind auf einer Geraden, die die Ecken verbindet – die so genannte Winkelhalbierende – immer die Einkommen gleich verteilt, z.B. verfügen am Punkt (B) 70% der Haushalte auch über 70% der Einkommen usw.

Anders stellt sich die Situation dar, wenn wir eine Kurve unterhalb dieser Geraden darstellen. Nun wird klar, dass die Einkommen ungleich verteilt sind. Beispielsweise verfügen am Punkt (C) nur 25% der Haushalte über einen Anteil am Volkseinkommen von 50%, d.h. für 75% der Haushalte verbleiben auch nur 50%, was sie deutlich ärmer macht.

Offenbar ist die Ungleichverteilung der Einkommen auf die Haushalte einer Volkswirtschaft umso größer, je weiter die Kurve von der Geraden entfernt liegt. Genau diesen Zusammenhang macht sich der Gini-Koeffizient zunutze: Er misst die Fläche, die von der Geraden und der Kurve gebildet wird im Verhältnis zu der gesamten Fläche unterhalb der Geraden und dem Quadrat.

Dies bedeutet: Ist der Koeffizient Null, weil die erste der beiden Flächen Null ist, da die tatsächliche Verteilung der Einkommen mit der Gleichverteilung zusammen fällt, haben alle Haushalte bzw. Individuen das gleiche Einkommen. Ist der Koeffizient hingegen Eins, weil beide Flächen gleich groß sind, da die tatsächliche Verteilung identisch ist mit der unteren Horizontalen des Quadrats, herrscht maximale Ungleichheit; im Grenzfall besitzt ein Haushalt oder ein Individuum das gesamte Volkseinkommen einer Volkswirtschaft. Allgemein folgt: Je höher der Gini-Koeffizient, umso größer die Ungleichverteilung in einer Volkswirtschaft.

Gini-Koeffizient

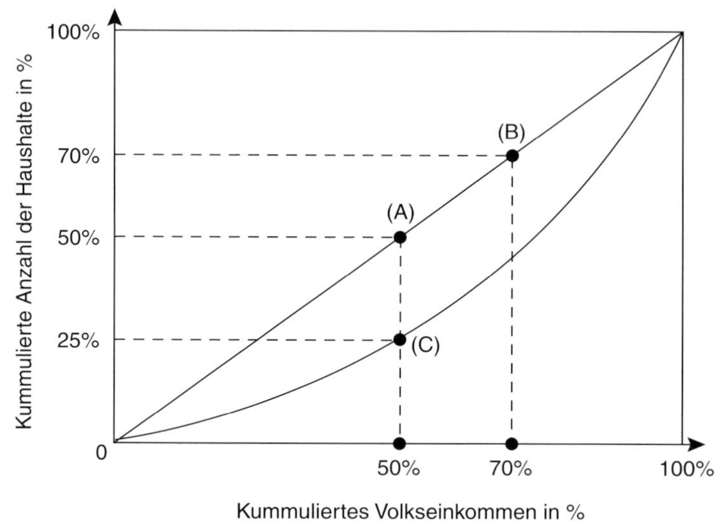

Der so berechnete Gini-Koeffizient wird weltweit und für einzelne Länder berechnet. So wissen wir beispielsweise, dass er für Deutschland bei knapp 0,3 liegt, für die USA bei rund 0,4 und für China etwa bei 0,45. In einem Land wie Namibia beispielsweise wird der Gini-Koeffizient mit rund 0,75 berechnet – ein Wert, der auf ein hohes soziales Gefälle schließen lässt. Allgemein wird davon ausgegangen, dass der Gini-Koeffizent nicht höher als 0,4 sein sollte, um soziale Spannungen mit entsprechenden Instabilitäten zu vermeiden.

Die nachfolgende Abbildung zeigt nun die Veränderung des Gini-Koeffizienten für Industriestaaten und Schwellenländer weltweit für den Zeitraum von 1981 bis 2003, neuere Werte sind noch nicht zugänglich. So sehen wir beispielsweise, dass der Gini-Koeffizient und damit die Ungleichheit der Verteilung der Einkommen im Beobachtungszeitraum in den Industriestaaten um rund 50% zugenommen hat und in den Schwellenländern um ca. 30%.

Veränderung des Gini-Koeffizient in Prozent (1981–2003)

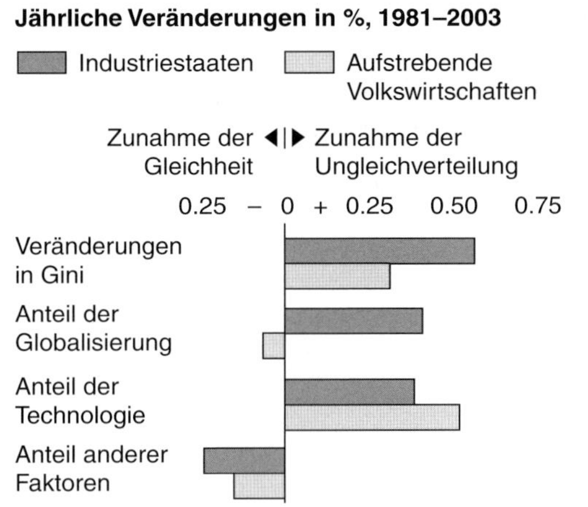

(Quelle: Economist)

Allerdings ist es nicht nur die Globalisierung, die die Zunahme einer ungleichen Einkommensverteilung befördert. Fast noch wichtiger ist die technologische Entwicklung, also der technische Fortschritt. Die Globalisierung führt sogar zu einer leichten Zunahme der Gleichverteilung in den aufstrebenden Volkswirtschaften. Das stimmt mit unserer weiter oben gemachten Beobachtung überein, dass es vor allem die aufstrebenden Volkswirtschaften und Entwicklungsländer sind, die von der Globalisierung profitieren.

Neben der Globalisierung ist es vor allem der technologische Fortschritt, der die Ungleichheit der Einkommensverteilung befördert und zwar sowohl in den Industriestaaten wie den Schwellenländern. Der Grund hierfür ist evident: Menschen, deren Ausbildung – aus welchen Gründen auch immer – mit dem technischen Fortschritt nicht Schritt hält, erhalten zunehmend einen geringeren Anteil am Volkseinkommen, weil ihre Produktionsleistung entweder ganz entfällt und ins Ausland abwandert oder aber nur auf Kosten niedrigerer Einkommen erhalten werden kann.

Tobin-Steuer

Die Globalisierung hat auch die Krisenanfälligkeit des internationalen Finanzsystems deutlich erhöht. Die jüngsten Beispiele sind die Asien- und Russlandkrise Ende der 90er Jahre, die Lateinamerikakrise zu Beginn des 21. Jahrhunderts und nun die Hypothekenkrise.

Ein immer wieder gehörter Vorschlag, die Krisenanfälligkeit der internationalen Finanzmärkte einzuschränken, ist die so genannte Tobin-Steuer, benannt nach dem amerikanischen Nobelpreisträger der Wirtschaftswissenschaften, James Tobin. Beispielsweise wurde sie in Deutschland zuletzt durch Altbundeskanzler Gerhard Schröder ins Spiel gebracht.

Inhaltlich ist die Tobin-Steuer eine Art internationale Spekulationssteuer auf Devisengeschäfte, die den Anspruch erhebt, finanzmarktstabilisierend zu wirken. Teilweise wurde sie auch für den internationalen Kapitalverkehr (Aktien und Anleihen) in Betracht gezogen.

Steuerobjekt ist grundsätzlich jeder Devisentausch, der an Kassa- oder Terminmärkten getätigt wird. Als Bemessungsgrundlage ist der Nominalwert der Transaktion vorgesehen. Die bisherigen Vorschläge für einen Steuersatz bewegen sich zwischen 0,05 % und 1 %. Der Kreis der Steuerpflichtigen soll alle am Devisenmarkt engagierten Akteure umfassen, wobei Ausnahmen für Zentralbanken, Regierungen und internationale Organisationen (Internationaler Währungsfonds und Weltbank) vorgesehen sind.

Die Tobin-Steuer soll vor allem dazu beitragen, die kurzfristigen Kapitalbewegungen zu reduzieren, und damit destabilisierenden Zahlungsbilanzkrisen, wie wir sie in den 90er Jahren sehr häufig erlebt haben, entgegenwirken. Sie soll die Volatilität der Wechselkurse dämpfen und die Entwicklung der Wechselkurse auf fundamentale und auf nicht spekulative Gründe zurückführen.

Die Tobin-Steuer kann eine solche Wirkungsweise erzielen, weil sie die Kosten kurzfristiger Transaktionen deutlich erhöht. Ein Beispiel hierzu: Bei einer Tobin-Steuer von 0,5 % muss der ausländische Zins bei Dreimonatsgeld um mehr als vier Prozentpunkte höher liegen als im Inland, um für inländische Anleger eine ausländische Anlage attraktiv zu machen. Nur dann kann ein komparativer Zinsgewinn erzielt werden, der höher ist als die beim Kapitalexport und Kapitalimport zu entrichtende Tobin-Steuer von insgesamt 1 %.

Entscheidend ist darüber hinaus, dass die Zinsdifferenz für eine gegebene Höhe der Tobin-Steuer umso größer wird, je kleiner der Anlagezeitraum ist. Es werden also vor allem die kurzfristigen, eher spekulativen Anlagen getroffen. Verkürzt sich der Anlagehorizont z. B. auf 30-Tage-Geld, steigt die notwendige Zinsdifferenz in unserem Beispiel schon auf 12 Prozentpunkte.

Um die Rechnung perfekt zu machen, muss neben dem Zinsgewinn und der Tobin-Steuer auch noch die Wechselkursänderung in der betrachteten Periode berücksichtigt werden. Wird beispielsweise innerhalb des Anlagezeitraums eine Aufwertung der Auslandswährung von 0,5 % erwartet, kann die Differenz zwischen Auslands- und Inlandszins nur noch 2 % für Dreimonatsgeld und 6 % für 30-Tage-Geld betragen, ohne Kapitalbewegungen attraktiv zu machen.

So attraktiv die Tobin-Steuer auf den ersten Blick auch scheint, so gibt es doch eine Reihe grundsätzlicher und pragmatischer Einwände. Grundsätzlich ist die Tobin-Steuer ordnungspolitisch problematisch, weil sie quasi als Außenhandelssteuer tendenziell den Protektionismus befördert und umgekehrt den freien Welthandel behindert. Auch ist zu fragen, ob Devisenspekulationen ursächlich für heftige Wechselkursschwankungen sind, oder ob sie nicht umgekehrt stabilisierend wirken. Schließlich: Was geschieht mit den Einnahmen? Werden nicht staatliche Begehrlichkeiten auf neue Steuerquellen geweckt und tritt der Lenkungseffekt damit gegenüber dem Verteilungseffekt in den Hintergrund, wie wir das so oft in der Vergangenheit erlebt haben?

Von pragmatischer Seite aus ist der gewichtigste Einwand der der räumlichen Ausweichreaktionen: Eine Tobin-Steuer kann nur dann wirken, wenn sie an allen wichtigen Devisenhandelsplätzen gelten würde. Dies ist aber sehr unwahrscheinlich. So würden Offshore-Finanzmärkte wenig Veranlassung sehen, eine Devisentransaktionssteuer einzuführen. Vielmehr würden sie gerade davon profitieren wollen, dass sie keine solche Steuer einführen. Damit würden sich die kurzfristigen Wechselkursgeschäfte zunehmend in die Offshore-Märkte verlagern; letztlich wäre nichts gewonnen.

Realistischer als die Tobin-Steuer sind Ansätze wie beispielsweise das Forum für Finanzmarktstabilität, das unter der Agide des Internationalen Währungsfonds steht. Der Ansatz ist hier nicht Regulierungen und Einschränkungen, sondern präventive, wirtschaftspolitische Maßnahmen, die die volkswirtschaftlichen Kosten internationaler Finanzmarktkrisen vermeiden oder zumindest beschränken. Konkret werden beispielsweise eine internationale Vereinheitlichung der Banken- und Finanzmarktaufsicht sowie die Herstellung einheitlicher und transparenter Grundsätze der Rechnungslegung vorgeschlagen. Auf Grund des internationalen Wettbewerbs dauert es leider recht lange bis diese Vorschläge in die Tat umgesetzt werden.

6.4 Nominale, reale und effektive Wechselkurse

Ein wesentliches Element der weltwirtschaftlichen Beziehungen sind Wechselkurse. Internationaler Handel, sei es mit Gütern und Dienstleistungen oder mit Finanzwerten, setzt den Umtausch und die Verrechnung nationaler Währungen voraus. Wenn ein deutsches Unternehmen beispielsweise in China investiert, muss dies in der chinesischen Währung Yuan erfolgen. Dabei macht es offenbar einen Unterschied, ob der Euro „stark“ oder „schwach“ zum Yuan steht. Je nach dem kann mit der gleichen Summe mehr oder weniger Yuan gekauft werden.

Wechselkurse sind definiert als der Preis einer inländischen Währung in einer ausländischen. Wenn wir also beispielsweise annehmen, der Euro-Dollar-Kurs liegt bei 1,50, dann meinen wir, dass 1,50 USD für einen Euro gezahlt werden müssen. Der Euro wertet also genau dann auf (ab), wenn mehr (weniger) Dollar für einen Euro gezahlt werden müssen.

Eine solche Notierung bezeichnet man auch als Mengennotierung des Wechselkurses in Abgrenzung zur so genannten Preisnotierung, die manchmal auch in der Praxis verwendet wird und dem inversen Wert der Mengennotierung entspricht. In unserem Beispiel ist der inverse Wert 0,67, berechnet als Kehrwert von 1,50 (1/1,50). Die Mengennotierung zeigt also, wie viele Euros nötig sind um einen US-Dollar zu kaufen: in unserem Beispiel 0,67 EUR. Es ist zu beachten, dass der Euro in dieser Berechnungsweise nun auf bzw. abwertet, wenn weniger (mehr) Euro für einen US-Dollar gezahlt werden müssen.

Wenn von Wechselkursen die Rede ist, ist in der Regel der nominale Wechselkurs gemeint, d.h. die Anzahl ausländischer (Mengennotierung) bzw. inländischer (Preisnotierung) Einheiten, die nötig sind, um eine Einheit inländischer bzw. ausländischer Währung zu kaufen. Darüber hinaus existiert auch ein realer Wechselkurs der sich definiert als der inflationsbereinigte nominale Wechselkurs.

Während der nominale Wechselkurs in Währungseinheiten ausgedrückt ist, zeigt der reale, preisbereinigte Wechselkurs an, wie viel Einheiten inländischer Produkte aufgewendet werden müssen, um eine Einheit eines ausländischen Produktes zu erwerben. Für die Wettbewerbsfähigkeit einer Volkswirtschaft ist der reale Wechselkurs also weitaus wichtiger als der nominale. Eine Aufwertung des realen Wechselkurses bedeutet nämlich, dass die Volkswirtschaft weniger wettbewerbsfähig ist, weil es für das Ausland teurer geworden ist inländische Produkte zu kaufen, für das Inland aber billiger, ausländische Produkte zu erwerben. Der Export wird geschwächt und der Import gestärkt, was beides dem inländischen Wachstum schadet.

Kaufkraftparität und Big-Mac-Index

Wären alle Produktionsfaktoren wie Arbeit und Kapital vollkommen mobil und die Währung frei austauschbar, müsste der Preis eines Produktes, dass in unterschiedlichen Ländern produziert wird, annähernd gleich sein, wie etwa der Preis eines Gutes an unterschiedlichen Orten in Deutschland in der Regel kaum von einander abweicht.

Diese Idee macht sich das so genannte Konzept der Kaufkraftparitäten zu nutze, das untersucht, was eine bestimmte Währungseinheit in unterschiedlichen Ländern kaufen kann, um Rückschlüsse darauf zu ziehen ob eine Währung tendenziell über- oder unterbewertet ist.

In diesem Zusammenhang hat vor allem der so genannte „Big-Mac-Index", der von der Zeitschrift „Economist" erfunden wurde und fortgeführt wird, die Aufmerksamkeit einer breiteren Öffentlichkeit gefunden. Die Idee ist einfach: Der Preis des Big Mac, also eines „Hamburgers", in den USA wird zu einem bestimmten Zeitpunkt mit 100 indiziert. Dann wird auf Grund der bestehenden Wechselkursrelationen der Preis des Big Mac auf US-Dollar-Basis für andere Länder berechnet. Liegt dieser Preis unterhalb des Preises in den USA, gilt die Währung als unterbewertet, und umgekehrt: liegt der Preis oberhalb, gilt die Währung als überbewertet. Beispielsweise kann man erkennen, das in der EU im Durchschnitt der Preis etwa 20% höher liegt als in den USA, d.h. der Logik des Index folgend ist der Euro überbewertet. Das krasse Gegenteil ist in China der Fall: Berechnet in US-Dollar beträgt der Kaufpreis nur 1,45 was fast 60% niedriger liegt als der Preis in den USA.

Big-Mac-Index (Dezember 2007)

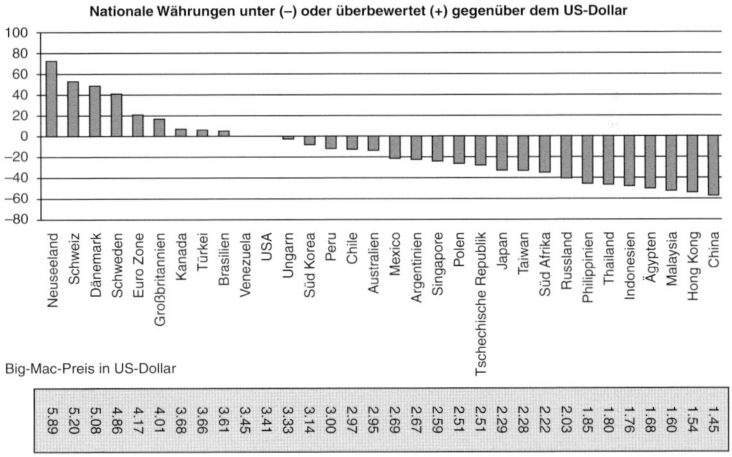

(Quelle: Economist)

> Eine solche Betrachtungsweise ist natürlich zu einfach. Beispielsweise kann nicht geschlossen werden, dass die chinesische Währung, der Yuan, 60% gegenüber dem US-Dollar unterbewertet ist oder der Euro 20% überbewertet. Vielmehr muss berücksichtigt werden, dass neben dem Wechselkurs andere, wichtige Faktoren, die nicht einfach austauschbar sind, zwischen den verglichenen Ländern eine Rolle spielen. Hier ist vor allem an das Lohnniveau zu denken, welches in der EU im Durchschnitt höher ist als in den USA, aber in China wesentlich niedriger als in den USA. Mit anderen Worten: Die Kosten zur Produktion eines Big Mac sind unterschiedlich, was sich in unterschiedlichen Preisen auswirkt. Hinzu kommen andere Kostenfaktoren wie zum Beispiel Ladenmieten usw.

Schließlich existiert noch ein so genannter effektiver Wechselkurs (nominal und real), der den Wechselkurs eines Landes nicht im Verhältnis zu einer einzigen anderen Währung berechnet, sondern zu einem Korb von Währungen bevorzugt der wichtigsten Handelspartner eines Landes. Für den Euro beispielsweise wird der effektive Wechselkurs gegenüber einem Währungskorb aus US-Dollar (24%), britischem Pfund (21%), japanischem Yen (10%), chinesischem Yuan und Schweizer Franken (jeweils 7%), schwedischer Krone (5%) und weiteren 15 Währungen berechnet.

Wenn zum Beispiel der nominale, effektive Wechselkurs des Euro oberhalb des realen, effektiven Wechselkurs liegt, wie im nachstehenden Schaubild gezeigt, so bedeutet dies, dass die Inflationsrate in Euroraum weniger stark gestiegen ist als im Durchschnitt der Länder für den der effektive Wechselkurse berechnet wurde.

Effektiver Wechselkurs des Euro (nominal, real) 1994–2007

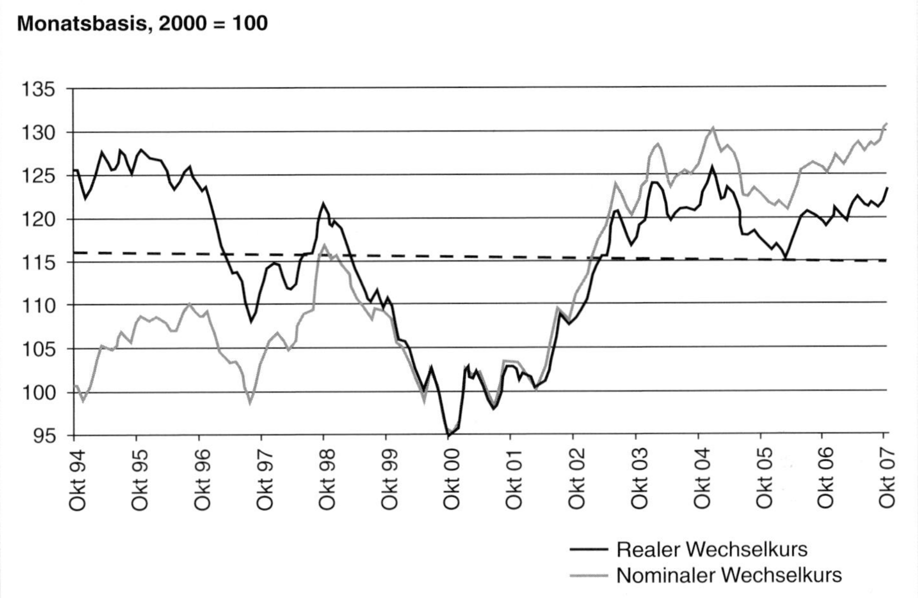

(Quelle: Bank für Internationalen Zahlungsausgleich)

6.5 Flexible und fixe Wechselkurse

Grundsätzlich unterscheiden wir zwei Wechselkurssysteme, flexible und feste Wechselkurse, dazwischen existiert eine Reihe von Mischsystemen. Bei freien Wechselkursen, wie beispielsweise zwischen Euro, US-Dollar und Yen, bildet sich der Wechselkurs auf Grund von Angebot und Nachfrage am Devisenmarkt. Bei vollkommen festen Wechselkursen, wie beispielsweise dem Bretton-Woods-Weltwährungssystem, das die Weltwirtschaft von 1945 bis 1971 beherrscht hat, indem alle Währungen an den US-Dollar gekoppelt wurden, gilt immer nur ein Kurs zwischen zwei Währungen, unabhängig von Angebot und Nachfrage nach beiden Währungen.

Das Problem fixer Wechselkurs ist offenbar, dass bei freiem Währungsverkehr Druck auf eine Veränderung des Wechselkurses ausgehen kann. Ein bekanntes Beispiel ist der DM-USD-Markt Anfang der 70er Jahre in Westdeutland. Der DM-USD-Kurs war auf 3,60 DM pro US-Dollar fixiert; der Markt fragte mehr DM nach, so dass die DM eigentlich hätte aufwerten müssen, d.h. es hätten weniger DM für einen US-Dollar gezahlt werden müssen. Dies wurde nur durch massive Interventionen der Deutschen Bundesbank am Devisenmarkt verhindert, die in Milliardenbeträgen US-Dollars aufkaufte und DM in den Markt gab.

Der Nachteil einer solchen Politik liegt auf der Hand: Die Zentralbank verliert die Kontrolle über das Wachstum der inländischen Geldmenge mit möglicherweise negativen Folgen für die Inflationsrate. Je höher die Geldmenge, um so höher das Preisniveau bzw. die Veränderung des Preisniveaus, also die Inflationsrate, vorausgesetzt die Gütermenge steigt nicht im gleichen Umfang wie die Geldmenge. Dann nämlich würde die steigende Geldmenge durch die steigende Gütermenge kompensiert werden, und das Preisniveau und die Inflationsrate stabil bleiben.

Die Wirkungsweise des Devisenmarktes bei fixen oder annähernd fixen Wechselkursen soll am Beispiel des chinesischen Devisenmarktes im folgenden demonstriert werden. Der chinesische Yuan ist zwar nicht vollkommen fix gegenüber dem US-Dollar, sondern wird in einer schmalen Bandbreite gehandelt und schrittweise kontrolliert aufgewertet, aber die Wirkungsweise ist in der Richtung die gleiche wie bei vollkommen fixen Wechselkursen zu Zeiten des Bretton-Woods-Systems.

Das nachfolgende Schaubild zeigt auf der x-Achse (Horizontale) die gehandelte Menge an Yuan und auf der y-Achse (Vertikale) die Anzahl von US-Dollar, die für einen Yuan gezahlt werden muss. In einem solchen Diagramm ist die Nachfragekurve nach Yuan – darstellt durch (N_1) – fallend, denn die Nachfrage ist umso geringer (höher), je höher (geringer) der Preis in US-Dollar ist, der für den Yuan gezahlt werden muss. Umgekehrt verläuft die Yuan-Angebotskurve steigend (A_1). Ein Gleichgewicht ist bei der Menge (A) und dem Preis (a) erreicht.

Eine höhere Nachfrage nach Yuan durch US-Dollar lässt sich in einem solchen Diagramm als eine Rechtsverschiebung der Nachfragekurve nach (N_2) darstellen. Zu jedem US-Dollar-Preis für einen Yuan besteht nun eine höhere Nachfrage. Vorausgesetzt das Angebot an Yuan bleibt gleich, würde der Dollarkurs auf den Preis (b) bei der Menge (B) steigen. Da mehr US-Dollar für den Yuan gezahlt werden müssen, hat dieser gegenüber dem US-Dollar aufgewertet, was auf Grund der höheren Nachfrage auch zu erwarten war.

Wirkung fixer Wechselkurse am Devisenmarkt

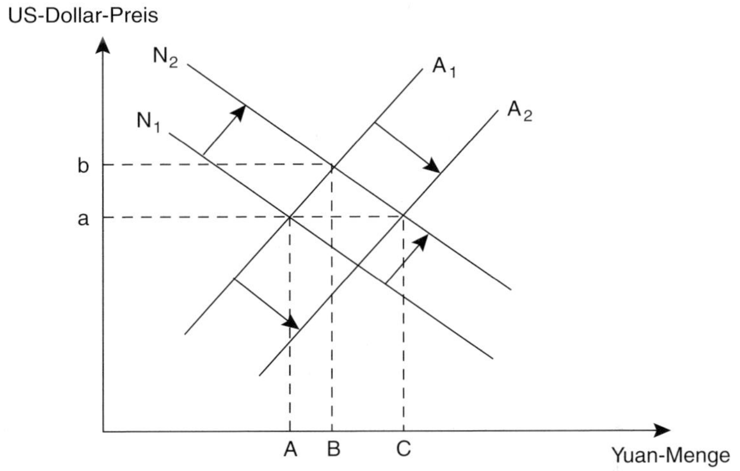

Bei fixen Wechselkursen kann der Preis allerdings nicht steigen. Wenn der Yuan-Kurs beispielsweise auf (a) Dollar gefixt ist, muss die chinesische Zentralbank am Devisenmarkt intervenieren, um diesen Kurz zu halten. Dies tut sie, indem sie das Angebot an Yuan solange erhöht, bis die gestiegene Nachfrage befriedigt ist und der Kurs stabil bleibt. Im Schaubild entspricht dies einer Rechtsverschiebung der Angebotskurve von (A_1) auf (A_2).

Die Wirkung einer solchen Anpassung ist nun klar ersichtlich: Der Kurs bleibt zwar gleich, aber die umlaufende Yuan-Geldmenge ist deutlich gestiegen, nämlich von der Menge (A) auf die Menge (C). Die Zentralbank ist nicht mehr Herr der inländischen Geldmenge. Genau dies ist übrigens in China der Fall, was einerseits zu einem rasanten Anstieg der chinesischen Währungsreserven führt und anderseits zu einer aufgeblähten Geldmenge im Inland, die die Inflation an den Gütermärkten, aber auch den Immobilien- und Aktienmarkt anfeuert.

Internationale Währungsreserven im Vergleich (Februar 2008)

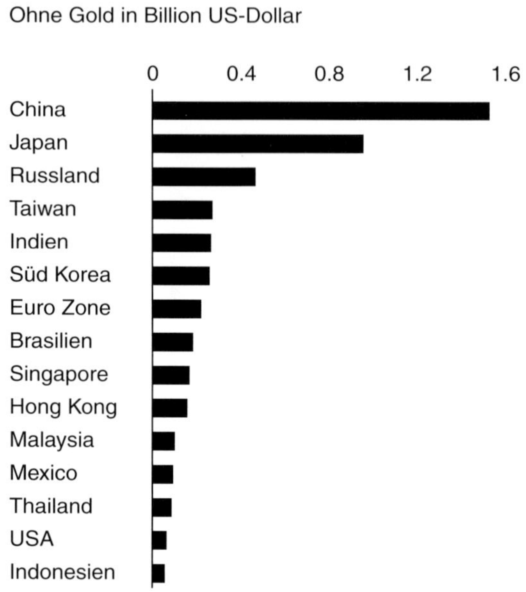

(Quelle: Economist)

Staatsfonds

Vor allem durch die Gründung des chinesischen Staatsfonds im Jahr 2007 sowie die Investments verschiedener Staatsfonds in die angeschlagenen Investmentbanken in jüngster Vergangenheit ist eine breitere Öffentlichkeit auf die Existenz dieser Investmentinstrumente aufmerksam geworden. Tatsächlich gibt es Staatsfonds schon lange. Beispielsweise hat bereits im Jahr 1974 der Kuwaitische Staatsfonds einen Anteil von 7 % der Aktien von Daimler-Benz gekauft.

Grundsätzlich handelt es sich bei Staatsfonds – von denen heute weltweit knapp 50 existieren – um Fonds in Regierungshänden. Das Vermögen aller Staatsfonds wird auf 2 bis 3 Bio. USD geschätzt. Das Geld stammt aus Staatseinnahmen und Währungsreserven, die entweder wie in China durch einen fixen Wechselkurs auftreten oder durch den Besitz natürlicher Ressourcen wie Öl und Gas.

Die größten Staatsfonds (Stand: Ende 2007)	
Land	**Volumen in Mrd. USD**
Vereinigte Arabische Emirate	875
Norwegen	438
Saudi-Arabien	300
Kuwait	200
China	144
Russland	140

Die Rolle der Staatsfonds als internationale Investoren ist nicht unumstritten. In den Industrieländern wird befürchtet, dass Regierungen von Schwellenländern zu Anteilseignern strategisch wichtiger Unternehmen werden, verbunden mit einem unkontrollierten Know-how- und Technologietransfer. Deshalb wird beispielsweise von der Bundesregierung geprüft, ob ein Gesetz erlassen werden soll, dass ausländische Beteiligungen auf 25 % im Falle eines strategischen Interesses Deutschlands begrenzt. Auch auf internationale Ebene, z. B. der Währungsfonds, gibt es Bemühungen um mehr Transparenz der Staatsfonds und ihrer Anlagepolitik und -ziele.

Auf der Habenseite stehen die Investments der Staatsfonds, die in den entsprechenden Ländern in der Regel die Wettbewerbsposition der betroffenen Unternehmen verbessern und zu neuen Arbeitsplätzen führen. Dies ist beispielsweise einer der Gründe, die die britische Regierung veranlasst hat, dem chinesischen Staatsfonds ihren Europasitz in London anzubieten.

Ein weiteres Problem fixer Wechselkurs sind spekulative Attacken, d. h. Spekulationen gegen eine Währung. Der Kurs einer Währung kann durch eine Zentralbank nur solange verteidigt werden, wie sie über Währungsreserven verfügt. Dazu muss man sich nur den umgekehrten Fall des oben genannten Beispiels vorstellen. Gerät eine Währung unter Abwertungs- statt unter Aufwertungsdruck, muss die Zentralbank Währungsreserven verkaufen, um den Kurs zu stützen. Dies kann sie offenbar nur solange sie über genügend Währungsreserven verfügt. Andernfalls muss sie den Kurs der Währung nach unten setzen, d. h. abwerten.

Diese Zwitterstellung eines fixen Wechselkurses – einerseits fix, andererseits aber doch veränderbar – macht die Schwäche und Spekulationsanfälligkeit eines fixen Wechselkurses aus. Deswegen sollten große und entwickelte Volkswirtschaften über einen freien

Wechselkurs verfügen. Wer beides gleichzeitig will, nämlich die Stabilität fixer Wechselkurs ohne spekulative Attacken, muss eine Währungsunion gründen, wie es die Europäer getan haben. In der Euro-Zone sind die Wechselkurse fix, aber auch nicht mehr veränderbar, da ja nur noch eine Währung existiert.

Auch die freien Wechselkurse sind nicht problemlos. So kann es eine Volkswirtschaft treffen, wenn ihr Wechselkurs beständig aufwertet, weil dies ihre Exporte teuerer macht und damit die inländische Nachfrage und Konjunktur schwächt. Insofern ist beispielsweise die Europäische Währungsunion ein großer Segen für Deutschland, denn die Aufwertung des Euro betrifft nicht mehr die Exporte innerhalb des Währungsraums, wie das vor der Währungsunion noch der Fall war. Dies ist einer der wichtigsten Gründe, warum trotz des dramatisch gestiegenen Eurokurses in den letzten Jahren die deutschen Exporte praktisch bisher nur wenig tangiert sind.

Neben rein fixen und freien Wechselkursen existieren eine Reihe von Mischsystem, wie z.B. das bereits angesprochene „managed floating", sprich der gesteuerte Wechselkurs, wie er von der chinesischen Zentralbank für die chinesische Währung, den Yuan, betrieben wird. In diesem Fall lässt die Zentralbank den Wechselkurs in einer bestimmten Bandbreite schwanken, um die Währung schrittweise aufzuwerten. Damit sollen Schocks für die inländische Volkswirtschaft vermieden werden.

Krugman-Trilemma

Die **monetäre Außenwirtschaftstheorie** beschäftigt sich vor allem mit der Frage, welches der beiden Systeme – flexible oder fixe Wechselkurse – ökonomisch überlegen ist. Grundsätzlich kann man sagen, dass **fixe Wechselkurssysteme** einen **größeren Anreiz für spekulative Attacken** und damit für kurzfristige Währungsschwankungen bieten. Sie geben den Märkten die Möglichkeit, in eine Währung zu investieren oder aus ihr zu „fliehen", ohne dass sich der Wechselkurs ändert. Es wird getestet, ob das Versprechen fester Wechselkurse hält bzw. es wird darauf spekuliert, dass die Politik neue Paritäten festsetzt.

Bei freien Wechselkursen sind solche Attacken nicht möglich, eben weil die Wechselkurse durch Angebot und Nachfrage **am Devisenmarkt bestimmt** werden. Setzt beispielsweise eine massive Verkaufswelle ein, sinkt der Wechselkurs, im umgekehrten Fall steigt er.

Andererseits haben auch freie Wechselkurse Nachteile, so vor allem die **höhere Volatilität**. Dies ist für Investoren an den Güter- und Finanzmärkten wegen der damit verbundenen hohen Unsicherheit gleichermaßen nachteilig.

Die Vor- und Nachteile flexibler und fixer Wechselkurse werden in der Literatur zumeist unter dem Stichwort des Krugman-Trilemmas diskutiert, benannt nach dem US-amerikanischen Ökonom Paul Krugman, der 2008 den Ökonomie-Nobelpreis erhalten hat. Das nachfolgende Schaubild macht klar, was darunter zu verstehen ist.

Krugman-Trilemma

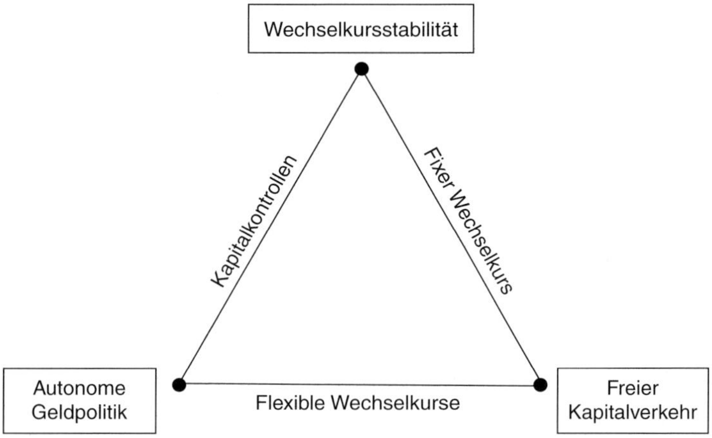

An den Ecken der Pyramide sind die wünschenswerten Ziele abgebildet: Wechselkursstabilität, autonome Geldpolitik und freier Kapitalverkehr. Der Punkt von Krugman ist, dass gleichzeitig nur zwei der drei wünschenswerten Ziele realisiert werden können.

- Wenn zum Beispiel Wechselkursstabilität herrschen soll, muss entweder der Kapitalverkehr kontrolliert werden oder aber der Wechselkurs fix sein.
- Autonome Geldpolitik ist nur zu haben entweder mit flexiblen Wechselkursen und damit keiner Wechselkursstabilität oder aber mit Kapitalkontrollen.
- Freier Kapitalverkehr schließlich ist sowohl mit freien wie mit festen Wechselkursen vereinbar, was wiederum entweder die Bedingung der Wechselkursstabilität oder aber der autonomen Geldpolitik verletzt.

In der Realität muss daher die Wirtschaftspolitik jeweils wählen, welche Ziele vorrangig realisiert werden sollen. Für entwickelte Volkswirtschaften sind dies in der Regel die autonome Geldpolitik und der freie Kapitalverkehr gepaart mit flexiblen Wechselkursen. Auf Wechselkursstabilität wird also verzichtet. Anderes gilt für Entwicklungs- und Schwellenländern: Hier kann ein stabiler Wechselkurs oder eine kontrollierte Aufwertung wie in China durchaus hilfreich sein, um die nationale Volkswirtschaft zu entwickeln und vor zu großen Schocks und Risiken zu bewahren, trotz der aufgezeigten Nachteile fixer Wechselkurse.

6.6 Was bestimmt den Wechselkurs?

Die wichtigsten Währungen wie Euro, US-Dollar und Yen bewegen sich heute frei zueinander. Insofern stellt sich die Frage nach den **Ursachen von Wechselkursänderungen bei freien Wechselkursen**. Fünf Ursachen sollen hervorgehoben werden, nämlich die **Leistungs-** und die **Kapitalbilanz**, die **Kaufkraft-** und die **Zinsparität sowie die Spekulation**.

- Die **Leistungsbilanz** als Teil der Zahlungsbilanz eines Landes umfasst die Handels- und Dienstleistungsbilanz, die Bilanz der Erwerbs- und Vermögenseinkommen sowie die der laufenden Übertragungen. Im Regelfall dominiert die Handelsbilanz gefolgt von der Dienstleistungsbilanz (in Deutschland rund zwei Drittel der Leistungsbilanz). Eine positive Leistungsbilanz bedeutet daher, dass mehr Waren und Dienstleistungen exportiert als importiert wurden. Dementsprechend wird auch relativ mehr Nachfrage nach der heimischen Währung vorhanden sein, denn das Ausland muss die eingeführten Waren und Dienstleistungen in dieser Währung bezahlen. Ein **Leistungsbilanzüberschuss** signalisiert somit eine **Aufwertungstendenz für die heimische Währung** und ein **Leistungsbilanzdefizit** eine **Abwertungstendenz**.
- Die **Kapitalbilanz** als zur Leistungsbilanz komplementärer Teil der Zahlungsbilanz zeigt die Kapitalimporte und -exporte für ein Land bezüglich der Direktinvestitionen, der Wertpapiere und des kurz- und langfristigen Kreditverkehrs auf. Ein Kapitaldefizit besteht immer dann, wenn die Kapitalausfuhr die Kapitaleinfuhr für die genannten Posten in der betrachteten Periode übersteigt (so genannte Nettokapitalexporte, die mit einem Negativzeichen in der Kapitalbilanz geführt werden). Umgekehrt liegt ein Kapitalüberschuss vor, wenn die Kapitaleinfuhr größer ausfällt als die Kapitalausfuhr (Nettokapitalimporte, die mit einem positiven Vorzeichen versehen sind). Eine **Aufwertungstendenz für die heimische Währung** besteht immer dann, wenn die Kapitaleinfuhren die Kapitalausfuhren übersteigen, also bei einem **Nettokapitalimport**. Umgekehrt kann man von einem **Abwertungsdruck** ausgehen, wenn ein **Nettokapitalexport** herrscht.
- Die **Kaufkraftparität** bemisst die Inflationsunterschiede von zwei oder mehr Ländern. Grundsätzlich geht man davon aus, dass von zwei Währungen tendenziell diejenige **abwertet**, die einer

höheren Inflationsrate unterliegt, und tendenziell diejenige **aufwertet**, deren **Inflationsrate niedriger** ist.

- Unter der **Zinsparität** schließlich werden die Zinsunterschiede zwischen zwei oder mehr Ländern vornehmlich in den langfristigen Renditen verstanden. Da relativ höhere Zinsen Kapital anlocken und damit zu einem Nettokapitalimport führen, während umgekehrt relativ niedrige Zinsen Kapital abziehen und damit einen Nettokapitalexport befördern, bedeuten **höhere Zinsen Aufwertungstendenzen für die heimische Währung** und **niedrigere Zinsen Abwertungstendenzen**.
- **Spekulation** meint, dass die Nachfrage nach einer Währung von der Erwartung getrieben ist, dass mit einem heutigen Kauf oder Verkauf in Zukunft Geld verdient werden kann. Marktteilnehmer, die beispielsweise heute erwarten, dass der Kurs des Euros gegenüber dem US-Dollar sagen wir in einem Jahr niedriger sein wird, d.h. der Euro abwertet, werden es offenbar bevorzugen heute Euro gegen US-Dollars zu verkaufen, um in einem Jahr einen entsprechenden Schnitt zu machen. Tatsächlich beruht heute ein signifikanter Teil des Handels an den internationalen Devisenmärkten auf solchen Spekulationsgeschäften, die wesentlich kurzfristiger ausfallen können als der Planungshorizont eines Jahres.

Interessant ist natürlich die Frage, mit welchen Gewicht die fünf genannten Bestimmungsgrößen des Wechselkurses wirken. Am wichtigsten sind sicherlich heutzutage die Kapitalströme, die in der Kapitalbilanz abgebildet sind, wobei die genannte Zinsparität, die ja auf Finanzwerte abstellt, hier ebenfalls integriert werden kann. Auf Platz zwei folgt die Leistungsbilanz, die die Nachfrage nach unterschiedlichen Währungen aus dem Handel von Gütern und Dienstleistungen ableitet. Die Kaufkraftparität dürfte hingegen nur langfristig und bei größeren Inflationsunterschieden eine wichtigere Rolle spielen. Am schwierigsten ist die Bedeutung der Spekulation zu bestimmten, da sie vollständig von den Umständen und dem Zeitpunkt abhängt. Sie kann in ihren Auswirkungen von hoher Bedeutung sein – wie zum Beispiel in der Asienkrise Ende der 90er Jahre –, aber auch kaum eine Rolle spielen, wie beispielsweise beim Anstieg des Euro gegenüber dem US-Dollar, den wir seit mehreren Jahren beobachten.

Die nachfolgende Abbildung fasst die fünf Determinanten noch einmal zusammen. Dabei ist zu beachten, dass noch weitere wichtige Einflussfaktoren für die Wechselkurse existieren, die in der Tabelle nicht berücksichtigt sind. Hier ist vor allem an die politische Stabilität und die ökonomische Leistungsfähigkeit eines Landes oder Währungsraumes zu denken.

Beispielsweise beeinflussen Instabilitäten oder Krisensituationen, wie z.B. Unruhen, Revolutionen und Kriege, schlagartig die psychologische Wahrnehmung des Publikums und damit auch die Wechselkurse.

Ökonomische Determinanten der Wechselkurse

	Aufwertungstendenzen	**Abwertungstendenzen**
Leistungsbilanz	Überschuss	Defizit
Kapitalbilanz	Nettokapitalimport	Nettokapitalexport
Kaufkraftparität	Relativ niedrige Inflationsrate	Relativ hohe Inflationsrate
Zinsparität	Relativ hohe Zinsen	Relativ niedrige Zinsen
Spekulation	Erwartung Wechselkurs steigt	Erwartung Wechselkurs sinkt

Gedeckte und ungedeckte Zinsparität

Auch für den Vergleich der Renditen von in- und ausländischen Wertpapiere spielt der Wechselkurs eine wichtige Rolle. Die inländische Rendite bzw. der Zins (i) muss bei freiem Kapitalverkehr dem der ausländischen Rendite, die mit i* abgekürzt wird, entsprechen, plus der so genannten Wechselkurserwartungen, die wir mit E^E abkürzen wollen. Formal erhalten wir durch diese Definition die so genannte ungedeckte oder offene Zinsparität. Sie besagt, dass bei internationaler Kapitalmobilität die inländische Rendite gleich der ausländischen Rendite zuzüglich der erwarteten Wechselkursänderung ist, denn das Kapital wird immer in die Wertpapiere mit den höchsten Renditen fließen und somit zu deren Ausgleich beitragen. Formal erhalten wir:

$$i = i^* + E^E$$

In der Realität muss darüber hinaus noch eine Risikoprämie, abgekürzt mit α, berücksichtigt werden. Einfach deshalb, weil die effektive Rendite der ausländischen Anlage auch von der nicht mit Sicherheit vorhersehbaren Wechselkursentwicklung abhängt. Berücksichtigen wir dieses Risiko mit der Risikoprämie (α), erhalten wir die so genannte gedeckte Zinsparität zwischen in- und ausländischen Kapitalanlagen:

$$i = i^* + E^E + \alpha$$

Für die Praxis bedeutet dies beispielsweise, dass wenn die inländischen Rendite (i) höher ist als die ausländische plus die Wechselkurserwartung und die Risikoprämie, tendenziell in inländische Wertpapiere und im umgekehrten Fall in ausländische Papiere investiert wird.

6.7 Ist das Dollarzeitalter zu Ende?

Seit dem Ende des Zweiten Weltkrieges ist der US-Dollar die unbestrittene Leitwährung der Welt. Bis Anfang der 70er Jahre waren die wichtigsten Währungen der Welt, einschließlich der DM, an den US-Dollar gekoppelt. Viele Währung sind es heute noch.

Andererseits beobachten wir seit vielen Jahrzehnten eine tendenzielle Abwertung des US-Dollar gegenüber anderen wichtigen Weltwährungen. In den letzten Jahren ist es sogar zu einem dramatischen Werteverfall gekommen. Das nachfolgende Schaubild zeigt beispielsweise die Entwicklung des Dollar-Index von März 1966 bis März 2008. Dollar-Index bedeutet, dass der Kurs des Dollars gegenüber anderen wichtigen Weltwährungen wie dem Euro oder dem japanischen Yen in einem ausgewählten Jahr – hier im Jahr 2000 – als 100 gesetzt und die Veränderungen des Dollars gegenüber anderen Währungen als Abweichungen von dieser Benchmark darstellt werden. Werte unter 100 bedeuten also, dass der Dollar abwertet, Werte über 100, dass er aufgewertet hat.

Entwicklung des Dollar-Index (1966–2008)

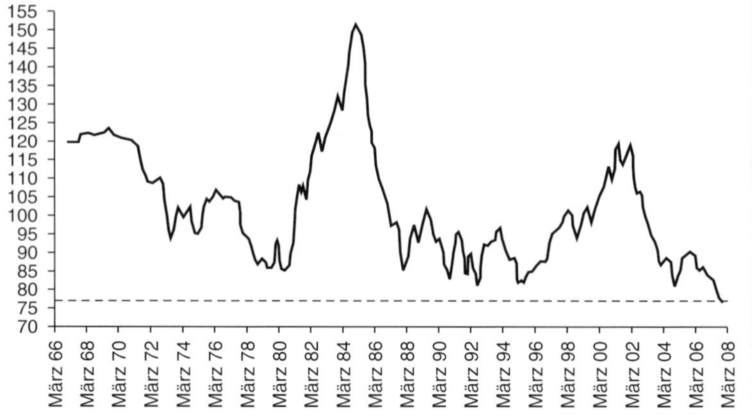

(Quelle: F.A.Z. NET)

Wir sehen, dass in dem betrachteten Zeitraum der US-Dollar jeweils Höhenflüge um die Mitte der 80er Jahre und zu Beginn des neuen Jahrtausends hatte. In allen anderen Zeiträumen ging es abwärts, insbesondere seit dem Jahr 2002. Im März 2008 beispielsweise hatte der Dollar rund 45% an Wert verloren gegenüber dem Hoch im Jahr 2002 und sage und schreibe 75% gegenüber dem Hoch Mitte der 80er Jahre. Die Trendkurve ist eindeutig fallend.

Die Ursachen dieses Kursverlustes sind vielschichtig. Ganz kurzfristig spielt sicherlich die amerikanische Geldpolitik eine Rolle, die durch Zinssenkungen Anlagen in US-Dollar eher unattraktiv macht. Hinzu kommen Sorgen über den Verlauf der US-amerikanischen Konjunktur, die eine Rezession in den USA wahrscheinlich erscheinen lassen. Auch die Politik der Bush-Administration ist nicht schuldlos am Kursverfall. Der Krieg im Irak nimmt einen wesentlich unerfreulicheren Verlauf und das Haushaltsdefizit des Staates hat in den letzen Jahren dramatisch zugenommen. Die Führungsrolle der USA in der Welt hat gelitten.

Darüber hinaus leben die USA über ihre Verhältnisse. Spätestens seit Beginn der 90er Jahre wird in den USA mehr konsumiert als produziert. Dies bedeutet, dass die USA beständig mehr Güter importieren müssen als sie in andere Länder exportiert. Die Folge ist ein beständig wachsendes Leistungsbilanzdefizit, dass finanziell mit einer Verschuldung der USA einher geht. Heute ist die USA einer der größten Schuldner der Welt.

Leistungsbilanzdefizite (1990–2006)

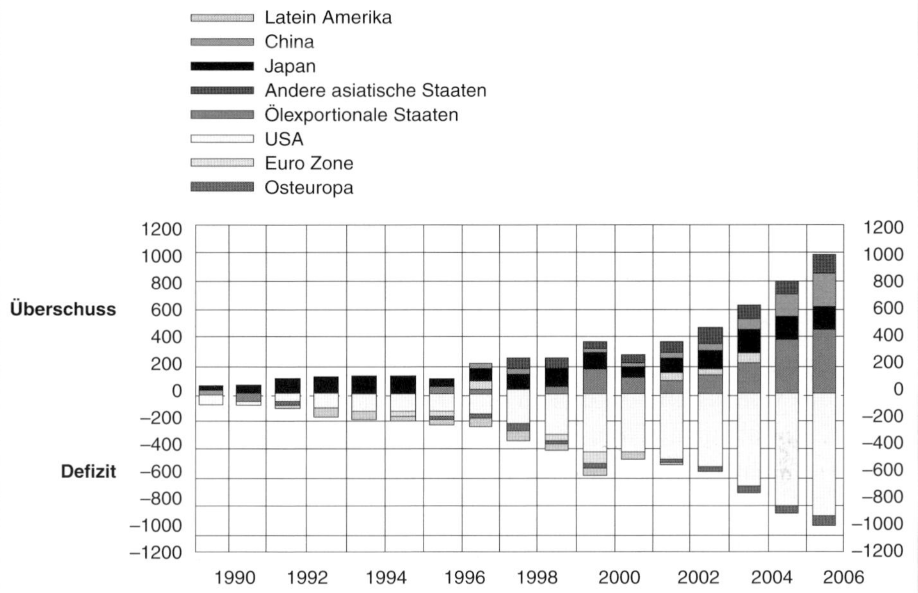

(Quelle: Internationaler Währungsfonds)

Mittel- und langfristig ist wichtig, dass mit der Einführung des Euro Ende der 90er Jahre eine Alternative zum US-Dollar als internationale Leitwährung entstanden ist. Dies führt zu teilweise großen Verschiebungen. So schichten viele Zentralbanken ihre Währungsreserven zu Gunsten des Euro um, d.h. US-Dollar werden verkauft und im Gegenzug Euro gekauft. So hat beispielsweise jüngst die Zentralbank Qatars bekannt gegeben, dass diese ihren US-Dollaranteil auf 40% reduzieren will von zuvor fast 100%. Ähnliche Verlautbarungen gibt es auch von der russischen und anderen Zentralbanken.

Gestartet 1999 – siehe nachfolgende Tabelle – werden bereits heute rund ein Viertel der internationalen Devisenreserven in Euro gehalten. Der US-Dollaranteil ist hingegen im gleichen Zeitraum gefallen genauso wie der japanische Yen.

Anteile internationaler Reservewährungen (1999–2006)

	1999	2001	2003	2005	2006
US-Dollar	71,0	71,4	65,9	66,5	64,7
Euro	17,9	19,3	25,3	24,4	25,8
Jap. Yen	6,4	5,1	3,9	3,6	3,2
Brit. Pfund	2,9	2,7	2,8	3,7	4,4

(Quelle: Deutsche Bank Research)

Hinzu kommt das internationale Investoren, insbesondere die Staatsfonds, ihre Aktiva in US-Dollar zu Gunsten von Anlagen in Euro abbauen. China beispielsweise soll angeblich allein in der ersten Jahreshälfte 2008 rund 35 Mrd. USD in Euro umgeschichtet haben. Es finden also nicht nur große Umschichtungen der Devisenreserven, sondern auch Portfolioumschichtungen zu Ungunsten des US-Dollars statt, die im Regelfall dem Euro zu Gute kommen.

US-Dollar je Euro (1999 – Februar 2008)

(Quelle: F.A.Z.)

Allerdings steht zu erwarten, dass sich der US-Dollar mittelfristig wieder fangen wird. Der wichtigste Grund hierfür ist die Bedeutung der USA als politische und militärische Supermacht und größte Volkswirtschaft der Welt. Trotz des rasanten Aufstiegs Chinas wird das eine Weile auch noch so bleiben.

Andererseits ist dem US-Dollar mit dem Euro auch eine Konkurrenz erwachsen, die die alleinige Dominanz des US-Dollars im Vergleich zur Vergangenheit beschränkt. Der jetzige Dollarverfall ist nicht das Ende des Dollarzeitalters, aber ein deutlicher Indikator für einen schrittweisen Verlust seiner globalen Vorherrschaft.

Es ist übrigens nicht das erst Mal in der Geschichte der Weltwirtschaft, dass die Vorherrschaft einer Währung durch eine andere abgelöst wird. Das bekannteste Beispiel ist der Untergang des britischen Pfund Sterling als Weltwährung nach dem Ersten Weltkrieg zu Gunsten des US-Dollars.

Es scheint jedoch unwahrscheinlich, dass der Euro kurzfristig die Rolle des US-Dollars übernehmen wird. Vielmehr ist ein bipolares internationals Währungssystem wahrscheinlich, in dem der Euro als Juniorpartner des US-Dollars auftritt. Für eine stärkere Stellung des Euro ist er noch zu jung und Europa politisch und militärisch zu schwach.

Möglicherweise kommt es in einem bestimmten Zeitraum auch zu einem tripolaren System, dann nämlich, wenn der chinesische Yuan freigegeben wird und China die Kapitalverkehrskontrollen aufhebt. Es kann kein Zweifel bestehen, dass allein auf Grund der Größe der chinesischen Volkswirtschaft auch ihre Währung einen dominanten Einfluss in der Weltwirtschaft ausüben wird. Allerdings ist hier eher in Jahrzehnten denn in Jahren zu denken.

6.8 Zusammenfassung

Das Wichtigste im Karteikartenformat:

Globalisierung: Die neue Ordnung der Weltwirtschaft wird durch das Phänomen der Globalisierung geprägt. Der Begriff beschreibt den Umstand, dass die nationalen Volkswirtschaften sich immer stärker zu einer abhängigen Weltwirtschaft vernetzen. Treibende Kräfte der Globalisierung sind der technische Fortschritt der Informationstechnologien, die zunehmende Dominanz der Kapitalmärkte und der Direktinvestitionen, der Aufstieg der asiatischen Volkswirtschaften insbesondere Chinas und Indien sowie die Beschleunigung des Welthandels.

Die Folgen der Globalisierung sind ambivalent. Während komparative Kostenvorteile, economies of scale, Netzwerkeffekte und intensiverer Wettbewerb positiv zu Buche schlagen, sind geringfügig qualifizierte Arbeitskräfte in den Industriestaaten einem höheren Arbeitsplatzrisiko aussetzt. Zudem hat die Ungleichverteilung der Einkommen weltweit zugekommen, wie der Anstieg der Gini-Koeffizienten empirisch belegt.

Tobin-Steuer: Globalisierung geht auch mit einer größeren Krisenanfälligkeit des weltweiten Finanzsystems einher. Ein Instrument mit dem die Stabilität wieder erhöht werden soll, ist die so genannte Tobin-Steuer, benannt nach dem amerikanischen Nobelpreisträger der Volkswirtschaft, James Tobin. Die Tobin-Steuer ist eine Art internationale Spekulationssteuer auf kurzfristige Devisengeschäfte mit der insbesondere Wechselkursspekulationen eingedämmt werden sollen. Ordnungspolitisch ist sie problematisch, weil sie quasi als Außenhandelssteuer tendenziell den Protektionismus befördert. Praktisch ist sie schwer umsetzbar, da nicht alle Länder gezwungen werden können, sie einzuführen, was unweigerlich zu räumlichen Ausweichreaktionen in so genannte Offshore-Märkte führen würde.

Wechselkurse: Bei der Bestimmung des Wechselkurses sind nominale, reale und effektive Wechselkurse zu unterscheiden. Auch ist zu beachten, ob der Wechselkurs preis- oder mengennotiert ausgedrückt wird.

Wechselkurssysteme: Grundsätzlich sind zwei Wechselkurssysteme zu unterscheiden: Flexible und fixe Wechselkurse. Der Vorteil von flexiblen Wechselkursen ist, dass sie nicht spekulationsanfällig sind, und die inländische Zentralbank die Geldmenge kontrollieren kann. Als ein Nachteil flexibler Wechselkurse ist ihre Volatilität anzusehen, die Investitionen in das Realkapital und die Finanzmärkte erschweren kann. Fixe Kurse hingegen ermöglichen diese Stabilität, sind aber spekulationsanfällig und führen zu einem Verlust der Kontrolle der Geldmenge.

Krugman-Trilemma: Das so genannte Krugman-Trilemma beschreibt in diesem Zusammenhang den Umstand, dass von den drei Zielen der monetären Außenwirtschaftspolitik – Wechselkursstabilität, Autonome Geldpolitik und freier Kapitalverkehr – nur jeweils zwei gleichzeitig erfüllt werden können.

Wechselkursdeterminanten: Wechselkurse haben fünf wesentliche Determinanten, die in der Reihe ihrer Wichtigkeit, die folgenden sind: Internationale Kapitalströme einschließlich unterschiedlicher Zinsen, International Güterverkehr, Spekulationen und unterschiedliche Inflationsraten.

US-Dollar/Euro: Es ist nicht davon auszugehen, dass die gegenwärtige Schwäche des US-Dollars auf Dauer sein wird, wenngleich mit dem Euro eine internationale Konkurrenz für den Dollar erwachsen ist.

Literatur

Alessandro, C.
Globalisation, Domestic Inflation and Global Output Gaps: Evidence from the Euro Area, in: Europäische Zentralbank, Working Papers No. 890, 2008

Bank für Internationalen Zahlungsausgleich (Hrsg.)
Jahresbericht 2007, Basel 2008

Bannier, C. et al.
Research@Frankfurt School in Zeiten der Finanzkrise, Frankfurt 2008

Döpke, J. et al.
Sticky Information Phillips Curves: European Evidence, in: Europäische Zentralbank, Working Paper No. 930, 2008

Europäische Zentralbank (Hrsg.)
Europäische Zentralbank, Die ersten 10 Jahre, Frankfurt 2008

Europäische Zentralbank (Hrsg.)
Preisstabilität und Wachstum, Monatsbericht Juni 2007, S. 79–92

Europäische Zentralbank (Hrsg.)
Monatsbericht, fortlaufend, Frankfurt

Deutsche Bank Research (Hrsg.)
Globalisierung und Verteilung, Frankfurt 2007

Deutsche Bundesbank (Hrsg.)
Deutschland im Globalisierungsprozess, Monatsbericht Dezember 2006, S. 17–35

Deutsche Bundesbank (Hrsg.)
Vermögensbildung und Finanzierung, Monatsbericht Juni 2007, S. 17–33

Deutsche Bundesbank (Hrsg.)
Der private Konsum seit der deutschen Wiedervereinigung,
Monatsbericht September 2007, S. 41–55

Deutsche Bundesbank (Hrsg.)
Globalisierung und Geldpolitik,
Monatsbericht Oktober 2007, S. 15–34

Deutsche Bundesbank (Hrsg.)
Finanzstabilitätsbericht 2007, November 2007, Frankfurt

Deutsche Bundesbank (Hrsg.)
Monatsbericht, fortlaufend, Frankfurt

Economist
Fortlaufend, London

Felderer, B.; **Homburg**, S.
Makroökonomik und neue Makroökonomik, 9. Auf., Berlin 2005

Frankfurter Allgemeine Zeitung
Fortlaufend, Frankfurt

Filc, W.
Theorie und Empirie des Kapitalmarkzinses, 2. Aufl.,
Stuttgart 1998

Görgens, E.; **Ruckriegel**, K.; **Seitz**, F.
Europäische Geldpolitik, 5. Aufl., Stuttgart 2008

Hördahl, P.; **Packer**, F.
Understanding Asset Prices, in: BIS Papers No 34, 2007

Internationaler Währungsfonds (Hrsg.)
World Economic Outlook, fortlaufend, Washington DC

Krahnen, J. P.
Der Handel von Kreditrisiken: Eine neue Dimension des Kapitalmarktes, Perspektiven der Wirtschaftspolitik, Nr. 6,
S. 499–519

Krugman, P. R.; **Obstfeld**, M.
International Economics: Theory and Policy, 8. Aufl.,
Addison Wesley, 2008

Löchel, H.
Grundzüge der Makroökonomik, in: Studienwerk der Frankfurt School of Finance & Management, Volkswirtschaftslehre, Teil 9, Frankfurt 2007

Löchel, H.
Die Globalisierung der Wirtschaft und ihre Folgen,
in: Kompendium Management in Banking & Finance der Frankfurt School of Finance & Management, 7. Aufl.,
Frankfurt 2009

Mishkin, F.
The Economics of Money, Banking and Financial Markets, 8. Aufl.,
Massachusetts 2006

Sachverständigenrat (Hrsg.)
Stabilität des internationalen Finanzsystems,
in: Jahresgutachten 2007/2008, Wiesbaden, S. 88–167

Sachverständigenrat (Hrsg.)
Das Erreichte nicht verspielen, Jahresgutachten 2007/2008,
Wiesbaden

Vermeulen, P. et al.
Price Setting in the Euro-Area: Some Stylized Facts from Individual Producer Price Data, in: Europäische Zentralbank,
Working Paper No. 727, 2007

Woodford, M.
Interest and Prices: Foundation of the Theory of Monetary Policy,
Princeton, 2003

Autor

Prof. Dr. Horst Löchel ist Professor für Volkswirtschaftslehre an der Frankfurt School of Finance & Management und leitet seit dem Jahr 2003 das Shanghai International Banking and Finance Institute (SIBFI) in Shanghai, China. Seine Lehr- und Forschungsschwerpunkte liegen im Bereich der angewandten monetären Ökonomik sowie der Chinaforschung, insbesondere des chinesischen Finanzsystems. Er ist Autor zahlreicher volkswirtschaftlicher Veröffentlichungen. Als Buch ist zuletzt *The Future of Banking in China* im Jahr 2006 erschienen.

Stichwortverzeichnis

Z